EDUCACIÓN Y PEDAGOGÍA

LAS IDENTIDADES
EN LA EDUCACIÓN TEMPRANA

Traducción
Juan José Utrilla

LAS IDENTIDADES EN LA EDUCACIÓN TEMPRANA

Diversidad y posibilidades

Coordinadoras
SUSAN GRIESHABER
GAILE S. CANNELLA

FONDO DE CULTURA ECONÓMICA
MÉXICO

Primera edición, 2005

Grieshaber, Susan y Gaile S. Cannella, coords.
Las identidades en la educación temprana. Diversidad y
posibilidades / coord. de Susan Grieshaber, Gaile S. Cannella ;
trad. de Juan José Utrilla. – México : FCE, 2005
288 p. ; 21 × 14 cm – (Colec. Educación y Pedagogía)
Título original Embracing Identities in Early Childhood
Education. Diversity and Possibilities
ISBN 968-16-7490-1

1. Educación 2. Pedagogía I. Cannella, Gaile S., coord. II.
Utrilla, Juan José, tr. III. Ser IV. t

LC LB1139 .23   Dewey 372.21 G662i

Se prohíbe la reproducción total o parcial de esta obra
—incluido el diseño tipográfico y de portada—,
sea cual fuere el medio, electrónico o mecánico,
sin el consentimiento por escrito del editor.

Comentarios y sugerencias: editor@fce.com.mx
www.fondodeculturaeconomica.com
Tel. (55)5227-4672 Fax (55)5227-4694

Título original: *Embracing Identities in Early Childhood Education. Diversity And Possibilities*
D. R. © 2001, Teachers College Press, Columbia University, 1234 Amsterdam
Avenue, Nueva York 10027
ISBN 0-8077-4078-0

D. R. © 2005, Fondo de Cultura Económica
Carretera Picacho-Ajusco, 227; 14200 México, D. F.

ISBN 968-16-7490-1

Impreso en México • *Printed in Mexico*

ÍNDICE GENERAL

Primera Parte
ANÁLISIS DE LA RECONCEPTUALIZACIÓN
DE LA EDUCACIÓN TEMPRANA

I. *De la identidad a las identidades: cómo aumentar las posibilidades en la educación temprana*, Susan Grieshaber y Gaile S. Cannella 15
El pensamiento modernista: conocimiento, verdad y educación 19
Las posibilidades posmodernistas 24
Las cambiantes identidades posmodernas 30
Las identidades reconceptualizadas: cómo ensanchar las representaciones culturales 35
Referencias bibliográficas 40

II. *Historias personales: los educadores de la etapa temprana de la niñez y las identidades reconceptualizadas*, Gaile S. Cannella y Susan Grieshaber ... 44
Cuestionando ciertas suposiciones, *J. Amos Hatch* 47
Todos los niños del mundo: por qué me volví reconceptualista, *Janice A. Jipson* 52
Las comunidades Head Start de alumnos: una nueva agenda de investigación y práctica, *Rebecca Kantor y David E. Fernie* 62
Nuevos panoramas de la etapa temprana de la niñez, *Richard Johnson* 69
Confirmación de voces múltiples 71
Referencias bibliográficas 73

Segunda Parte
IDENTIDADES CONTRARIAS: CONSTRUCCIONES QUE LIMITAN LA EDUCACIÓN

III. *¡Falta miss Nelson! Los avistamientos del maestro en la investigación sobre la enseñanza*, Sharon Ryan, Mindy Ochsner y Celia Genishi 77
   Investigación del proceso-producto en la enseñanza 79
   Estudios posestructurales de la enseñanza 86
   Más allá de las imágenes de maestros buenos contra maestros malos 92
   Referencias bibliográficas 96

IV. *Los educadores y la defensa de los niños pequeños: identidad y conflictos culturales*, Susan Grieshaber. 100
   La defensa 101
   El discurso de la práctica apropiada para el desarrollo 103
   El sujeto individual 106
   El posestructuralismo feminista 108
   Conclusión 114
   Referencias bibliográficas 116

V. *Cuento reconstruido acerca de la inclusión de una familia lésbica en un salón de clases de la primera infancia*, Janice Kroeger 118
   En busca de la bibliografía: inclusión de la familia homosexual/lésbica 119
   Nuestra historia de inclusión 122
   ¿Cuál es la práctica socialmente justa para familias gay/lésbicas? 132
   Referencias bibliográficas 135

Tercera Parte
IDENTIDADES RECONCEPTUALIZADAS: CÓMO EXTENDER LAS REPRESENTACIONES CULTURALES

VI. *La observación de la equidad y las imágenes de justicia en la niñez*, Sheralyn Campbell y Kylie Smith 141
    La observación del desarrollo tradicional 142
    Interpretación de la observación desde diversas perspectivas 148
    Problemas y posibilidades: interpretación de las observaciones 153
    Referencias bibliográficas 157

VII. *Un clóset desordenado en el aula para niños pequeños*, Rachel Theilheimer y Betsy Cahill 161
    Desconocimiento, prejuicios y silencios 161
    Para romper el silencio 169
    Posibilidades en el aula 173
    Referencias bibliográficas 174

VIII. *Fracturadas o manufacturadas: las identidades y la cultura de los géneros en los primeros años*, Patrick Hughes y Glenda Mac Naughton 177
    La Barbie: algunos hechos y cifras 178
    ¿Son los niños esponjas o agentes libres? 179
    ¿A mercados más controlados, identidades más estrechas? 183
    Planteamiento sobre la formación de identidad determinada por géneros mediante el posestructuralismo feminista 187
    Hacia un modelo nuevo de formación de la identidad: ¿nuevos roles para las maestras? 196
    Referencias bibliográficas 198

Cuarta Parte
EL DESAFÍO A LAS IDENTIDADES COLONIZADAS

IX. *Reflexiones sobre el colectivismo de la educación temprana en la Aotearoa/Nueva Zelanda*, Jenny Ritchie   203
   El individualismo de la Nueva Derecha   203
   Amor/educación como esfuerzo colectivo   206
   La situación de Aotearoa/Nueva Zelanda   210
   Te Whāriki: el programa para la educación temprana   213
   Fomento del colectivismo en la etapa temprana de la niñez   216
   Pensamientos finales   220
   Referencias bibliográficas   220

X. *Espejos raciales y étnicos: reflexiones de una educadora asiático-estadunidense sobre la identidad y la voz*, Susan Matoba Adler   224
   El viaje a Hawai: una experiencia de identidad étnica   225
   Comienzo del diálogo: la panetnicidad asiática   227
   Voces que desafiaron mi etnocentrismo   230
   Las maestras y la conciencia racial/étnica   233
   Identidad y voz de la maestra asiático-estadunidense y del Pacífico   234
   Referencias bibliográficas   236

XI. *La etnografía poscolonial, los niños y la voz*, Radhika Viruru y Gaile S. Cannella   239
   ¿Quiénes somos para hablar?   240
   El niño universal: irrestrictamente colonizado   242
   La investigación poscolonial y los niños   247
   Reconceptualización de la investigación: alternativas poscoloniales   253
   Referencias bibliográficas   256

Conclusión: Identidades y posibilidades, Gaile S. Cannella y
    Susan Grieshaber 261
    La reconceptualización y el aula 263
    Identidades modificadas 271
    Referencia bibliográfica 272

Acerca de las coordinadoras y los colaboradores 273
Índice analítico 283

PRIMERA PARTE

ANÁLISIS DE LA RECONCEPTUALIZACIÓN DE LA EDUCACIÓN TEMPRANA

I. DE LA IDENTIDAD A LAS IDENTIDADES: CÓMO AUMENTAR LAS POSIBILIDADES EN LA EDUCACIÓN TEMPRANA

Susan Grieshaber
y Gaile S. Cannella

Los recientes desafíos para comprender el mundo, que han surgido tanto en el ámbito global como en el local, han incluido cuestiones de diferencia, identidad, cultura, intelecto y economía, así como de la construcción de nuevas tecnologías y las reconceptualizaciones del lugar de trabajo. Los profesionales de la educación temprana han respondido de distintas maneras ante esta diversidad. Muchos siguen apoyando el concepto desarrollista del niño universal. Otros prefieren aproximaciones más formales y didácticas a su trabajo con niños pequeños y sus familias. Otros más mezclan toda una gama de perspectivas, en sus esfuerzos por responder a los desafíos de la diversidad en sus variadas formas.

Junto con críticas de la filosofía (por ejemplo, de Heidegger, 1977; Nietzsche, 1967) y de la filosofía de la ciencia (por ejemplo, Kuhn, 1970) han llegado críticas de los conceptos predominantes de la niñez (James, Jenks y Prout, 1998). Además, las críticas sobre la educación temprana han intentado refutar los regímenes de verdad (Foucault, 1977) que dan preferencia a algunos niños mientras marginan a otros (Kessler, 1991; Lubeck, 1994; Walkerdine, 1984) y que estandarizan en lugar de celebrar y favorecer la diferencia (New y Mallory, 1994; Silin, 1995). Se ha pedido a educadores e investigadores que vuelvan a reflexionar sobre las relaciones con los más jóvenes en formas que reconozcan la agencia, la voz y las identidades complejas, así como una sostenida lucha por la justicia social (Cannella, 1997; Leavitt, 1994).

Esta disposición crítica ha llevado al examen y la *reconceptualización* de las maneras tradicionales de pensar en la niñez, y de las prácticas correspondientes de educación y atención a los niños. Algunas maneras de interpretar y de practicar la educación —que ya se daban por sentadas— están siendo, así, refutadas y cuestionadas.

Cada vez más, en todos los campos de nuestro trabajo (con niños pequeños y sus familias, con maestros y con quienes están completando sus programas de educación para maestros) advertimos que no hay recetas ni fórmulas en las que se pueda confiar. Creemos que el mundo de hoy se caracteriza por su complejidad e incertidumbre y por el afán de dirimir cuestiones de cultura, diferencia, etnicidad, clase, privilegios y política (para nombrar sólo unos cuantos factores). Los niños, sus familias y todos nosotros estamos atados a estas cuestiones y a otras ya arraigadas en las circunstancias históricas, sociales y políticas.

El propósito de este libro es admitir que, en nuestro carácter de educadores, desempeñamos un papel en el reconocimiento de estas cuestiones y de las identidades complejas y dinámicas que de ellas brotan. Una manera de que quienes trabajamos con niños podamos expresar la complejidad subyacente en la condición humana consiste en ampliar la gama de perspectivas para la educación infantil. Esta expansión debe llegar más allá del pensamiento que se plantea de modo dicotómico la búsqueda de la verdad, a fin de abordar cuestiones nuevas y complejas y de ensanchar el terreno del discurso (los discursos) y de la acción (las acciones) de que disponen los educadores de niños pequeños. Aunque existen muchas interpretaciones de la palabra *discurso*, la empleamos aquí del mismo modo en que Best y Kellner (1991) describen la teoría del discurso. Es decir, nos interesa abrir caminos para analizar las bases institucionales del discurso, los puntos de vista y las posiciones desde las cuales la gente habla, y las relaciones de poder que ésta admite y presupone. La teoría del discurso también interpreta el discurso como un lugar y objeto de lucha en que distintos grupos se enfrentan por la hegemonía [el dominio] y la producción de un significado y una ideología (p. 26).

Como parte del aprendizaje de cómo vivir en un mundo complejo, incierto y ambiguo las autoras de este libro invitamos a los lectores a explorar la diversidad del pensamiento y de la práctica que están manifestándose en nuestro campo, la reconceptualización de maneras de conocer, de escuchar, de acompañar y de educar a los niños pequeños. Una parte de lo que aparece en este libro incorpora el estudio de discursos institucionales, como la academia y la escuela, las posiciones desde las que habla la gente y las relaciones de poder en que se encuentra entrampada irremediablemente.

Inspirados en la obra de quienes se dedican a la filosofía, la teoría del programa, los estudios sobre la mujer, los estudios culturales y los poscoloniales, los capítulos de este volumen enfocan las cambiantes identidades que caracterizan las diversas maneras de pensar acerca de la educación temprana en *un mundo multicultural, cambiante y posmoderno*. Las identidades de niños, familias, maestros, investigadores y hasta la educación temprana como terreno propio son investigadas desde perspectivas que generan la posibilidad de acceder a maneras nuevas y nunca imaginadas de ver el mundo, de actuar y de estar en él. Esta compilación incluye ejemplos del trabajo avanzado que se está emprendiendo en nuestro campo, trabajo que demuestra cómo y por qué algunas personas rechazan el pensamiento dualista de conceptos opuestos como apropiado/inapropiado, adulto/niño, trabajo/juego o teoría/práctica. Además, esta investigación revela que nuestro ámbito puede responder o está respondiendo a cuestiones de diferencia, identidad, cambio social y política.

Otra manera de enfocar la cultura, los privilegios, la política y las cambiantes condiciones de vida de los niños y de sus familias consiste en "cuestionar la injusticia y la dominación" (Popkewitz y Brennan, 1998, p. 29) y en mostrar que el hecho de apoyarse en una forma dominante de pensar y de comprender limita las posibilidades y conduce a una mayor opresión de los niños. En la actualidad, la identidad del campo de la educación temprana está jerárquicamente supeditada a la psicología del desarrollo y sus concomitantes interpretaciones de la niñez y de la educación temprana. Más explícitamente, la interpretación dualista de la práctica que resulta apropiada o inapropiada para el desarrollo domina nuestro terreno (y en algunos casos, incluso depende de los fondos del gobierno). Las autoras de este libro presentamos toda una gama de identidades que van más allá de todo dualismo. Demostramos que en nuestro campo no sólo hay espacio para las interpretaciones de la psicología del desarrollo. Esto no significa necesariamente que se deba rechazar la psicología del desarrollo. Se argumenta a favor de una posición que permita enfocar nuestro campo desde una gama de perspectivas, entre las que se incluyen la importancia de lo local tanto como de lo global; de la cultura, la etnicidad, el género y la sexualidad; de lo histórico y de lo político, e incluso de los discursos científicos dominantes. En otras palabras, estamos intentando mostrar que hay muchas identidades que constituyen o debieran constituir el ámbito de la educación temprana. A fin de hacer posible que estas identidades ejerzan su función con eficacia, las autoras nos hemos basado en perspectivas teóricas ajenas a la psicología del desarrollo y aun a la educación. Nuestra labor implica un reconocimiento de que necesitamos incorporar una gama de maneras de teorizar y de llevar algo a la práctica para celebrar y a la vez fomentar la diversidad, así como para enfrentarnos a los desafíos de los tiempos cambiantes.

El capítulo I comienza con una breve ojeada a las perspectivas *modernistas* que han dominado el ámbito de la educación

DE LA IDENTIDAD A LAS IDENTIDADES 19

temprana. Pasamos luego a hacer una descripción de las *teorías o conceptos posmodernos* que muchos de los autores dan por sentados o apoyan. Se analizan las perspectivas modernas y posmodernas, y se las relaciona con la construcción y la perpetuación de identidades en la educación infantil. Por último, se describe la labor *reconceptualista* de los autores de este libro. Aun cuando reconocemos que algunos de los términos aquí empleados podrían suprimirse de la terminología de los educadores, creemos que los conceptos analizados forman parte de las vida cotidiana de la mayoría de la gente. La ambigüedad, la incertidumbre y los desafíos a la racionalidad (a menudo llamados condiciones de posmodernidad) forman parte de las experiencias diarias de todos. Además, ciertos conceptos relacionados con lo posmoderno prevalecen en los medios informativos, en la tecnología y las conversaciones de todos los días. Sin embargo, es notable la ausencia del lenguaje que debe acompañar a muchas de estas experiencias cotidianas, a las complejas identidades vividas que forman parte de toda nuestra existencia. En este libro tratamos de demostrar las maneras en que las perspectivas reconceptualistas y posmodernistas pueden influir sobre lo que pensamos y hacemos en la educación infantil, es decir, cómo pueden obtenerse oportunidades y posibilidades para los niños. Aunque estamos bien conscientes de las dificultades que implica presentar conceptos teóricos en formas que no reduzcan ideas complejas a nociones simplistas, hemos intentado resistir a la tentación modernista de generalizar. Por ello, las editoras y los demás autores del libro hemos tratado de ilustrar nuestras ideas por medio de ejemplos.

El pensamiento modernista: conocimiento, verdad y educación

A los siglos xix y xx, que se basaron en la búsqueda de verdades universales emprendida anteriormente por la Ilustración, se les conoce como el periodo de la modernización. Así se les ha considerado por su contraste con la Edad Media y el feudalismo. Hubo cambios significativos en la sociedad y en la cultura, los cuales incluyeron el desarrollo de la ciencia como verdad, la fe en el pensamiento racional y la separación de lo mental y lo físico.

Al conocimiento modernista se le considera universal, predeterminado y susceptible de ser descubierto por medio de una ciencia y una tecnología empíricamente fundamentadas. Unido a la industrialización, al securalismo y al individualismo, el modernismo ha perpetuado la fe en la verdad del progreso sostenida por filósofos racionalistas y aplicada a personas, a civilizaciones y al hallazgo del conocimiento. Se considera a la razón (al racionalismo) el camino necesario para descubrir el modo en que las sociedades pueden alcanzar la meta del progreso en todos los ámbitos. Harvey (1989) observó que existen muchos debates acerca de lo que significan los términos *modernismo* y *modernidad*, pero que nuestro periodo suele ser asociado, las más de las veces, con "la fe en el progreso lineal, las verdades absolutas, la planeación racional de órdenes sociales ideales y la estandarización del conocimiento y de la producción" (p. 9). Según Toulmin (1990), el proyecto de la Ilustración (el modernismo) iba dirigido a remplazar el sistema feudal por una sociedad justa e igualitaria que supiese valorar la razón y el progreso social.

El pensamiento modernista fomenta la confianza en las "verdades" predeterminadas que existen en la naturaleza, antes de la aparición del ser humano e independientemente de éste, y preconiza que estas verdades se pueden descubrir y comprender por medio de la ciencia. Se cree que estas "grandiosas narraciones" (Lyotard, 1984) revelan y explican las realidades universales de la vida. Entre los ejemplos de verdades universales modernistas o de narraciones grandiosas se incluyen los conceptos de progreso, individualismo, racionalidad, la dialéctica del aprendizaje basada en la diferencia entre lo concreto y lo abstracto, el combate a la pobreza mediante el desarrollo tecnoindustrial y el discurso cristiano de la salvación. La psicología desarrollista o infantil se ha establecido como la narración grandiosa (también llamada discurso/verdad universal dominante) sobre los jóvenes. Este discurso o manera universal de pensar en los niños y en la educación ha influido sobre la manera en que se cría a los niños y sobre la pedagogía, además de ejercer una influencia poderosa en el ámbito institucional de la educación de los pequeños. La psicología del desarrollo y los planteamientos de verdades universales que ésta hace no fueron cuestionados sino hasta hace poco tiempo. Los especialistas en educación temprana e incluso algunos psicólogos del desarrollo han empleado la obra de Foucault para desafiar las perspectivas universales, como la preexistencia de estructuras de desarrollo (véanse, por ejemplo, Bloch, 1991; y Burman, 1994).

El estructuralismo

La psicología del desarrollo es una grandiosa narración moderna que tiende a explicar ciertos aspectos de la niñez mediante sistemas de significado o estructuras ya preexistentes. A esta creencia moderna en estructuras previas (Hawkes, 1977) o sistemas de significado se le llama *estructuralismo* y se aplica a elementos que van desde poemas y novelas hasta constructores cognitivos como la equilibración (Tobin, 1995). El psicoanálisis freudiano, la lingüística saussuriana y la psicología piagetiana son, todos ellos, teorías estructuralistas.

La perspectiva piagetiana (1964, 1968) sobre el aprendizaje como desequilibrio cognitivo, exploración concreta y construcción conceptual es ejemplo de una aproximación estructural a los seres humanos que ejerce gran influencia sobre la educación infantil. Se cree que el sistema estructural preexiste para todas las personas y que es universalmente aplicable al intelecto. En relación con la educación, el estructuralismo "promete responsabilidad, eficiencia y control, así como orden, organización y certidumbre" (Cherryholmes, 1988, p. 30). Silin (1995) ha establecido nexos entre el predominio de la obra de Piaget en la educación y el tipo de cultura particular en que vivimos. Dice Silin: "No es de sorprender que la obra de Piaget, con su atención a los modos racionales de pensamiento, haya alcanzado una enorme popularidad en una cultura obsesionada por las realizaciones tecnológicas y los enfoques científicos del manejo de los problemas humanos" (p. 90). Este mismo concepto de estructuras humanas ha sido y es responsable de la interpretación de la "identidad" humana como concepto, así como de la creación de interpretaciones individualistas y estáticas de la identidad.

Las identidades individuales

Las teorías modernistas presentan al individuo o sujeto como "una esencia humana inmutable que precedió a todas las operaciones sociales" (Best y Kellner, 1991, p. 51). Esta creencia coincide con las orientaciones modernistas hacia la verdad universal: una verdad acerca de las personas e incluso acerca del conocimiento, los valores y las actitudes que constituirían a las personas. Cuando la disciplina de la psicología surgió de las creencias ilustradas/modernistas acerca de la ciencia y del pensamiento racional se desarrolló todo un concepto de los seres humanos como individuos racionales, unificados y objetivos. Se considera que esta auténtica identidad individual es capaz de trascender el tiempo y el espacio y de tener acceso a lo que los teóricos modernistas consideran el conocimiento verdadero y auténtico.

Adam, Henriques, Rose, Salfield, Venn y Walkerdine (1977) han identificado dos principios epistemológicos fundamentales de la disciplina de la psicología. Por una parte, la psicología afirma ofrecer una teoría general de la conducta humana. Por la otra, dice ser una ciencia del individuo. Así pues, en psicología, hablar del individuo es hablar del "hombre" en general: lo social se convierte en un conglomerado de individuos y es explicable en los términos de dichos individuos. El efecto de esta perspectiva es que la entidad unitaria y dada *a priori* en que se fundamenta la psicología hace que la disciplina misma sea, a la vez, constitutiva y productiva. Es decir, la psicología supone que hay una verdad preexistente acerca de los seres humanos, y, por tanto, que las personas son formadas y gobernadas por dicha verdad. Como ejemplo, se presupone un sujeto racional, lo que da por resultado una identidad fundamentada en el hecho de que el individuo "se ajuste" a la conducta "racional". El desarrollo humano progresivo se acepta como verdad, por lo que se concibe a los más jóvenes como seres inmaduros, necesitados de disciplina, ingenuos e incompetentes, como identidades que se encuentran en los niveles inferiores de un continuo creado por la "verdad" del progreso. Las prácticas y las tecnologías centradas en el individualismo en realidad forman y producen al individuo mismo y, a lo largo del proceso, combaten las descripciones contra-reproductivas, alternas de la identidad y de la subjetividad (o modos de ser).

A pesar de todo, sí existen, y siempre han existido, las identidades contrarias. Surgen, así, elementos que contradicen las estructuras y las verdades universales. Este desafío se manifestó a finales de la década de 1960 y en la de 1970, cuando surgieron nuevos movimientos políticos e intelectuales, así como revueltas culturales "contra una sociedad moderna rígida y opresora" (Best y Kellner, 1991, p. ix). Estas revueltas, combinadas con nuevas tecnologías, medios informativos, computadoras y cambios del capitalismo, allanaron el camino a ideas y modos de ser antes nunca imaginados, es decir, el camino al posmodernismo.

Las posibilidades posmodernistas

Aunque vinculado académicamente a varios acontecimientos del siglo pasado y a cambios del pensamiento en toda una variedad de disciplinas, el término *posmoderno* sólo se hizo notorio en las décadas de 1980 y 1990. Sólo recientemente se ha expresado una preocupación por la fe modernista en verdades universales (narraciones grandiosas) y la imposición de esas verdades a toda la humanidad (Lyotard, 1984). Aunque las perspectivas posmodernistas pudiesen extender nuestras maneras de comprendernos unos a otros y de apreciar nuestras diferencias, el posmodernismo también es indefinible y multidireccional, y presenta desafíos a las verdades universales. La complejidad, la ambigüedad y, ciertamente, el desafío a la verdad resultan perturbadores para muchos. Podemos describir las posiciones posmodernas diciendo que desafían los modos de pensar que han dominado las creencias individuales, de grupo y culturales acerca del mundo. Y al hacerlo así, los enfoques posmodernos se valen de discursos que aceptan y que, a la vez, critican la práctica cultural. Para considerar las posibilidades ofrecidas por las perspectivas filosóficas que se inclinan hacia lo posmoderno, debemos estar dispuestos a reconsiderar, por lo menos, nuestra creencia en verdades universales. Debemos ser capaces de ver la diferencia, la complejidad y hasta la confusión como parte de la cultura y la vida social cotidianas.

Los desafíos al modernismo

Al contrastar el modernismo con el posmodernismo, Harvey (1989) afirmó que este último "favorece la heterogeneidad y la diferencia como fuerzas liberadoras en la redefinición del discurso cultural. La fragmentación, la indeterminación y una intensa desconfianza de todos los discursos universales 'totalizantes' (para emplear una frase muy aceptada) constituyen la marca del pensamiento posmodernista" (p. 9). La teoría posmoderna desafía la creencia modernista de que las verdades filosóficas son el fundamento de todo conocimiento y que a estas verdades se las puede determinar por medio de enfoques como el empirismo y el racionalismo. El pensamiento posmoderno refuta las afirmaciones modernistas (positivistas) de que las observaciones empíricas pueden verse como prueba de la verdad de la ciencia. Asimismo, el pensamiento posmoderno rechaza las premisas racionalistas de que la razón es el método principal de adquisición de conocimiento, y de que el progreso social y moral se logra mediante la aplicación racional de teorías sociales y científicas. Así pues, en el pensamiento posmoderno se considera que las teorías aportan, si acaso, "perspectivas parciales sobre sus objetos, y que todas las representaciones cognitivas del mundo sufren una mediación histórica y lingüística" (Best y Kellner, 1991, p. 4). El conocimiento no trasciende la perspectiva; antes bien, existen interpretaciones de las interpretaciones.

El posmodernismo no constituye un paso progresista más allá de la modernidad ni una reacción al modernismo. Sin embargo, el posmodernismo sí rechaza las perspectivas universalizantes y orientadas hacia la verdad que han privilegiado a un conocimiento particular y a ciertos grupos de gente. El posmodernismo es ilimitado, confuso y ambiguo: como visión del mundo, abre las puertas a múltiples posibilidades (Lather, 1991). Cannella y Bailey (1999) nos han ofrecido un extenso análisis de la obra posmoderna en el ámbito de la educación infantil, que incluye sus desafíos a las bases de desarrollo infantil y conocimiento instructivo que dominan este terreno, una crítica de la interpretación del poder institucionalizado por organizaciones profesionales como la National Association for the Education of Young Children, y un análisis de las posiciones de poder que se asignan a los adultos como resultado de la interpretación del "niño" como el *otro*. Aunque críticos modernistas han cuestionado al posmodernismo señalando que éste sólo ofrece perspectivas negativas sin ofrecer acciones que pudiesen cambiar nuestro ámbito, creemos que una disposición que incluye la deconstrucción, la crítica genealógica y el reconocimiento del contexto social y político es necesaria en un determinado ámbito antes de que la reconceptualización y las nuevas posibilidades puedan brotar y, luego, obtener apoyo.

La deconstrucción y la crítica genealógica

Dos métodos de investigación histórica que están bien fundamentados y que los posmodernistas emplean a menudo son la deconstrucción y la genealogía. La deconstrucción cuestiona la suposición de que la ciencia y la filosofía moderna pueden constituir bases para todo conocimiento (Derrida, 1976) o verdad(es) que puedan descubrirse para explicar debidamente los sistemas filosóficos (Best y Kellner, 1991). En su deconstrucción de la psicología del desarrollo, Burman (1994) describió la deconstrucción diciendo que "pone al desnudo o bajo escrutinio los temas político-morales coherentes que elabora la psicología del desarrollo" (p. 1). La deconstrucción revela valores, tendencias y creencias subyacentes que han generado opiniones particulares.

Las genealogías, o críticas genealógicas, son "análisis históricos acerca de cómo las formas particulares de razonamiento y de 'decir la verdad' del presente implicaban cambios en las relaciones de poder y los tipos de conocimientos que son centrales para el establecimiento de un discurso particular" (Popkewitz y Brennan, 1998, p. 15). Como parte de su deconstrucción del discurso de la educación temprana, Cannella (1997) emprendió una genealogía de la niñez en la cual cuestionó la suposición —presuntamente derivada del sentido común— de que la niñez es algo ajeno y totalmente distinto a la edad adulta. Llegó a la conclusión de que la niñez puede interpretarse como una construcción positivista que ha discapacitado a los seres humanos más jóvenes, sosteniendo que son incompetentes y que, para su cuidado, adquisición de conocimiento e incluso control corporal dependen de los adultos. Los discursos sobre la niñez han fomentado la idea de que un grupo de individuos debe ser regulado por otro grupo (descrito como el de los adultos) y han generado múltiples espacios de poder en beneficio de esos adultos. (p. 44)

Tanto la deconstrucción como la crítica genealógica involucran una comprensión de las interrelaciones que existen entre tiempo, historia, política, contexto, valores sociales e interpretaciones humanas. Estas técnicas y toda una variedad de métodos y perspectivas filosóficas que desafían las orientaciones absolutistas hacia la verdad (y que revelarían un conocimiento marginado) han sido adoptadas por seguidores de la educación temprana en su búsqueda de mayores posibilidades para los niños pequeños, es decir, en sus esfuerzos reconceptualistas.

El actual estudio reconceptualista

Las perspectivas posmodernas y otras orientaciones filosóficas que pretenden refutar la existencia y la aplicación de la verdad universal a los seres humanos (por ejemplo, el posestructuralismo, el feminismo, la teoría de la desviación, el post o el neocolonialismo) han llevado a reconceptualizar los propósitos de la educación y la atención, así como a reexaminar la investigación y la práctica. Como ejemplo, Robin Leavitt (1994) examinó la manera en que los infantes y los niños que empiezan a caminar son regulados, física y emocionalmente, por medio de las políticas y las prácticas seguidas en los ambientes en que se los cuida. En su estudio del poder y de la resistencia, ofrece ejemplos contrarios en que los pequeños tienen mayor control sobre las cuestiones que afectan sus cuerpos, mentes y vidas.

Joe Tobin (1997b) describió un trabajo efectuado con estudiantes de pedagogía que examinaron el miedo a la sexualidad en ambientes preescolares, revelando diferencias culturales en las expectativas de los maestros sobre la normalidad, la libertad de la actividad y la conducta apropiada de los niños.

Otra labor contemporánea relacionada con la educación temprana incluye la obra de los *posestructuralistas*, que han criticado las creencias estructuralistas en anteriores sistemas de significado. Un ejemplo es la obra posestructuralista que refuta el desarrollo infantil y otras pretensiones científicas de estructuras cognitivas universales. Burman (1994) sostiene que el foco en el niño en particular como unidad de análisis en sí mismo y por sí mismo aísla al desarrollo infantil de todas sus condiciones históricas y sociales. De este modo, el niño en particular, como punto de análisis para la psicología del desarrollo, es ahistórico, asocial y apolítico. Las interpretaciones normalizadas que forman parte integral del desarrollo infantil sirven para señalar cualquier diferencia de la norma idealizada como si se tratara de una deficiencia.

Preocupados por las vidas de las mujeres, los posestructuralistas *feministas* han puesto en duda ciertos regímenes de verdad que imponen roles de vida y expectativas, y han criticado las relaciones entre género, poder y educación. El análisis hecho por Bronwyn Davies (1991) de las expectativas de los niños en edad preescolar, de acuerdo con el sexo, ilustra esta perspectiva, así como su examen de cómo y por qué los niños eligen la masculinidad o la femineidad (Davies, 1989). Este último trabajo ofrece una relación detallada del mundo dividido en géneros de niños de cuatro y cinco años, y explica cómo sus identidades, basadas en el sexo, son interpretadas socialmente como parte integrante de su vida cotidiana.

Directamente relacionada con el feminismo y el posestructuralismo, la *teoría de la desviación* desafía las interpretaciones tanto específicas como generalmente aceptadas del género y la identidad. Por ejemplo, Valerie Walkerdine (1990) examinó las maneras en que se construyen las identidades femeninas para aceptar las creencias masculinas sobre la enseñanza. Tobin (1997a) ha descrito la teoría de la desviación como "una naciente reinterpretación de la teoría homosexual y lésbica y de la acción política que integra elementos del posestructuralismo, el feminismo, estudios de género y estudios culturales" (p. 26). Tobin también propuso "desviar la educación temprana" (p. 26). Con esto quiere decir "no sólo prestar atención a las perspectivas homosexuales y lésbicas en nuestra investigación de niños pequeños sino, más generalmente, poner en duda 'el régimen de lo normal'" (p. 26).

Recientemente se levantaron las voces de eruditos *poscoloniales* o *neocoloniales* en el campo de la educación infantil o en relación con ella. Aunque la apropiación física de tierras y vidas es menos común hoy, va en aumento la colonización intelectual y económica (Viruru y Cannella, 1999). Por si esto fuera poco, más de 80% del mundo experimentó los efectos del colonialismo europeo moderno (Fieldhouse, 1989) durante el siglo XIX, dando por resultado una gran cantidad de personas de todas las edades que de una u otra forman han experimentado la colonización (y que en la actualidad sufren sus efectos). La investigación poscolonial explora las vidas, la obra y las perspectivas de pueblos colonizados y en diáspora. Un ejemplo de esta labor es la obra de Radhica Viruru (en prensa), quien estudia la educación temprana en la India, incluyendo el programa escolar autóctono y las concepciones de cómo vivir con los niños, así como los efectos del "imperio".

Estas perspectivas posmodernas han empezado a revelar la diversidad de pensamiento y de acción que habían sido excluidos de la educación infantil: voces de aquellos que no aceptan interpretaciones psicológicas del desarrollo y de la razón, voces de aquellos cuyas fuerzas culturales fueron tildadas de subdesarrolladas y salvajes, voces de los estigmatizados como ilegítimos, como anormales. Al oírse estas voces, lanzan desafíos a las identidades que hemos considerado sagradas, a las identidades predeterminadas y orientadas hacia la verdad que hemos abrazado como maestros y como seres humanos, las identidades que nosotros, como adultos, hemos formado para los niños e incluso la identidad del terreno de la educación infantil.

LAS CAMBIANTES IDENTIDADES POSMODERNAS

El concepto de identidad, asociado con las interpretaciones modernistas del mundo, es singular y unitario. Una interpretación posmoderna de las identidades es que éstas son múltiples y complejas, e incluso cambiantes (y que también el concepto de identidad es, con probabilidad, una construcción cultural, científicamente orientada, que quizá no existe en todas las culturas ni en todos los tiempos). Aunque existe toda una variedad de perspectivas teóricas desde las cuales se pueden derivar interpretaciones, una lectura posmoderna de las identidades va más allá de dualidades como bueno/malo, varón/hembra, masculino/femenino, maduro/inmaduro o, incluso, apropiado/inapropiado. Por medio de la crítica histórica de la psicología y de otros discursos sociales institucionalizados, las teorías posmodernas ofrecen una interpretación del sujeto como "social y lingüísticamente descentrado y fragmentado" (Best y Kellner, 1991, p. 5). Según estas interpretaciones, los sujetos (personas) o las subjetividades aparecen como dinámicos y múltiples, y siempre situados en relación con los discursos particulares y las prácticas producidas por los discursos.

Las perspectivas posmodernas piden la aceptación de identidades múltiples y contradictorias. Por ejemplo, según una interpretación posestructuralista feminista, no puede haber una fijación última de la femineidad o la masculinidad. Las identidades "siempre son producidas históricamente mediante una gama de prácticas discursivas" (Weedon, 1997, p. 146) que cambian con el tiempo y en situaciones diferentes. Esto significa que no hay atributos femeninos o masculinos esenciales que sean constantes en todas las historias y contextos. Asimismo, no existen características infantiles o adultas preexistentes que representen la verdad en cualesquiera circunstancias. Explica Hatch (1995):

No hay una naturaleza permanente y esencial de la niñez. La idea de niñez se define de manera distinta en cada cultura, en cada espacio de tiempo, en cada clima político, en cada fase económica, en cada contexto social. Nuestra suposición cotidiana de que la niñez que "conocemos" es y siempre ha sido la definición de la niñez resulta una falacia (p. 118).

Las perspectivas posmodernas refutan la existencia de identidades individuales o educativas esencializadas, ya sea para los niños, para los padres y maestros, o para los valores, conocimientos y métodos de la disciplina de la educación temprana.

La psicología y la psicología del desarrollo están históricamente arraigadas en una preocupación inicial por el control y la vigilancia de la población en general (Walkerdine, 1984), la producción y el control de identidades particulares. Como disciplina, y auspiciada por perspectivas patriarcales encaminadas hacia el poder en la sociedad, la psicología ha construido discursos que han hecho posible el surgimiento de técnicas disciplinarias y de regulación de los seres humanos. Estos poderes disciplinarios (Foucault, 1978) crean normas por medio de las cuales se construyen las identidades y se legitiman el juicio y la catalogación por la sociedad. Ya nos hemos referido a discursos de identidades racionales y progresivas. Otro ejemplo incluye el discurso de la mujer como madre, en que se supone que todas las personas identificadas como "mujeres" (otra identidad disciplinaria) desean, de la manera más natural, tener hijos y alimentarlos. Marshall (1991) analiza la construcción social de la maternidad mediante un análisis de manuales para los padres, mostrando que la maternidad es interpretada como "la realización última" (p. 68) y que el amor materno es considerado como natural. Asimismo, Marshall sostiene que los manuales atribuyen a las madres la responsabilidad por el

"desarrollo normal" de una persona bien adaptada. Para cuidar adecuadamente a su hijo, una mujer debe estar con él las 24 horas de cada día, y estar continua y activamente atareada, dándole una compañía estimulante y atenta. Si el desarrollo de su hijo no es normal, la culpa recae sobre la madre... Otra consecuencia implícita consiste en echar la responsabilidad por el bienestar moral de la próxima generación sobre los hombros de cada mujer, y atribuir cualesquiera problemas sociales a fallas de las madres. Una vez más, en esta ecuación quedan omitidas la sociedad y las influencias estructurales (p. 83).

Éste es un ejemplo de cómo el poder disciplinario se oculta en el lenguaje de la "maternidad natural y buena", creando así una identidad disciplinaria para todas las madres. De allí se sigue que quienes no ceden al discurso dominante pueden ser tildadas de mujeres incompletas y perversas, legitimando así el discurso dominante (Cherniavsky, 1995; Eyer, 1992; Welter, 1979).

Específicamente relacionado con la educación temprana, el discurso dominante de la práctica apropiada para el desarrollo (PAD) (Bredekamp, 1987; Bredekamp y Copple, 1997) interpreta la identidad del buen profesional de la educación temprana. El discurso crea, a la vez, el deseo de ser un buen maestro y una definición del buen maestro en términos de PAD. Los buenos profesionales se constituyen y regulan según las normas de la práctica apropiada para el desarrollo, y aprenden a juzgarse a sí mismos como maestros "buenos" o "malos" de acuerdo con tal discurso. Esta faceta de la psicología del desarrollo se analiza en el capítulo II de este volumen, "Historias personales", donde se ofrece buen número de perspectivas por medio de personas que han cuestionado este discurso dominante en la educación temprana. Dichas historias personales explican las razones para desafiar la práctica apropiada para el desarrollo y ofrecen un bosquejo de los caminos recorridos en busca de otras maneras de comprender a los niños, la niñez, el programa para la educación temprana y la práctica.

Los autores cuya obra se presenta de la primera a la cuarta partes de este volumen han aceptado el desafío de pasar más allá de las identidades preexistentes y dogmáticamente orientadas hacia la verdad. Su labor reconoce las formas en que los discursos de la modernidad han constituido, regulado y limitado la identidad precisamente mientras exploran maneras de reconstituir identidades, de crear cambios de perspectiva que aumenten la aceptación y las posibilidades de vida ofrecidas a todos los que participan en nuestros esfuerzos educativos. Los capítulos están catalogados de acuerdo con tres interpretaciones generales: 1) los modos en que la educación ha limitado las identidades de los profesionales de la enseñanza y la conceptualización de vías para la creación de identidades opuestas; 2) la reconceptualización de identidades múltiples y nuevas (para personas e incluso para conceptos dentro de nuestra disciplina) por medio de diversas representaciones culturales, y 3) los desafíos a las identidades colonizadas que dominan la práctica educativa.

Identidades contrarias: construcciones
que limitan la educación

En la segunda parte del libro, las autoras revelan las identidades estrechas y simplistas que se han construido para el profesional de la educación temprana, por medio de los discursos desarrollistas, del maestro "bueno" y hasta del reconstruccionista. Este trabajo demuestra la complejidad de las identidades del maestro, los contextos global y local en que se construyen las identidades del maestro, y las maneras en que las perspectivas contrarias y multidireccionales pueden generar nuevas posibilidades para la práctica.

En el capítulo III, Sharon Ryan, Mindy Ochsner y Celia Genishi analizan la pérdida que sufren los niños y nuestra disciplina cuando los maestros y las metodologías de la instrucción se interpretan como apropiados o inapropiados para el desarrollo. Las autoras sondean la investigación de la enseñanza, vehículo importante para producir imágenes del maestro. Las representaciones de la enseñanza y de maestros de niños pequeños, producidas de acuerdo con las formas de investigación que han predominado a lo largo de la historia, se yuxtaponen con las imágenes creadas por estudios posestructuralistas de la educación temprana. Al analizar la investigación sobre la enseñanza tanto en el centro como en las márgenes posestructuralistas, las autoras demuestran las limitaciones de las aproximaciones predominantes a la investigación de la primera infancia y las posibilidades logradas por medio de agendas de investigación elaboradas con un enfoque más crítico. Se considera que el posestructuralismo está ofreciendo interpretaciones (o lecturas) más complejas de lo que significa ser maestro de la primera infancia, y mayores posibilidades para la problematización (dentro de contextos políticos, históricos y dominados) de las concepciones cotidianas de las identidades y las prácticas del maestro.

Otra manera en que las identidades del maestro pueden interpretarse como más complejas que la dualidad generada por el discurso de lo apropiado *versus* lo inapropiado para el desarrollo consiste en examinar la literatura sobre la defensa en la educación temprana. Durante algún tiempo, la bibliografía sobre la etapa temprana de la niñez ha apoyado la idea de que los educadores deben ser activistas para los niños pequeños, para sus familias y para la profesión en general. En el capítulo IV, Susan Grieshaber adopta una posición posestructuralista feminista para analizar la manera en que los maestros de la educación temprana quedan situados por medio de la literatura sobre la defensa y a través del discurso dominante sobre la educación temprana que constituye una práctica apropiada para el desarrollo. La literatura sobre la defensa dice que los educadores deben tener espíritu de confrontación, ser exigentes, dispuestos a participar en conflictos y estar abiertos a toda crítica y negociación. Sin embargo, la práctica apropiada para el desarrollo muestra a los maestros como aquellos que calladamente responden atendiendo, alimentando y facilitando el desarrollo de los niños. Al examinar las conexiones entre estos dos cuerpos de bibliografía se revelan la ambigüedad humana y sus múltiples identidades, esa complejidad que es inherente a todos los educadores de la niñez temprana.

Janice Kroeger ha puesto en duda el régimen de lo normal en el capítulo v. En su texto autobiográfico y multinarrativo sobre una maestra bisexual, Kroeger describe cómo ella intenta incluir a una familia lésbica en un programa rural para la educación temprana. El relato, escrito en colaboración, expone dilemas de la enseñanza y desafía suposiciones concernientes a la determinación de las necesidades de la familia y del niño por el maestro. Además, revela la complejidad y el arraigo social de la identidad y de las prácticas educativas. Aunque identificada como maestra transformacional, al observar la experiencia de la familia/comunidad, Kroeger cuestiona su propia identidad como activista en favor de "los otros". El capítulo está de acuerdo con un creciente corpus de trabajo que enfoca las preocupaciones de maestros, estudiantes y familias homosexuales/lésbicas/bisexuales y transgénero.

Las identidades reconceptualizadas: cómo ensanchar las representaciones culturales

En la tercera parte, las autoras exploran ciertas posibilidades de reinventar y de extender las varias identidades que caracterizan a las personas y al campo de la educación infantil. Las identidades múltiples incluyen una reconceptualización de lo que significan *1)* la observación, *2)* los usos tendenciosos de un lenguaje fincado en la división por géneros, que presupone la heterosexualidad como norma en el aula de los niños pequeños, y *3)* las posibilidades de aprovechar las complejidades del mercado corporativo y de la cultura popular para desarrollar disposiciones críticas con niños pequeños. Cada una de estas reconceptualizaciones lleva a generar nuevas identidades para el contenido y la práctica de la educación y el cuidado de los niños.

Partiendo desde una posición feminista posestructuralista, Sheralyn Campbell y Kylie Smith ofrecen dos interpretaciones (o lecturas) de observación de los niños en el ambiente de la educación temprana (capítulo VI). Una intensa interacción entre tres pequeños (dos niñas y un niño) en una zona de juego en construcción es interpretada utilizando a la vez el discurso de desarrollo y el discurso posestructuralista feminista. Las lecturas de desarrollo de la situación revelan a unos niños normalizados a quienes se ha colocado en posiciones particulares con respecto a sus capacidades sociales, de lenguaje y cognitivas, de los que se considera que varían en sus capacidades de negociación y se cree que imitan la conducta de otros. Una lectura posestructuralista feminista revela a seres humanos separados por géneros en su conducta y en sus intentos por ejercer o conservar el poder. Uno de los niños, incluso, funciona como el *otro* silencioso para no ser excluido y para apoyar el discurso de desarrollo de su maestra (una posición que niega todo nexo político y contextual entre discursos e individuos separados por géneros). Las autoras demuestran que todas nuestras observaciones están arraigadas en visiones particulares del mundo, las cuales limitan lo que se "ve" y deben ser examinadas por aquello que pasan por alto.

En el capítulo VII, Rachel Theilheimer y Betsy Cahill abordan la cuestión de la sexualidad. Las autoras construyen un "clóset" metafórico ubicado dentro de la educación temprana y que alberga las creencias acerca de la sexualidad. Estas creencias incluyen la interpretación de los niños como seres inocentes y asexuales, con prácticas educativas que producen una heteronormatividad, la suposición de que el estado "normal" del ser humano es la heterosexualidad. Las autoras muestran las formas en que los educadores y los padres subestiman lo que los niños saben y comprenden, y cómo los niños aceptan y aprecian lo que los adultos tratan de evitar. Se examinan las presentaciones y los diálogos heteronormativos en las aulas para niños pequeños (por ejemplo, la romántica conjunción de niñas y niños, frases como "los niños y niñas no se vuelven homosexuales ni lesbianas por jugar a vestirse con ropa del otro sexo"), y se sostiene que esto establece una atmósfera en que predominan la homofobia y la conducta heterosexista.

En el capítulo VIII, Patrick Hughes y Glenda Mac Naughton aprovechan el considerable debate internacional por la influencia del juego de Barbie sobre el sentido del ego propio y las identidades divididas por género de niños pequeños, y proponen una interpretación posestructuralista de la formación de la identidad. Según dicha interpretación, las personas reúnen sus propios repertorios discursivos al adoptar uno o más discursos que circulan por su mundo social. El modelo posestructuralista propone que algunos discursos ya se han institucionalizado dentro del producto cultural y las industrias de la comunicación. Barbie es analizada como un producto cultural cuya influencia está arraigada en la dominación y el poder producidos por estos mismos discursos. Se recomienda a los maestros despertar una actitud crítica entre los niños, en la que se examinen los productos de las empresas y la cultura popular.

Un desafío a las identidades colonizadas

En la cuarta parte, las autoras se oponen a la imposición de la colonización y de los constructores colonizadores (o sea, al individualismo, la minoría, la investigación), así como a la constitución de identidades por medio de estos constructores en la educación. Escuchan voces colonizadas y oprimidas, como de maoríes, japoneses-estadunidenses, indios y otros grupos que cuestionan las identidades dualistas del Siglo de las Luces.

En el capítulo IX, Jenny Ritchie propone que los educadores adopten la estrategia de contraponer la poderosa influencia de la colectividad, como se ilustra en la atención especial que los maoríes prestan a la familia extendida. En Nueva Zelanda los educadores se están enfrentando a una ideología extremista, representada por el individualismo de la Nueva Derecha que trata de hacer que el gobierno deje de compartir toda responsabilidad en la alimentación de los niños y sus familias. El énfasis en la colectividad se encuentra dentro del contexto del programa escolar para la niñez temprana planeado para Nueva Zelanda, el *Te Whäriki*. Esta filosofía se explica al conocer la familia extendida de los maoríes *(whänau),* la labor de feministas como Nel Noddings y las perspectivas socioculturales subrayadas por Vygotsky.

En el capítulo X, Susan Matoba Adler nos ofrece las reflexiones sobre sí misma de una erudita educadora japonesa-estadunidense que asistió a una conferencia reconceptualista sobre la educación temprana en Honolulú. Adler examina cómo el proceso de interactuar profesional y personalmente y el compartir las respuestas individuales a acontecimientos importantes creó un discurso para reconceptualizar sus propias identidades y voces de maestra. Describe cómo, en el aspecto personal, acudió a la conferencia con ciertas perspectivas sobre sus propias experiencias e investigaciones, pero salió de allí con una comprensión de cómo los marcos de referencia pueden ser interpretados de diversas maneras por otros estudiosos. Adler explica las actividades de la conferencia en que ella, como japonesa-estadunidense, experimentó la opresión de otros grupos étnicos, impuesta por el dominio japonés-estadunidense. Más adelante describe cómo vio desafiadas sus propias concepciones de la opresión y de la notabilidad de lo asiático-estadunidense, dentro del contexto sociopolítico del predominio de los blancos y de la dicotomía entre blancos y negros. Como objetos de las prácticas de investigación, los niños han sido marginados y desposeídos de su derecho a tener voz, y rara vez se les consulta acerca de su participación en los proyectos de investigación. En el capítulo xi, Radhika Viruru y Gaile S. Cannella critican el concepto de investigación desde una perspectiva neocolonial (mientras intentan escuchar las voces de adultos y niños de la India). Las autoras elaboran una interpretación poscolonial que reconoce los efectos continuados de la colonización por medio de prácticas discursivas y una dominación filosófica. Desde esta perspectiva, se examina el constructo del niño universal como absolutamente colonizador. Incluso el estudio etnográfico cualitativo con niños se revela como jerárquico, antidemocrático y creador de poder para el investigador mismo, y viciado con suposiciones voyeuristas y esquemáticamente orientadas a la verdad. Preguntan Viruru y Cannella: "¿Cuáles son los modos en que el programa para la niñez refleja suposiciones imperialistas y representaciones erróneas de los pueblos históricamente colonizados? (citando a Cannella y Bailey, 1999, p. 23)", y "¿Cómo se puede co-construir un nuevo tipo de investigación con niños que refleje sus perspectivas?" Basándose en estas preguntas, las autoras presentan cierto número de reconceptualizaciones de la investigación con niños.

El último capítulo del libro une las principales aportaciones de cada capítulo a la teoría y a la práctica, pone de relieve las actuales cuestiones de identidad que son de preocupación para los educadores de la niñez y une estas cuestiones a ciertas reconceptualizaciones efectuadas en nuestra disciplina. Animamos al lector a explorar maneras de reconstituir identidades, de crear cambios de perspectiva que aumenten la aceptación y las posibilidades de vida de todos los que participan en nuestros esfuerzos educativos.

REFERENCIAS BIBLIOGRÁFICAS

Adam, D., J. Henriques, N. Rase, A. Salfield, C. Venn y V. Walkerdine, "Psychology, ideology and the human subject", *Ideology and Consciousness*, 1, 1977, pp. 5-56.

Best, S., y D. Kellner, *Postmodern theory: Critical interrogations*, Londres, Macmillan, 1991.

Bloch, M. N., "Critical social science and the history of child development's influence on early education research", *Early Education and Development*, 2 (2), 1991, pp. 95-108.

Bredekamp, S., *Developmentally appropriate practice in early childhood programs serving children from birth through age 8*, Washington, D. C., National Association for the Education of Young Children, 1987.

——, y C. Copple, *Developmentally appropriate practice in early childhood programs serving children from birth through age 8* (ed. rev.), Washington, D. C., National Association for the Education of Young Children, 1997.

Burman, E., *Deconstructing developmental psychology*, Londres, Routledge, 1994.

Cannella, G. S., *Deconstructing early childhood education: Social justice and revolution*, Nueva York, Peter Lang, 1997.

——, y C. D. Bailey, "Posmodern research in early childhood education", en S. Reifel (ed.), *Advances in early education and day care*, vol. 10, Greenwich, Connecticut, JAI Press, 1999, pp. 3-39.

Cherniavsky, E., *That pale mother rising: Sentimental discourses and the imitation of motherhood in nineteenth century America*, Bloomington, Indiana University Press, 1995.

Cherryholmes, C., *Power and criticism: Poststructural investigations in education*, Nueva York, Teachers College Press, 1988.

Davies, B., *Frags and snails and feminist tales: Preschool children and gender*, North Sydney, NSW, Allen & Unwin, 1989.

——, "The accomplishment of genderedness in pre-school children", en L. Weis, P. G. Altbach, G. P. Kelly y H. G. Petrie (eds.), *Critical perspectives in early childhood education*, Albany, State University of New York Press, 1991, pp. 83-100.

Derrida, J., *Of grammatology*, Baltimore, Johns Hopkins University Press, 1976.
Eyer, D. E., *Mother-infant bonding: A scientific fiction*, New Haven, Yale University Press, 1992.
Fieldhouse, D. K., *The colonial empires*, Londres, Macmillan, 1989.
Foucault, M., *Discipline and punish: The birth of the prison* (trad. A. Sheridan), Harmondsworth, Inglaterra, Penguin, 1977.
——, *The history of sexuality*, vols. I-III, Nueva York, Pantheon Books, 1978.
Harvey, D., *The condition of posmodernity: An enquiry into the origins of cultural change*, Oxford, Basil Blackwell, 1989.
Hatch, J. A., "Studying childhood as a cultural invention: A rationale and framework", en J. A. Hatch (ed.), *Qualitative research in early childhood settings*, Westport, CT, Praeger, 1995, pp. 117-133.
Hawkes, T., *Structuralism and semiotics*, Londres, Methuen, 1977.
Heidegger, M., *The question concerning technology*, Nueva York, Harper & Row, 1977.
James, A., C. Jenks y A. Prout, *Theorizing childhood*, Nueva York, Teachers College Press, 1998.
Kessler, S., "Alternative perspectives in early childhood education", *Early Childhood Research Quarterly*, 6, 1991, pp. 183-197.
Kuhn, T. S., *The structure of scientific revolutions*, 2ª ed., Chicago, University of Chicago Press, 1970.
Lather, P., *Getting smart: Feminist research and pedagogy with/in the postmodern*, Nueva York, Routledge, 1991.
Leavitt, R. L., *Power and emotion in infant-toddler day care*, Albany, State University of New York Press, 1994.
Lubeck, S., "The politics of developmentally appropriate practice", en B. L. Mallory y R. S. New (eds.), *Diversity and developmentally appropriate practices: Challenges for early childhood education*, Nueva York, Teachers College Press, 1994, pp. 17-39.
Lyotard, J., *The postmodern condition: A report on knowledge* (trad. G. Bennington y B. Massumi), Minneapolis, University of Minnesota Press, 1984.
Marshall, H., "The social construction of motherhood: An analysis of

childcare and parenting manuals", en A. Phoenix, A. Woollett y E. Lloyd (eds.), *Motherhood: Meanings, practices and ideologies*, Londres, Sage, 1991, pp. 66-85.

New, R. S., y B. L. Mallory, "Introduction: The ethic of inclusion", en B. L. Mallory y R. S. New (eds.), *Diversity and developmentally appropriate practices: Challenges for early childhood education*, Nueva York, Teachers College Press, 1994, pp. 1-13.

Nietzsche, F., *The will to power*, Nueva York, Random House, 1967.

——, *The early growth of logic in the child*, Nueva York, Harper, 1964.

Piaget, J., *The psychology of intelligence*, Totowa, New Jersey, Littlefield, Adams, 1968.

Popkewitz, T., y M. Brennan, "Restructuring of social and political theory in education: Foucault and a social epistemology of school practices", en T. Popkewitz y M. Brennan (eds.), *Foucault's challenge: Discourse, knowledge, and power in education*, Nueva York, Teachers College Press, 1998, pp. 3-35.

Silin, J. G., *Sex, death, and the education of children: Our passion for ignorance in the age of AIDS*, Nueva York, Teachers College Press, 1995.

Tobin, J., "Post-structural research in early childhood education", en J. A. Hatch (ed.), *Qualitative research in early childhood settings*, Westport, Connecticut, Praeger, 1995, pp. 223-243.

——, "The missing discourse of pleasure and desire", en J. Tobin (ed.), *Making a place for pleasure in early childhood education*, New Haven, Connecticut, Yale University Press, 1997a, pp. 1-38.

——, "Playing doctor in two cultures: The United States and Ireland", en J. Tobin (ed.), *Making a place for pleasure in early childhood education*, New Haven, Yale University Press, 1997b, pp. 119-158.

Toulmin, S., *Cosmopolis: The hidden agenda of modernity*, Nueva York, Free Press, 1990.

Viruru, R., *Decolonizing early childhood education: An Indian perspective*, Nueva Delhi, Sage (en prensa).

——, y G. S. Cannella, *A postcolonial scrutiny of early childhood education*, presentado en la reunión del *Journal of Curriculum Theorizing Conference*, Dayton, Ohio, octubre de 1999.

Walkerdine, V., "Developmental psychology and the child-centered pedagogy: The insertion of Piaget into early childhood education", en J. Henriques, W. Holloway, C. Urwin, C. Venn y V. Walkerdine (eds.), *Changing the subject: Psychology, social regulation and subjectivity*, Londres, Methuen, 1984, pp. 153-202.

——, *Schoolgirl fictions*, Londres, Verso, 1990.

Weedon, C., *Feminist practice and poststructuralist theory*, 2ª ed., Oxford, Basil Blackwell, 1997.

Welter, B., "The cult of true womanhood: 1820-1860", en L. Dinnerstein y K. Jackson (eds.), *American vistas (1607-1877)*, Nueva York, Oxford University Press, 1979, pp. 176-198.

II. HISTORIAS PERSONALES: LOS EDUCADORES DE LA ETAPA TEMPRANA DE LA NIÑEZ Y LAS IDENTIDADES RECONCEPTUALIZADAS

GAILE S. CANNELLA
y SUSAN GRIESHABER

MUCHOS de los que elegimos trabajar con la niñez, cualquiera que sea nuestra filiación filosófica, tenemos al menos una característica en común: nos interesan las vidas, el cuidado y la educación de los más jóvenes. Ya sea que nos aferremos a ideas conductistas de enseñanza, creamos en el desarrollo del niño universal o hayamos descubierto que estamos desafiando todas las teorías acerca de los seres humanos en nombre de la diversidad y de la igualdad, deseamos servir a otros seres humanos.

En años recientes (mientras en las aulas continúa la pugna entre las perspectivas conductuales y las desarrollistas) han surgido dos grupos de investigadores de la educación temprana. Oponiéndose en general al conductismo extremo, un grupo está aferrado a la psicología del desarrollo y a la idea de que las perspectivas piagetianas crean ambientes más humanos, más justos y más naturales para los niños. Este grupo se ha vinculado estrechamente a la National Association for the Education of Young Children (en los Estados Unidos) e impulsa una práctica apropiada para el desarrollo de los niños en las aulas. Estas perspectivas de desarrollo sirven para acreditar ciertos programas y formar conceptos de "buena enseñanza", y en algunos casos incluso se relacionan con fondos del gobierno. Aunque no nos jactamos de hablar en nombre de algún grupo en particular, nuestras experiencias con los niños nos llevan a pensar que muchos de los educadores que creen firmemente en el desarrollo del niño universal consideran que comprender y utilizar perspectivas de desarrollo en las aulas mejora las vidas y el aprendizaje de los pequeños; que algunos creen que los padres pueden aprender a comprender mejor a sus hijos mediante el desarrollo infantil; y que muchos creen que los niños son tratados con mayor respeto y reciben más libertad y oportunidades por medio de ese desarrollo infantil. Los desarrollistas desean, sinceramente, lo mejor para todos los niños.

El segundo grupo incluye a quienes crecieron preocupados por diversos modos de vivir, de aprender y de estar en el mundo. En general con experiencia en psicología del desarrollo, muchos de sus integrantes han llegado a creer que cualquier "verdad", ya sea conductista, desarrollista o cualquier otra que se pretenda imponer, constituye algo peligroso, algo nocivo para algunos, si no para todos. Quienes cuestionan la verdad (las verdades) del desarrollo infantil e incluso la interpretación de los "niños" como grupo separado de los "adultos", a veces se han calificado de (y también muchos han sido llamados así por otros) reconceptualistas, posmodernistas, posestructuralistas feministas, etc. Estas caracterizaciones filosóficas les han llegado de ámbitos ajenos a la educación infantil y a la psicología del desarrollo, en tanto que estos educadores de la primera infancia se han esforzado por aprender lo más posible acerca de las vidas y experiencias de otros. Muchos de ellos creen que las personas más jóvenes no deben estar separadas del contexto histórico, político y social en el que viven (ni de cuestiones de género, raza, nivel socioeconómico o poder que forman parte del tiempo y del contexto); creen que los jóvenes y sus familias (en especial, si no forman parte de la élite del poder) no han sido escuchados ni respetados como poseedores de una identidad o siquiera de una voz; creen que participar en el esfuerzo por establecer conexiones nunca imaginadas con los demás puede aumentar las posibilidades de vida para toda la gente. Y como en años recientes hemos estado más identificados con este grupo reconceptualista, sabemos que elllos y nosotros estamos verdaderamente interesados en otros seres humanos.

A pesar de todo, las cuestiones que consideramos más importantes para la vida humana no lo son tanto para los desarrollistas. Enfocamos nuestro trabajo hacia los más jóvenes utilizando diferentes marcos filosóficos y creencias acerca de la gente. No sostenemos que nuestras perspectivas son una "verdad" o el modo "correcto" de mirar el mundo; en nuestro trabajo, refutamos esa necesidad de verdad. Sí creemos (como valor compartido, y no como verdad) que se debe atender a todas las perspectivas, que se las debe comprender y respetar. No obstante, también creemos que todas las visiones del mundo deben ser examinadas y decontruidas históricamente. Desde el interior de cualquier conjunto de creencias deben plantearse estas preguntas: ¿a quién se ayuda? ¿Quién está obteniendo el poder? ¿A qué conocimiento se da preferencia? ¿Quién sale afectado? ¿Quién es descalificado? Y sin embargo, también esperamos desafiar continuamente el sesgo implícito en las preguntas que planteamos. Ésta es, asimismo, una preocupación auténtica por distintos seres humanos, por diversas voces y por el poder que permite que unos sean atendidos en lugar de otros.

Desafortunadamente, utilizar el lenguaje para describir los dos grupos —el desarrollista y el reconceptualista— crea una dicotomía que acaso no exista en realidad. Ambos grupos comparten antecedentes similares en la educación y en las prácticas en el aula, muchas de las mismas experiencias culturales y —lo que es de suma importancia— una auténtica preocupación por otras personas. Además, creemos que como seres humanos abiertos a la diversidad deberíamos respetar diferentes perspectivas y formas de crear significados. Por ello, esperamos extender nuestra disciplina estableciendo conexiones con todos los que forman parte de ella y con quienes comparten las vidas de los niños pero que no siempre han sido escuchados como si fueran practicantes de una disciplina como la educación temprana. Además, deseamos desafiar los límites de nuestro propio campo y, a fin de extender sus fronteras, escuchar acerca de las experiencias de la vida cotidiana y las interpretaciones de otros, así como de diversas interpretaciones sobre la vivencia de estar en el mundo procedentes de diferentes culturas, razas, experiencias de género, orientaciones sexuales y condiciones socioeconómicas.

Una manera de extender el campo de las posibilidades y de establecer conexiones con otros consiste en empezar a compartir nuestras historias personales, nuestras historias de la vida cotidiana como personas y como educadores. Estas historias revelan cómo vinculamos nuestra labor con los niños a la teoría, a la práctica y a las acciones cotidianas; a mundos vividos de opresión y de desigualdad, y a mundos de esperanza y de posibilidad. Las siguientes son historias personales y profesionales de cinco educadores. Algunos se sienten a sus anchas considerándose reconceptualistas, feministas o posestructuralistas; no así otros. Algunas historias son individuales y otras están fincadas en años de actividad profesional colectiva. Cada historia nos ofrece un camino y un enfoque distintos a la reconceptualización y al posmodernismo. Invitamos al lector a participar personalmente en estas historias, a examinar sus propias identidades personales y profesionales y a generar nuevas posibilidades.

CUESTIONANDO CIERTAS SUPOSICIONES

J. Amos Hatch

Yo llegué a la educación temprana ya avanzada mi experiencia como estudiante universitario. Iba yo avanzando en ciencias políticas en la Universidad de Utah y planeaba pasar a la escuela de derecho o ingresar en el cuerpo diplomático, cuando tomé una introducción a un curso de educación para completar ciertas horas durante el verano. El instructor nos envió a varios lugares educativos que había disponibles en ese verano: programas remediales en escuelas públicas, el Cuerpo de Trabajo Local y un centro de Head Start. Recuerdo haberme sentado en la parte trasera de un aula de Head Start cuando una pequeña afroestadunidense con gruesas y largas trenzas se me acercó y levantó los brazos en un gesto que decía "levántame". Así lo hice, y ese momento cambió mi vida. Me inscribí como voluntario en ese centro, organicé un programa de voluntarios para otros estudiantes de la universidad y, finalmente, cambié de carrera. Durante el resto de mi estancia en la universidad pasé más tiempo en el centro de Head Start que en el campus, y mi objetivo fue convertirme en maestro de Head Start.

Me gradué en educación elemental en Utah porque pude lograrlo mucho antes que si hubiese intentado obtener un diploma del Colegio de Economía Interna. Pasé entonces a Kansas City, Missouri, después de graduarme, y acepté un empleo como profesor de segundo año en un programa de análisis conductual Follow-Through, en el centro de la ciudad. Así, mi (acelerada) preparación como maestro fue en un colegio de educación que favorecía el enfoque humanista, y mi primer empleo fue en una escuela que exigía la estricta aplicación de un programa basado en los principios de la educación conductual. Yo sabía algo de la psicología del desarrollo y de la pedagogía para la edad temprana vigente en esa época, pero estaba tan obsesionado por estar con los niños que en realidad nunca examiné mis propias ideas acerca de los procedimientos de aprendizaje, enseñanza y desarrollo. Al cabo de dos años, me mudé a Jacksonville, Florida, donde, una vez más, viví y trabajé en el centro de la ciudad, enseñando esta vez en un exclusivo programa K-2 para niños que estaban esforzándose pero que no alcanzaban a ser candidatos para recibir educación especial. En Jacksonville comencé un programa de maestría en educación primaria de la primera infancia. Mucho aprendí acerca de la teoría de la educación temprana, de sus fundamentos y de su programa, pero mi objetivo principal era realizarme como maestro practicante. El haberme lanzado a un programa para obtener el doctorado en la Universidad de Florida me hizo comprender otras cuestiones que cambiarían mi vida. La clase de fundamentos sociales de Rodman Webb en esa universidad fue como balde de agua fría. Nunca había yo pensado seriamente en la idea de que las escuelas fuesen instituciones responsables de socializar a la siguiente generación. Nunca había contemplado las fuerzas en conflicto que intentan determinar cómo deben ser las escuelas y quiénes deben triunfar en ellas. Nunca había considerado la posibilidad de que las escuelas sirvieran a los fines sociales, políticos y económicos de quienes detentan el poder. Para entonces, yo era un empecinado desarrollista, según la tradición piagetiana, y recuerdo haber escrito una crítica al libro de Richard de Lone, *Small futures* (1979), que me obligó a reexaminar mis suposiciones acerca del desarrollo de los niños. Conservo una copia del ensayo que entregué al profesor Webb. Rechacé el argumento de De Lone en favor de una "teoría situacional del desarrollo infantil", incluyendo la idea de que el desarrollo era distinto para los hijos de la pobreza que para niños más privilegiados, con referencia a mi conocimiento de la teoría piagetiana de la etapa universal. Webb no rechazó mis ideas; simplemente, escribió al margen de mi descripción de la tesis situacional de De Lone: "¡Creo que éste es uno de sus mejores argumentos! Creo que no prestamos suficiente atención a las diferencias de clase social". Eso me remitió de vuelta al libro y hacia una exploración de otras suposiciones no examinadas que yo iba desarrollando. Yo no era precisamente un teórico crítico, pero encontré grandes atisbos en la obra de Bowles y Gintis y de Henry Giroux que me hicieron pensar en términos más amplios acerca de la educación y las oportunidades en nuestra sociedad.

También en Florida me interesé por la investigación cualitativa, y una vez más fue Rodman Webb quien despertó mi curiosidad. Rechacé la ciencia positivista, hice una tesis cualitativa en un aula de jardín de niños y me propuse hacer la carrera de investigador cualitativo de la niñez. Me volví un soldado de infantería en las guerras paradigmáticas de los decenios de 1980 y 1990. Una gran parte de mi conversión a la investigación cualitativa involucró mis propias suposiciones y mi desafío a las premisas —dadas por sentadas— de la investigación tradicional en materia de educación. También busqué fuera del canon de la psicología del desarrollo en busca de la teoría sustantiva que imbuiría mi investigación de los medios de la educación temprana, eligiendo, en cambio, presentar mis descubrimientos dentro de marcos tomados de la sociología y de la psicología social. De este modo, mi propio viaje intelectual a través de mi programa de doctorado me llevó a una pauta consistente en cuestionar las suposiciones, desafiar lo que se da por hecho y considerar otra manera de conceptualizar las ideas. Después de graduarme, impartí cursos sobre la niñez en el campus de Marion de la Universidad del Estado de Ohio durante tres años, y luego hice lo mismo en la Universidad de Tennessee, en Knoxville. Durante varios años mis enseñanzas se parecieron mucho a lo que yo había experimentado en mi curso sobre la niñez, haciendo hincapié en Piaget, la psicología del desarrollo y las prácticas apropiadas para el desarrollo, de la National Association for the Education of Young Children. Después de mudarme a Tennessee, me invitaron a participar en una edición especial sobre la investigación de la niñez para los *Qualitative Studies in Education*. Como parte del proyecto, organicé una conferencia a la que acudieron muchas de las personas que estaban realizando labor cualitativa sobre la etapa temprana de la niñez. Esas reuniones fueron una experiencia formidable, y todos se fueron con la sensación de que debían crearse otras oportunidades para que se reunieran quienes estaban operando fuera de la corriente principal de la educación temprana. Algunas de esas personas se unieron a otras para iniciar el grupo de reconceptualización de la etapa temprana de la niñez, que ha vuelto a encontrarse durante los últimos años. Mi participación en el grupo de reconceptualización y mi asociación con los pensadores innovadores del grupo me ha movido a seguir cuestionando y buscando alternativas a lo que "se da por sentado" en nuestra disciplina. No me he vuelto posestructuralista, feminista, ni teórico crítico, pero sí admiro gran parte de la labor realizada en estos campos de investigación. Me intriga lo que los educadores de la etapa temprana de la niñez puedan aprender del proceso de abrirnos a estas perspectivas a veces preocupantes. En gran parte de mi labor profesional me veo a mí mismo como una especie de mediador entre la corriente principal y mis amigos "radicales". En mi enseñanza y mi aprendizaje intento introducir el pensamiento alternativo en el discurso que domina la labor académica y la práctica relativa a la educación temprana, sin condenar de antemano ese discurso. Trato de participar en actividades reconceptualizadoras de maneras que recuerden a mis colegas que, a menos que lo que hacemos sirva para producir cambios positivos en niños, familias y maestros, estaremos sólo hablando con nosotros mismos.

La mayoría de los educadores de la niñez ingresan en nuestra disciplina por causa de unos sentimientos como los que yo experimenté en el Centro de Head Start de Salt Lake. Nuestras raíces pueden encontrarse en diferentes suelos filosóficos, teóricos o políticos, pero nos interesan profundamente los niños, así como los responsables de su enseñanza y desarrollo. Son inevitables los desacuerdos, pero eso es bueno, incluso en una profesión donde se procura la armonía. Es saludable para nuestra disciplina llegar a cuestiones importantes desde perspectivas diferentes mientras estemos haciendo todo lo posible, valiéndonos de todos los recursos disponibles y formando todas las alianzas que podamos hacer en un esfuerzo concertado por mejorar las esperanzas de vida de los niños.

TODOS LOS NIÑOS DEL MUNDO: POR QUÉ ME VOLVÍ RECONCEPTUALISTA

JANICE A. JIPSON

Oficialmente, todo empezó en Nueva Orleans en 1987. Shirley Kessler y yo habíamos asistido a la conferencia de la American Educational Research Association (AERA) y nos habíamos salido subrepticiamente de una sesión para lamentarnos por las condiciones de la vida académica.

Nuestra conversación se enfocó a la "práctica apropiada para el desarrollo" y a la aceptación —al parecer universal entre la comunidad dedicada a la educación temprana— de la teoría del desarrollo infantil como fundamento para el programa escolar de educación temprana. Sin embargo, nuestro intercambio de ideas había comenzado desde tiempo atrás. Como estudiantes graduadas en la Universidad de Wisconsin-Madison, a menudo habíamos compartido nuestras preocupaciones por el dominio cada vez mayor de la perspectiva del desarrollo del niño en nuestra disciplina y habíamos hecho suposiciones sobre cómo funcionaría un programa de educación temprana que tuviera como base una teoría crítica. De estas primeras conversaciones había surgido en los años noventa el movimiento de Reconceptualización de la Educación Temprana (Jipson y Johnson, 2000).

Cuando Gaile Cannella me invitó a escribir sobre por qué había yo participado en la reconceptualización de la educación para la niñez, lo primero que hice fue recordar mis tiempos de estudiante y mi trabajo en la teoría crítica con el profesor Michael Apple, cuando, por primera vez, hice una crítica formal de la instrucción directa. Durante largo tiempo me habían preocupado los modelos psicológicamente enmarcados de la etapa temprana de la niñez. Desde que era estudiante de licenciatura en el curso de introducción a la psicología de Harry Harlow me pareció que la teoría conductual resultaba enajenante, excesivamente determinista e incompatible con mi confianza en el libre albedrío y mi interpretación de toda agencia humana. Más adelante estudié constructivismo, el cual tenía sentido a nivel intuitivo y que, sin embargo, en su aplicación dentro de la práctica apropiada para el desarrollo (Bredekamp, 1987) parecía pasar por alto las diferencias entre los niños, en beneficio de unos lineamientos para la instrucción bastante limitadores y prescriptivos que estaban definidos para cada edad.

Desde mi posición de teórica del programa escolar, ni la teoría conductual ni la constructivista enfocaban la toma de decisiones con respecto al programa, salvo por implicación. Antes bien, cada teoría había generado un sistema de práctica pedagógica que parecía negar la existencia de cuestiones programáticas distintivas.

En retrospectiva, al menos para mí, resulta discernible el camino por el que llegué a estas convicciones. Como educadora, siempre he intentado mejorar la vida de los niños. Reconozco, sin embargo, que mi interés en cuestiones de diversidad, privilegios e igualdad comenzó mucho antes. De este modo, he formado un análisis autobiográfico de cómo mi compromiso con la justicia social llegó a formar parte integrante de mi identidad personal y del trabajo de toda mi vida.

La interdependencia

Varios incidentes ocurridos durante mi niñez me hicieron interesarme en cuestiones de privilegio, de autodeterminación, de interdependencia, etc. Crecí en Glen Flora, pequeña aldea rural del noroeste de Wisconsin. Mi padre trabajaba en un aserradero y mi madre enseñaba en una escuela primaria. Todavía como preescolares, mis hermanas y yo a menudo nos quedábamos en la granja con nuestros abuelos durante los días laborales, y volvíamos a casa el fin de semana. Por todas partes había miembros de la familia y mis primas eran mis más constantes compañeras de juegos. En total, nuestra familia incluía a los abuelos paternos y maternos, y a muchos tíos, tías y primos dispersos por todo el pueblo y los campos circundantes. Era sencillo conseguir ayuda para las cosechas o para construir edificios anexos, y los ancianos y enfermos eran atendidos por miembros de la familia junto con los niños. De regreso de la escuela, solíamos detenernos para comprar caramelos en la tienda en que a veces trabajaba mi abuelo, visitar a mi padre en los comederos o saludar de lejos a una tía abuela cuando pasábamos frente a su casa. Es claro que la familia nuclear del decenio de los cincuenta no era la normal para mí. Crecí suponiendo que la regla eran la interdependencia y las familias extensas.

El servicio

En las generaciones anteriores, el servicio religioso había sido parte dominante de la identidad de nuestra familia colectiva. Mi bisabuela Emma Olson emigró de Suecia a mediados del siglo xix, como misionera bautista. Siguiendo la vocación religiosa de la familia, mi abuelo, además de ser granjero y a veces empleado de una tienda, hacía las veces de predicador laico en una aislada comunidad cercana. Varios de mis tíos abuelos y sus familias fueron misioneros, y yo recuerdo, desde niña, unos servicios especiales en la iglesia, y cenas familiares con relatos e imágenes de su labor misionera en China y África. Yo envidiaba las oportunidades que esos primos lejanos habían tenido de vivir en lugares tan remotos y exóticos. Cuando cantábamos la canción de la escuela dominical, "Cristo ama a los niños, a todos los niños del mundo", yo no tenía la menor duda de la inclusión equitativa de todos los pueblos en esta visión de paz universal. Criada con una ética de amor a todos, aprendí a evaluar la diferencia y la igualdad como partes esenciales de la vida humana. Más adelante, aun cuando comprendí la naturaleza colonizadora de la labor misionera de mis antepasados, conservé la convicción de que sus esfuerzos partían de un verdadero compromiso de ayudar a otros y busqué en mí misma ese compromiso.

El privilegio

Mi niñez parecía algo común. Vivíamos al borde del pueblo y era yo libre de vagabundear por los campos, como la hermana menor que está al cuidado de sus hermanas y primas mayores. Mis maestras, educadas en la escuela normalista e influidas, sin duda, por las ideas de John Dewey y William Kilpatrick, planeaban sus lecciones de acuerdo con el método del proyecto y abrazaron los ideales de la democracia, aun cuando nos presentaran un programa bastante embellecido. Construíamos fuertes con ramitas, aprendíamos canciones y danzas centroamericanas y emprendíamos giras a los campos para dibujar árboles y arroyos. En verano, al lado de trabajadores emigrantes, recogíamos bayas para ganar dinero destinado a la indumentaria escolar. Como comunidad éramos rurales y pobres y estábamos relativamente aislados de la corriente principal de la cultura norteamericana. En 1960 sólo pudimos contar dos televisiones en las casas de mis compañeras de escuela, que sumaban más de 20... y sólo tres familias poseían excusados con agua corriente. La familia de una de mis mejores amigas obtenía incluso agua mediante una bomba de mano y calentaba las habitaciones principales de su hogar con una estufa alimentada con leña. Sin cines en nuestro pueblo y con un limitado acceso a los automóviles, el mundo de nuestra adolescencia incluía actividades en la escuela local, patinar, ver ciervos —de lejos— y organizar ocasionales reuniones multigeneracionales en alguna casa.

Sólo cuando empecé a ir a la Universidad de Wisconsin en Madison, como estudiante de licenciatura, comprendí que mi vida en Rusk County era muy distinta de la de casi todos mis compañeros. La diferencia adquirió un nuevo significado para mí al reconocer que no todos teníamos las mismas experiencias u oportunidades. Tomé en serio mi "privación cultural" y aprendí por mi cuenta pintura, música y literatura. Al mismo tiempo, empecé a trabajar como voluntaria en la agencia local de Head Start y también en un centro comunitario del lado oeste de Chicago. Estaba decidida a producir una diferencia en la vida de los niños, a que otros tuviesen las oportunidades que yo no había tenido.

La pertinencia

Después de graduarme, empecé mi carrera docente en una pequeña ciudad del sur de Wisconsin, no lejos de Madison. Durante el día enseñaba yo literatura y composición en la *high school*, y dos días a la semana daba clases por las tardes a trabajadores chicanos en un cercano campamento de inmigrantes. Aunque me gustaba trabajar con los adolescentes durante el día, me sentía mucho más eficiente en el campamento, confiada como estaba en que el nexo de nuestra compartida experiencia de trabajadores de los campos derribaría la barrera del idioma. Me asombró que toda mi clase de segundo año de inglés "correctivo" aborreciera tan intensamente *Macbeth* y que, después de enseñar esa obra, también empezara a disgustarme. No comprendía yo por qué el director del departamento de inglés criticara que yo pusiera el disco de la popular canción de Simon & Garfunkel que dice: "Soy una roca/soy una isla [...] una roca no siente dolor/y una isla no llora nunca" para ayudar a esos mismos estudiantes a comprender la "Meditación 17: Nadie es una isla", de John Donne. Creyendo que el problema era mi inadecuada comprensión del desarrollo de los adolescentes y de las estrategias de enseñanza, abandoné mi trabajo al término del año escolar y volví a la universidad para graduarme, dejando atrás a los estudiantes de *high school* y a las familias chicanas con las que había yo establecido lazos.

Dos años después retorné a las escuelas públicas para trabajar en otro pequeño distrito rural como psicóloga escolar. Aunque ya no fuese maestra de inglés, advertí que surgían las mismas cuestiones de mi anterior experiencia docente. Me pregunté por qué en las aulas para retrasados mentales había tantos niños chicanos brillantes y que sabían expresarse bien, y participé en un programa intensivo de evaluación para colocar a estos niños en aulas normales. Empecé a ver más claramente la conexión que existe entre las experiencias de los niños, su idioma y el programa escolar. También asistí, junto con los maestros de primaria, a sus reuniones de planeación del programa escolar y empecé a considerar las posibilidades de un programa integrado y una educación centrada en los niños.

Al aumentar mi interés en los pequeños me ofrecí como voluntaria para dar clases en la escuela de verano, en un programa de enriquecimiento de lectura para hijos de emigrantes de la comunidad. Una vez más, advertí que el programa formal no interesaba a los niños con quienes yo trabajaba. Empecé a organizar excursiones por los alrededores y descubrí que los relatos que escribíamos acerca de nuestras experiencias cotidianas —las excursiones de pesca, viajes a la playa y picnics— eran mucho más interesantes como materiales de lectura para los hijos de los emigrantes que los libros y cuadernos que las autoridades del distrito nos habían dado.

La pauta de esas experiencias se hizo evidente. Empecé a pensar con mayor espíritu crítico sobre lo que yo sabía acerca del desarrollo y la diversidad de los niños y sobre cómo los materiales instructivos, las lecturas obligatorias y las estrategias de enseñanza empleadas en las aulas no tenían ninguna relación con la experiencia personal de los niños pobres, rurales e hijos de emigrantes con quienes yo trabajaba. Por desgracia, justamente cuando mis colegas y yo acabábamos de identificarnos como un grupo nuclear comprometido con la transformación de la educación primaria, una reorganización administrativa impuso cambios curriculares que incluían el regreso a un programa más "básico". Una vez más, de mala gana, dejé atrás a los "chicos" y me fui, preguntándome por qué mi filosofía educativa nunca parecía "embonar" en los sistemas escolares en los que yo trabajaba.

La autodeterminación

Pasé los cuatro años siguientes supervisando a aspirantes a maestras y trabajando con el programa Head Start de Rock County. Descubrí, por vez primera, que podía iniciar cambios para enfocar las muchas dificultades con que estaban tropezando las familias de nuestro programa. Creamos un modelo basado en el hogar para familias rurales y de lugares remotos, ayudamos a los padres a completar sus estudios y dimos cursos sobre el desarrollo del niño al cuerpo docente. Sin embargo, me sentí frustrada al no encontrar una manera de aumentar los salarios de los maestros por encima del nivel de pobreza o de eliminar su dependencia de la beneficencia en el verano, cuando el programa no se aplicaba. Me pregunté: ¿cómo podemos ayudar a las familias a ser económicamente autosuficientes cuando, como maestras, no lo lográbamos para nosotras mismas?

Después de varios años de lucha por mantener a mis hijos con el mísero salario que me pagaba Head Start, regresé a Madison y a la vida universitaria. El verano de 1976 fue, para mí, un periodo crítico de transición intelectual y personal. El seminario de Michael Apple sobre el programa de la escuela elemental me dio a conocer el concepto de "programa oculto", en el que reconocí inmediatamente un marco para muchos de los problemas que yo había observado en las escuelas. Recordé mis experiencias con *Macbeth* y con los alumnos de segundo año de *high school*; recordé las blancas casitas con cercados de madera en los libros de lectura elemental que se entregaban a los hijos de emigrantes, quienes vivían en barracas. Y pensé en las clases de Head Start, los títeres con letras y los carteles del circo de Peabody Kit para niños de cuatro años que nunca habían estado en un supermercado ni subido a un ascensor. Reflexionando sobre las diferencias culturales y de desarrollo entre los niños con quienes yo trabajaba y en la desigual distribución de riqueza que se reflejaba en sus vidas, me convencí de que el cambio era indispensable.

Una segunda experiencia ocurrida en ese verano me ayudó a poner lo que estaba yo aprendiendo en una perspectiva nueva. George, un policía afroamericano y compañero de una colega mía, Mary, se dio un tiro en la cabeza en el baño de ésta. Se le había acusado de no dar manutención a su ex esposa y a sus hijos y, según Mary, no pudo soportar la humillación de ser llevado a un tribunal y, posiblemente, encarcelado. Cumpliendo con lo asignado para un seminario de graduados, escribí acerca de la vida de George y la conecté con la "Canción de amor de J. Alfred Prufrock", de T. S. Eliot, mostrando cómo George se había sentido "acorralado, retorciéndose contra la pared" al tratar de hacer frente al vacío y la vergüenza que estaba experimentando. "Todas estas cosas que estoy aprendiendo —escribí—, ¿qué tienen que ver con George y Mary y sus hijos, y también conmigo y con mis hijos?"

La alienación

La escuela para graduados se había convertido en un torbellino: clases, un día de empleo en la universidad, más clases por la tarde en la escuela técnica del lugar en un programa para aprender a cuidar niños o ancianos todo el día, y dos hijos que mantener. De nuevo, empecé a leer poesía, autobiografías y novelas: Doris Lessing, Nadine Gordimer, Marge Piercy, Adrienne Rich, May Sarton y, después, Margaret Atwood. Sus relatos se referían a mi experiencia de un modo que nunca lo habían hecho los textos tradicionales sobre educación. Empecé a ver mi trabajo a través de mi experiencia vital de mujer. Leyendo, identifiqué mi alienación respecto de la élite, el mundo masculino de la universidad, y percibí mi realidad como una extraña en el seno de la academia. Reconociendo que, en el fondo, seguía yo siendo una mujer de la clase trabajadora y de extracción rural, abandoné la posición de estudiante de doctorado de tiempo completo por una de tiempo parcial y acepté un puesto docente en un colegio local, con la esperanza de recuperar el equilibrio de mi vida.

Mis puestos académicos subsecuentes me han ofrecido, ocasionalmente, un refugio desde el cual reflexionar sobre dónde he estado y lo que deseo hacer. En el Edgewood College, donde di clases durante siete años, las monjas dominicas compartieron mi compromiso social y me apoyaron al integrar la educación preescolar del campus con la de los niños de Head Start y al abrir un centro de atención para niños durante todo el día, a beneficio de estudiantes y maestros. En la Universidad de Oregon me uní a mis colegas que estaban plenamente comprometidos con la justicia social y con la educación multicultural, sólo para ver que, después, nuestro programa de cultura, lenguaje y diversidad quedaba eliminado. Desde entonces, mi labor por reconceptualizar la educación temprana me ha llevado a conocer a un numeroso y diverso grupo de estudiosos que comparten mi compromiso con la justicia social y que reconocen el valor social y cultural inherente a nuestra decisión de precisar cuál es el conocimiento más valioso para los niños.

La reconceptualización

He llegado a compartir la teoría construccionista social según la cual los niños regularmente interpretan y dan sentido a sus propios mundos, y el aprendizaje sólo puede comprenderse desde el punto de vista subjetivo de los participantes, dentro de sus propios contextos culturales e interactivos. Reconozco que, como lo he hecho en este relato, todos aplicamos nuestra propia experiencia infantil a nuestra comprensión de la niñez, y que nuestras diversas construcciones sociales del niño pueden limitar nuestra comprensión de lo que los niños en realidad son capaces de aprender o del significado que sus actividades pueden tener para ellos. Reconozco ahora más claramente que mi interpretación personal de la niñez, emanada de mi contacto cultural con el medio oeste rural, también impone a la vez limitaciones y expectativas a mis ideas acerca de los niños y del programa escolar —lo que a menudo me hace cómplice en la tarea de reproducir, en mi propia versión, el pensamiento europeo-estadunidense dominante.

Por último, he logrado identificar dos cuestiones hoy candentes para la comunidad reconceptualista:

1. *Las relaciones entre la teoría, la investigación y la práctica.* Este debate ha surgido en múltiples sitios: el acceso al trabajo reconceptualista que se ofrece a los practicantes locales de la educación temprana, las oportunidades de aumentar la comprensión de los participantes, la creación de un espacio para reconceptualizaciones que sean impulsadas teóricamente, y el examen del uso del lenguaje y la preferencia por ciertas formas de discurso teóricamente complejas y frecuentemente obtusas, en que la cuestión central parecen ser los deseos —frecuentemente en conflicto— por mantenerse arraigados a la práctica mientras se exploran cuestiones teóricas que están en las márgenes de la niñez y más allá.
2. *Interpretaciones de la multiplicidad y la subjetividad.* Este análisis ha planteado, alternativamente, consideraciones de los dualismos al parecer inherentes al hablar acerca de temas como la práctica apropiada para el desarrollo o la diversidad cultural; el discutido papel que tienen el experto o el investigador, o el profesional de la educación temprana, al trabajar con niños

y sus familias; o la existencia misma de la reconceptualización como cuestión trascendente para la disciplina y la elasticidad con que puede responder a las necesidades, los intereses y las perspectivas de los participantes interesados: todo parece girar en torno a las posiciones que adoptamos unos frente a otros o en relación con nuestro trabajo.

Una última idea: cada vez me he encontrado apartándome más y más del terreno de la etapa temprana de la niñez y yendo hacia otras áreas donde mis preguntas e intereses parecían más compatibles. El movimiento de reconceptualización se ha vuelto mi nexo con la educación temprana, haciéndome regresar a esta área suave pero insistentemente. Y de ello me alegro.

LAS COMUNIDADES HEAD START DE ALUMNOS: UNA NUEVA AGENDA DE INVESTIGACIÓN Y PRÁCTICA

REBECCA KANTOR y DAVID E. FERNIE

Mientras escribimos este ensayo, estamos experimentando la característica emoción de adoptar una perspectiva (sociocultural) sobre un "problema" nuevo, la emoción de ir a trabajar con nuevos colegas y el sentimiento insólito (que es, a la vez, un lujo y una carga) de sentirnos patrocinados por una concesión federal nueva y considerable. Junto con nuestro colegas James Scott, Chuck Lynd y Dennis Sykes hemos recibido recientemente un fondo del Departamento de Educación de los Estados Unidos para preparar "para el mañana a profesores versados en la tecnología"; términos realmente muy modernistas: tecnología, versados, mañana. Logramos persuadir a nuestros donadores de que los maestros dedicados a la educación temprana, en particular los de Head Start, merecían un lugar en el proyecto federal, aun cuando originalmente éste hubiese estado destinado a programas de educación para maestros de grado K-12. Esencialmente, propusimos en nuestra solicitud de fondos distribuir la mayor parte del dinero que recibimos para apoyar la creación de 12 comunidades de aprendices (en Indiana, Illinois y Ohio) en las que los maestros de Head Start serían los principales participantes. El resto del dinero se emplearía en apoyar una infraestructura de recursos tanto tecnológicos como humanos que estaría a disposición de todos los discípulos. Con base en nuestra idea, los becados de Head Start darían inicio a la vida de estas "comunidades" y buscarían participantes entre los maestros que tuviesen de dos a cuatro años de servicio en educación superior y entre sus estudiantes —de preservicio— de enseñanza elemental y de educación temprana, así como entre profesores y padres involucrados en centros de computación de la comunidad, en programas familiares de alfabetización, y en centros de cuidado de niños.

Las metas del Departamento de Educación son aportar fondos a los programas de preservicio innovadores, con el objeto de crear maestros versados en tecnología para las escuelas primarias en comunidades de bajos ingresos; nosotros sostuvimos que los maestros de Head Start ya trabajan en tales comunidades y participan en programas de preservicio, en respuesta al reciente mandato federal de mejorar su educación al llegar el año 2003, y así ofrecer una alternativa natural, establecida, que conduzca (a algunos) a la obtención de grados que les permitan dar clases en las escuelas primarias de sus comunidades.

Desde nuestra actual perspectiva sociocultural, creemos que un fuerte grupo social será el vehículo esencial para alcanzar todas estas metas, y esto por causa de las fuerzas inherentes a un proceso de construcción social: diálogo entre participantes con perspectivas múltiples, apoyo social (decisivo para los estudiantes no tradicionales), y una instrucción y exploración "cerca del campo de acción" de cuestiones de desarrollo curricular y profesional (en contraste con la tradicional separación entre las experiencias de la práctica y de la educación superior, en particular en las instituciones de cuatro años). Tenemos la esperanza de que la eficiencia tecnológica será el resultado natural de emplear la tecnología para las comunicaciones: los participantes utilizarán e-mail, videoconferencias y tableros de boletines de internet, y estarán dispuestos a recibir educación a distancia, como por ejemplo un curso basado en red internet; todos estos recursos serán útiles para hacer que las experiencias curriculares que valen créditos sean más accesibles e interactivas. Además, esperamos que el uso de la tecnología por parte de los participantes en apoyo de experiencias significativas de aprendizaje creará una disposición hacia el uso de la tecnología que también se difunda en su trabajo con niños.

Como parte de este nuevo proyecto, tenemos un interés similar en crear un poderoso grupo social para apoyar la investigación que realizaremos con los participantes de las comunidades estudiantiles. A partir del diálogo en curso que se sostiene en las reuniones del movimiento Reconceptualización de la Educación Temprana y en otros contextos, un grupo de investigadores de tres estados norteamericanos, de Suecia y de Australia, todos ellos con proyectos de educación para maestros y con suposiciones y valores ampliamente compartidos, se han unido para crear una comunidad de investigadores, un grupo social en apoyo de nuestra labor colectiva en nuestros respectivos medios. Asimismo, prevemos las fuerzas inherentes a un proceso de construcción social: el diálogo a través de perspectivas múltiples, la crítica y compartición de conocimientos y el apoyo social. Al igual que en las comunidades de proyectos para educandos, emplearemos una combinación de interacción cara a cara y de contextos virtuales para la interacción (por ejemplo, compartir textos en internet, videoconferencias por desktop y e-mail). Nos interesa explorar diferentes casos ocurridos en diferentes medios y distintas culturas y en las que las personas forman contextos de apoyo para el desarrollo profesional de maestros no tradicionales, y ver cómo los investigadores y educadores de maestros pueden facilitar y a la vez revelar tales procesos.

¿Cómo evolucionaron para nosotros, a lo largo del tiempo, estas nuevas metas y maneras reconceptualizadas de trabajar con personas? En pocas palabras, el ímpetu inicial para esta transición consistió en lograr una mejor conjunción entre la naturaleza de nuestras preguntas "candentes" y las lentes necesarias para explorarlas. La teoría del desarrollo infantil no nos da un modo de comprender la construcción social de la vida cotidiana y cómo los procesos educativos y sociales de la temprana niñez que nos interesan —juegos, relaciones de amistad, formación cultural de los compañeros, idioma y alfabetización, participación en la cultura escolar— se encuentran situados dentro de la vida de este grupo. En un estudio etnográfico a largo plazo, dentro de una sola aula preescolar exploramos muchos de estos temas con nuestros colegas, en toda una serie de análisis socioculturales vinculados y de mutua información. Uno de los aspectos distintivos de este proyecto fue nuestra capacidad de trabajar muy cerca de la acción de esta aula, borrando la tradicional dicotomía dentro/fuera al invitar a varios adultos a participar tanto en la enseñanza en el aula como en la investigación. Lo que surgió durante esta prolongada experiencia fue la satisfacción de trabajar en colaboración con estudiantes graduados y una intensa colaboración mutua que ha sobrevivido a las tensiones de los cargos y los ascensos en una gran universidad dedicada a la investigación e imbuida de las tradiciones individualistas y positivistas de la academia. De este modo, en nuestra investigación hemos reconceptualizado la perspectiva teórica que guió nuestro trabajo, la estructura social formada para dirigir esa investigación y nuestros roles como personal docente a través de dos colegios, en una época en que tenían que preocuparnos las tradiciones conservadoras de las culturas universitarias.

Conforme avanzábamos con este enfoque recién construido, descubrimos, empero, el valor de deconstruir, asimismo, esa experiencia. Nuestro trabajo en la etnografía preescolar se fundamentó en la disciplina de la antropología cognitiva y fue influido poderosamente por la labor de nuestros mentores Bill Corsaro y Judith Green. Cuando encontramos la comunidad de los "reconceptualistas" de la educación temprana e interactuamos con sus miembros nos beneficiamos del diálogo y la crítica continuos, lo que nos permitió situar nuestra perspectiva teórica entre las diversas y actuales perspectivas críticas y posmodernas. Esto nos ha hecho comprender mejor tanto los beneficios como las limitaciones de cualquier enfoque teórico aislado, y nos ha orillado a la reflexión y la circunspección. Por ejemplo, desde hace tiempo hemos estado describiendo la interacción entre maestro y niño, pero ahora debemos preguntarnos: ¿cómo podemos describir estas interacciones sin considerar cuestiones de poder y de control? Mientras que antes habríamos podido estudiar el género como tema separado y subordinado, las investigadoras feministas nos han mostrado que la mayor parte de las experiencias de la vida cotidiana están determinadas por el género. Aun cuando estudiar la cultura local formada en el aula sigue siendo para nosotros un foco de estudio válido e importante, también creemos que los investigadores no deben estudiar la vida del aula sin una clara conciencia de cómo densos estratos de comunidad y de cultura forman parte de lo que la define. Creemos que el impacto último del intercambio deconstructivo y dialógico con los colegas que hoy está en marcha ha consistido en robustecer la teoría y en ensanchar el alcance de nuestra obra, en lugar de quitarle o disminuir su valor.

Durante el mismo periodo en que hemos sostenido conversaciones con los reconceptualistas hemos estado, asimismo, analizando la labor de los educadores realizada en Reggio Emilia, Italia (donde hay un buen número de colegas estadunidenses). También esto nos ha ayudado a reconceptualizar nuestra agenda actual. Ha sido en parte contemplando el "espejo" de otra cultura como nos hemos visto impulsados a reexaminar nuestros marcos existentes para la práctica y también a identificar nuevas posibilidades educativas. En particular, las prácticas italianas con respecto a la educación de maestros son tan distintas de los programas tradicionales de educación de maestros en los Estados Unidos que nos han desafiado a reflexionar, a un nivel fundamental, sobre cómo debemos seguir preparando a los educadores. En los Estados Unidos, a los maestros se les enseña básicamente en la universidad antes de emplearlos en las escuelas, mientras que en Reggio Emilia el empleo señala el comienzo de una continua enseñanza que ocurre en las escuelas. En los Estados Unidos los maestros de educación superior son básicamente responsables de la preparación de nuevos maestros (con el apoyo de maestros en el aula), mientras que en Reggio Emilia el desarrollo profesional de los maestros es una responsabilidad más colectiva que recae en manos de sus compañeros, de *pedagogisti* (equivalente aproximado a coordinadores del programa), e incluso de los padres, más que de los maestros de educación superior. Por ello, la tradicional educación de maestros en los Estados Unidos es más lineal y jerárquica, una presocialización que hace hincapié en la pronta disposición a enseñar. En Reggio Emilia la preparación de los maestros depende más de la práctica y es más colectiva, e incluye una aculturación más enlazada a la red de internet que promueve un enraizamiento en la vida del aula, la escuela y la comunidad.

¿Cómo se reflejaron, entonces, las influencias de nuestros colegas reconceptualistas de Reggio Emilia en nuestra actual agenda y en nuestras esperanzas de trabajar con las comunidades Head Start de discípulos? En primer lugar, la apreciación de las perspectivas múltiples se reflejó en nuestra consideración de quién podría participar en estas comunidades de educandos. Al involucrar a maestros, padres, cuerpo docente, administradores y personal del programa comunitario hemos contemplado unos contextos en que se sostendrán diversas perspectivas, que serán compartidas y consideradas para el bien común. Igualmente en nuestra comunidad de investigadores tratamos de que una riqueza similar fluya a partir del hecho de que los miembros del grupo aportarán perspectivas teóricas que son distintas y, sin embargo, esencialmente compatibles, junto con una pericia y una experiencia que reflejen sus diversos contextos culturales. En segundo lugar, conscientes de la necesidad de reducir las jerarquías sociales que a menudo actúan en los paradigmas tradicionales de educación de maestros, intencionalmente hemos situado nuestras comunidades de educandos cerca de la acción de su práctica, y alentaremos a cada grupo a desarrollar una visión colaboradora de cómo operarán. En tercer lugar, nuestras experiencias con nuestros colegas nos han incitado, en general, a tener una mentalidad más experimental en nuestra consideración del contenido y la dirección de los programas de educación para los maestros, y a tener mayor confianza en la capacidad de los participantes para decidir muchas de sus propias direcciones. En cuarto lugar, estas experiencias nos han llevado a considerar las cuestiones de raza, género y clase social como parte explícita de la agenda de educación de maestros para las comunidades de educandos, reconociendo su inevitable relieve e importancia en la formación de las interacciones sociales humanas.

Por último, vemos este proyecto como una oportunidad de explorar las relaciones que hay entre la investigación y la praxis. Recientes discusiones entre los reconceptualistas en AERA y en otros lugares han hecho manifiesto el deseo de algunos participantes de mostrarse más orientados a impulsar la acción/defensa en su trabajo, y a utilizar la investigación como herramienta para mejorar las vidas de las comunidades y promover la justicia social. Tenemos la esperanza (y el tiempo lo dirá) de que el trabajo efectuado en las comunidades Head Start relacionadas con esta concesión de fondos ofrezca, precisamente, esa oportunidad para promover estas metas más ambiciosas.

HISTORIAS PERSONALES 69

NUEVOS PANORAMAS DE LA ETAPA
TEMPRANA DE LA NIÑEZ

Richard Johnson

En las últimas semanas he oído algunos relatos un tanto peculiares de varias personas con respecto al movimiento reconceptualista. En uno de tales relatos se me dijo que una profesora asistente a quien acababan de contratar fue informada por sus superiores de que se mantuviera apartada del movimiento reconceptualista, ya que éste no le ayudaría a avanzar en su carrera y su afiliación al movimiento podría, en realidad, perjudicarla.

En otra universidad, un miembro importante del cuerpo docente informó a un joven colega que, para cualesquiera fines y propósitos, el movimiento reconceptualista "no funcionó, nadie se interesa ya en él, y además está muerto". ¿Muerto? ¡Yo ni siquiera sabía que ya había nacido!

Tengo interés particular en este concepto de "nadie se interesa en él", ya que gran parte de mi trabajo reciente se ha efectuado en un área de la temprana niñez en la que nadie parece interesarse: a saber, la *sexualidad*. En recientes revisiones teóricas he tenido grandes dificultades para encontrar el tema "sexualidad" en el discurso popular sobre la etapa temprana de la niñez. El contenido de sexualidad que sí encontré mencionado en textos populares estaba dominado por los conceptos tradicionales que tratan la sexualidad como un tema sencillo, unificador y conservador. Tal como se enseña en nuestras aulas, la sexualidad en la educación temprana versa, íntegramente, sobre la normalidad y la seguridad. En efecto, éstas son las cuestiones temáticas a las que se adhieren estrictamente las narraciones populares en el ámbito de la educación temprana. Este ámbito en general continúa evaluando las perspectivas conservadoras, singulares y humanistas sobre los niños y su progresión sexual/de desarrollo (es decir, el desarrollo infantil como fenómeno universal, por etapas; la conducta normal; el niño como un ser inocente), mientras que otras perspectivas más radicales se mantienen casi acalladas. Y esto en un tiempo de cambio en que la sexualidad ha pasado de las márgenes al centro de muchas disciplinas muy familiares e interrelacionadas con nuestro propio trabajo. En un momento en que debiéramos estar ampliando los espacios en que pueden oírse debates acerca de la sexualidad, en cambio hemos reducido el diálogo sobre ella.

Yo deseo participar en movimientos intelectuales que amplíen los espacios de la deliberación crítica, pues ese proceso abre la puerta a nuevas posibilidades. Las acciones de salir del silencio y de apartarse de la ignorancia son lo que más me entusiasma en el movimiento reconceptualista. Este movimiento se basa en la noción de abrir nuevas posibilidades. Como lo revela mi primer párrafo, los escépticos siguen afirmando que este movimiento es elitista y que la teoría es demasiado difícil y alejada del practicante común. Yo estoy en desacuerdo con estas afirmaciones colonialistas que siguen privilegiando a aquellos escépticos que ya saben y que imponen en el aula sus versiones nunca refutadas de la verdad y que no parecen dispuestos a participar en el "riguroso cuestionamiento de la voluntad de verdad" (Popkewitz y Brennan, 1998, p. 30) de los reconceptualistas. Yo, al igual que Popkewitz y Brennan (1998) y otros reconceptualistas, considero liberador "alterar la forma en que 'decimos la verdad' acerca de nosotros mismos y de otros" (p. 29).

Este movimiento trata de hacer y rehacer la teoría y la práctica. El movimiento reconceptualista me ha ayudado mucho a reconocer mi propia ignorancia personal y teórica. He atestiguado y criticado mis estrechos enfoques de nuestro ámbito y del mundo. Con el movimiento reconceptualista he aprendido a notar lo poco que cuestioné durante mi educación del ciclo de licenciatura y de posgrado y la primera etapa de mi formación académica. En oposición a mi(s) anterior(es) actitud(es) teóricas tan seguras acerca de toda verdad sobre la niñez temprana, ahora me estoy cuestionando constantemente conforme personal y profesionalmente me niego a quedarme cruzado de brazos, y a participar en la normalización de mí mismo, del campo de estudio y de los niños y las familias que todos estudiamos y criticamos. En cambio, tomando prestado de la geografía, estoy eligiendo toda una variedad de trayectorias teóricas que, a mi parecer, podrán ayudarme a (re)leer el panorama de la niñez. Estoy interesado en teorizar más allá de las actuales limitaciones teóricas, conservadoras y normativas que se imponen sobre la educación temprana; intento pensar y escribir mucho acerca del espacio estancado en que se halla actualmente nuestra disciplina, conforme (re)considero nuestro ámbito más en términos de "espacio como *espaciocidad*, como lo ilimitado, como el área de la posibilidad total" (Lewis, 1955, citado en Jarvis, 1998).

El movimiento reconceptualista me ha ayudado a buscar activamente oportunidades de rebasar fronteras teóricas y disciplinarias, me ha dado mayor conciencia política conforme me libro del peso de una enorme herencia múltiple (psicología del desarrollo, Piaget, la práctica apropiada para el desarrollo, etc.) e intento rehacerme a mí mismo (Chambers, 1994).

Confirmación de voces múltiples

Cuando escucho las voces de mis colegas, surgen las experiencias que hemos compartido como educadores y nuestras preocupaciones vitales como seres humanos. El omnipresente interés en los más jóvenes se manifiesta en el título de Jan Jipson, "Todos los niños del mundo", en el intento de Rebecca Kantor y David E. Fernie por colaborar con las comunidades que influyen sobre los niños, en la convicción de Amos Hatch de que levantar a una minúscula niña afroestadunidense cambió su vida, y en la preocupación de Richard Johnson porque se niega la sexualidad de los niños pequeños. Además, la confianza en y la celebración de la diversidad y la posibilidad han llevado a nuestros colegas a evaluar las perspectivas múltiples y a revisar los puntos de vista teóricos desde los cuales realizan su trabajo. Las experiencias personales con la familia, los profesores y las nuevas ideas han influido sobre todos ellos.

Por último, son obvios tanto el optimismo como la frustración: optimismo por las posibilidades de diversos puntos de vista que surgen, el reconocimiento de la esfera política y la colaboración; frustración por las maneras estrechas, dominantes, a menudo inconscientes de limitar esas posibilidades.

Acaso lo más importante es que estas historias personales/profesionales sólo representan unas cuantas de las múltiples voces e identidades que son posibles en nuestro ámbito. Jan demuestra las maneras en que la reconceptualización está profundamente arraigada en toda su vida por medio de experiencias como la interdependencia de sus años de juventud, el llamado personal al servicio, la experiencia vivida que revela los privilegios y la alienación que una mujer de la clase trabajadora y de extracción rural sufrió en la escuela para graduados. Aunque desempeñando un papel activo en la guerra de los paradigmas de los decenios de 1980 y 1990, y aceptando el desafío de examinar ideas que se daban por sentadas, Amos ilustra su fe en ser un "mediador entre la corriente principal y mis amigos 'radicales'", al preguntar si esos discursos están produciendo "cambios positivos para los niños". Rebecca y David han reconceptualizado su trabajo intentando reducir las estructuras sociales jerárquicas; integrando cuestiones de poder, control y arraigo social (por ejemplo, los géneros en la sociedad) y, en general, construyendo una disposición a explorar y criticar precisamente mientras tienen que trabajar siguiendo tradiciones conservadoras. Por último, Richard ha adoptado claramente una posición reconceptualista al enfocar los discursos que quisieran descalificar las posibilidades posmodernistas, y subrayar que tal vez en nuestra búsqueda de la normalidad y de la seguridad no respetamos en realidad la diversidad y la posibilidad. Todas las múltiples y cambiantes identidades analizadas por estos colegas (con sus preocupaciones, cuestiones, ideas y voces) señalan rutas de exploración y ofrecen mayores oportunidades para los más jóvenes. A la postre, creemos que nuestras diversas voces y modos de ver el mundo nos capacitan para nuevos comienzos. Asimismo, invito al lector a reflexionar sobre su propia historia personal y profesional, mientras considere las posibilidades reconceptualistas que ofrecen los autores de este libro.

REFERENCIAS BIBLIOGRÁFICAS

Bredekamp, S., *Developmentally appropriate practice in early childhood programs serving children from birth through age 8*, Washington, D. C., National Association for the Education of Young Children, 1987.

Chambers, I., *Migrancy, culture, identity*, Nueva York, Routledge, 1994.

De Lone, R. H., *Small futures*, Nueva York, Harcourt Brace Jovanovich, 1979.

Jarvis, B., *Postmodern cartographies*, Nueva York, St. Martin's Press, 1998.

Jipson, J., y R., Johnson (eds.), *Resistance and representation: Rethinking childhood*, Nueva York, Peter Lang, 2000.

Popkewitz, T., y M. Brennan, "Restructuring of social and political theory in education: Foucault and a social epistemology of school practices", en T. Popkewitz y M. Brennan (eds.), *Foucault's challenge: Discourse, knowledge and power in education*, Nueva York, Teachers College Press, 1998, pp. 3-35.

Segunda Parte

IDENTIDADES CONTRARIAS: CONSTRUCCIONES QUE LIMITAN LA EDUCACIÓN

III. ¡FALTA "MISS" NELSON!
LOS AVISTAMIENTOS DEL MAESTRO EN LA INVESTIGACIÓN SOBRE LA ENSEÑANZA

SHARON RYAN, MINDY OCHSNER
y CELIA GENISHI

Los niños del aula 207 estaban, una vez más, alborotando...
—Bueno, cálmense —dijo *miss* Nelson con su voz dulce.
Pero la clase no quiso calmarse...
—Habrá que hacer algo —dijo *miss* Nelson.
A la mañana siguiente, *miss* Nelson no llegó a la escuela.
—¡Ah!... ¡Hagamos un gran desorden! —dijeron los estudiantes.
—¡No tan rápido! —dijo una voz desagradable—. Soy su nueva maestra, *miss* Viola Swamp—. Y golpeó varias veces el escritorio con su regla.
Hablaba en serio. Allí mismo los puso a trabajar y les dejó una gran tarea. —Hoy no habrá hora del cuento —dijo *miss* Swamp—. ¡Cierren la boca! —dijo *miss* Swamp—. Siéntense derechos —dijo *miss* Swamp—. Y si se portan mal, lo lamentarán —dijo *miss* Swamp. HARRY ALLARD Y JAMES MARSHALL, *Miss Nelson is missing!*

EN EL LIBRO *Miss Nelson is missing!* (Allard y Marshall, 1977) los niños del aula 207 se enfrentan a un dilema. Como respuesta a su mal comportamiento, *miss* Nelson se ha ausentado, lo que no tenía precedentes, y en su lugar ha aparecido *miss* Viola Swamp. En muchos aspectos, *miss* Swamp es la antítesis de *miss* Nelson. Profesora muy femenina, *miss* Nelson aparece con un peinado perfecto de su cabello rubio, los labios bien pintados, vestida con un conservador vestido color de rosa y luciendo un collar de perlas con aretes que hacen juego. Es joven, simpática, servicial y bondadosa con sus alumnos. Por muy ruda o desconsiderada que sea la clase, ella se muestra sensible a sus necesidades emocionales y, cortésmente, pide a los alumnos que se calmen. En cambio, *miss* Viola Swamp es vieja, autocrática y, simplemente, detestable. Aparece ante sus alumnos llevando un feo vestido negro, con los cabellos negros y tiesos en desorden, y para dominar a la clase pega con una regla sobre el pupitre de un alumno. Le dice a la clase qué hacer y cómo hacerlo. Desde luego, no tolerará infracciones a sus reglas. Si el aula 207 creía que *miss* Nelson era una mala maestra, ¡cómo cambia su imagen cuando tiene que tolerar a la cruel e intolerante *miss* Swamp!

Aunque puedan ser personajes de un cuento para niños, *miss* Nelson y *miss* Swamp representan dos imágenes predominantes de los maestros que abundan en la literatura sobre la educación temprana (ET), la cultura popular y nuestra imaginación social. Esta dicotomía queda representada en la literatura sobre ET por las categorías de prácticas apropiadas o inapropiadas para el desarrollo (por ejemplo, Bredekamp y Copple, 1997; Schweinhart y Weikhart, 1997). Buenos maestros para ET son los educadores sensibles y serviciales como *miss* Nelson, quienes, a diferencia de *miss* Swamp, están dispuestos a compartir con sus alumnos la autoridad en el proceso de aprendizaje.

En este capítulo, nuestro objetivo es problematizar estas representaciones predominantes de la enseñanza y de los maestros para ET. Preguntamos: ¿es posible ser diferente a *miss* Nelson o a *miss* Swamp? ¿Pueden y de hecho lograron los maestros incorporar elementos de ambas imágenes en su tarea

¡FALTA "MISS" NELSON! 79

de educar a los niños? En otras palabras, nos interesa saber lo que se pierde o lo que falta si los profesores de ET sólo son evaluados como favorables o contrarios al desarrollo, o bien como *miss* Nelson o bien como *miss* Swamp. Para responder a estas preguntas analizaremos uno de los productores básicos de imágenes de maestros: la investigación sobre la enseñanza. Específicamente, examinamos un programa de investigación sobre la enseñanza —históricamente prevaleciente—, los estudios del proceso-producto y yuxtaponemos las imágenes constituidas dentro de estos textos con las que están siendo producidas por aproximaciones más contemporáneas —y algunos dirían más marginales— al estudio de la enseñanza: los estudios posestructurales de la educación temprana. Analizando la investigación sobre la enseñanza tanto en el centro como en las márgenes, tratamos de mostrar las posibilidades y las limitaciones de los diferentes enfoques de la investigación de ET sobre la enseñanza y lo que se sugiere tanto para una nueva agenda de investigación sobre ET como para reconceptualizar la base de conocimientos de la educación para maestros.

INVESTIGACIÓN DEL PROCESO-PRODUCTO EN LA ENSEÑANZA

La investigación sobre la enseñanza suele referirse al numeroso y variado grupo de estudios que exploran toda actividad que incluya la enseñanza y a los maestros (Shulman, 1986). En el campo de la ET la investigación sobre la enseñanza es única, ya que históricamente los investigadores han enfocado predominantemente el aprendizaje y desarrollo de los niños, y escasamente a los maestros, la enseñanza o sus efectos. Sin embargo, según una reciente reseña sobre el tema en ET (Genishi, Ryan, Ochsner y Yarnall, en prensa), es evidente que va en aumento el número de estudios que investigan a los maestros y la enseñanza de ET. En esta crítica se esbozan cinco diferentes orientaciones para el estudio de la enseñanza de ET: el proceso-producto, la cognición de los maestros, los estudios ecológicos, la investigación de los maestros y los estudios críticos en ET. De todas estas orientaciones, el programa más duradero es el del proceso-producto. La investigación del proceso-producto intenta "definir las relaciones entre lo que los maestros hacen en el aula (el proceso de enseñanza) y lo que ocurre a sus alumnos [los productos del aprendizaje]" (Anderson, Evertson y Brophy, 1979, p. 193). Enmarcados en una visión positivista de la ciencia, los investigadores que trabajan siguiendo esta tradición presuponen que procesos sociales como la enseñanza y el aprendizaje están gobernados por leyes similares a las que se encuentran en la naturaleza (Popkewitz, 1984). La investigación tiene como propósito identificar aquellas conductas o reglas generales de la enseñanza que dan por resultado mejor aprendizaje y mayores logros de los alumnos.

A fin de precisar estas leyes de la enseñanza, los investigadores del proceso-producto han fundamentado sus métodos de estudio en las ciencias naturales. Se supone que el conocimiento es lo observable o lo que se basa en hechos empíricos (Popkewitz, 1984). Se estudian la enseñanza y el aprendizaje como conductas ajenas al contexto y a los diversos mensajes y valores que los individuos aportan a la situación investigada (Lubeck, 1998). Para realizar investigaciones científicas y objetivas que rindan versiones precisas de la enseñanza, los investigadores del proceso-producto recurren a una gama de técnicas y procedimientos cuantitativos. Al considerar el mundo social como un sistema interactuante de variables discernibles, identifican y miden conductas específicas de enseñanza, observando estas variables a través de cierto número de ambientes en una muestra tomada al azar, de modo que puedan compararse los datos y hacerse generalizaciones acerca de una enseñanza eficaz.

La investigación del proceso-producto en los primeros años de primaria

Lo que podría considerarse como la investigación tradicional del proceso-producto en ET se sitúa, a menudo, en los primeros grados de primaria y habitualmente enfoca el producto de habilidades académicas básicas, utilizando pruebas de las calificaciones de los alumnos como medidas de la eficiencia de los maestros. Morris, Blanton, Blanton, Nowacek y Perney (1995), por ejemplo, realizaron un estudio experimental en siete aulas de tercer año para investigar los efectos de la adaptación de materiales de instrucción a fin de satisfacer las necesidades de alumnos de escaso aprovechamiento.

Después de identificar a 48 alumnos de bajo aprovechamiento en estos salones, los investigadores dividieron en dos al grupo. Veinticuatro niños en cuatro de las aulas fueron designados como grupo de intervención y recibieron instrucción de un libro de lectura de segundo año. Los otros 24 niños de las otras tres clases fueron empleados como grupo de control y de comparación. Se observaron las lecciones de deletreo de cada maestro a lo largo de una semana en el verano y de otra semana en la primavera, durante las cuales se registraron las observaciones escritas o grabadas en audio.

Al observarse a los siete maestros enseñando a toda su clase se descubrió que la instrucción era similar: el primer día de la semana presentaron las palabras que iban a deletrearse, guiaron a sus alumnos en actividades de deletreo del libro de prácticas durante la mayor parte de la semana e hicieron una prueba de deletreo el viernes. Los cuatro maestros de intervención, sin embargo, no siempre enseñaron a todo el grupo, sino que decidieron agrupar a los alumnos según su capacidad para deletrear, enseñando palabras de nivel de tercer año al grupo más capaz, mientras que a los menos avanzados se les enseñaron palabras de segundo grado. Utilizando técnicas similares a las empleadas con los grupos de niños capaces como con toda la clase, los maestros de intervención alteraron el tiempo de instrucción dedicado a cada grupo de alumnos y los tipos de pruebas y actividades asignadas. Una vez presentadas las palabras y las actividades de práctica a los niños, al comienzo de la semana se esperaba que los alumnos más capacitados completaran por su cuenta una serie de actividades prescritas en el libro, mientras que el maestro ayudaba a los alumnos del grupo de menor capacidad con sus actividades de deletreo del segundo grado. Los viernes se hicieron pruebas de segundo grado al grupo de menor capacidad y pruebas de tercer grado al grupo más capacitado.

Para determinar cuán eficaz era la instrucción individualizada con materiales de deletreo correspondiente a los primeros grados para los alumnos que tenían dificultades al deletrear, se hizo una prueba previa y una posterior a cada alumno durante las mismas pruebas de deletreo basadas en el programa escolar para segundo y para tercer grados. En la prueba previa no se encontró ninguna diferencia significativa entre los alumnos de menor rendimiento. En cambio, en la prueba posterior estos alumnos de bajo rendimiento, que habían recibido instrucción tomada del libro de segundo grado, tuvieron mejor aprovechamiento que el grupo de comparación en la prueba posterior de deletreo del segundo grado. No se encontró ninguna diferencia reveladora entre los dos grupos de tercer grado en la prueba posterior de deletreo. Pese a preocupaciones de varios de los maestros de intervención por enseñar a sus alumnos de tercer grado y de bajo rendimiento con materiales propios de un nivel inferior, Morris y sus colegas (1995) sostienen que estos descubrimientos demuestran la importancia de enseñar a los niños según el nivel en que pueden tener éxito.

Morris y sus colegas (1995) midieron el éxito obtenido por el empleo de libros de deletreo de segundo grado para satisfacer las necesidades de los alumnos de baja capacidad; de manera sencilla y concluyente, compararon las calificaciones de los niños antes y después de que algunos de ellos recibieran una intervención planeada. Sin embargo, cuando se examina la enseñanza en los años anteriores a la escuela, resulta más complicado determinar los efectos de las diferentes estrategias. Existe una distinción única entre los estudios de proceso-producto en los primeros años de escuela y los estudios de enseñanza en ambientes de guardería, atención diaria a la familia y preescolar. A estos últimos estudios los llamamos de proceso-proceso, ya que los resultados para los alumnos se vuelven diferentes tipos de conducta basados en el proceso, como solución de problemas, preferencias en el juego y competencia social, mientras que los procesos de la enseñanza se interesan más en las características emocionales y en la generosidad de los maestros. Al analizar los efectos de las prácticas del maestro, estos estudios han puesto de relieve las preocupaciones particulares de este campo para el desarrollo del niño, más que los logros del alumno en materias académicas (Goffin, 1989).

Investigación de proceso-proceso en la educación temprana

Un ejemplo de la investigación de proceso-proceso es un estudio longitudinal efectuado por Howes (1997) para examinar las relaciones que hay entre la sensibilidad del cuidador de niños, la seguridad y el apego a los niños y su competencia social con sus compañeros. Los maestros de este estudio fueron los cuidadores de primaria, que trabajaban con 107 niños en hogares de atención a la familia y un centro de atención infantil. Se hicieron observaciones de las interacciones entre estos cuidadores y los niños focales en dos ocasiones distintas.

Durante estos dos periodos de observación, se midió la sensibilidad del adulto hacia el niño, utilizando la escala de Arnett (1989) de sensibilidad del cuidador. Se consideró sensible al cuidador si alentaba al niño a probar experiencias nuevas, o como rudo si se mostraba innecesariamente severo al regañar o hacer prohibiciones a los niños, y desapegado si dedicaba un tiempo considerable a una actividad que no incluía interacción con los niños. Al término de cada observación de varias horas se utilizó la prueba de Apego Q para calificar las relaciones y el apego de los niños a sus maestros. Además, se calificó el juego de los niños en una escala de juego con los compañeros que iba desde juego solitario y conducta en bajo nivel hasta juego complementario-recíproco.

A partir de estas diversas medidas, Howes (1997) descubrió que si se dedicaba más tiempo al cuidado infantil los niños tendían a mostrarse más seguros y participaban en formas de más alto nivel en juego social con sus compañeros. De manera similar, con el tiempo se observó que los cuidadores se volvían más sensibles con los niños que tenían a su cuidado. Al examinar la relación entre seguridad, cuidado y juego con los compañeros, también se halló que cuanto más cuidado sensible recibían los niños tanto más seguros se mostraban y más participaban en juegos complejos con sus compañeros.

De acuerdo con estos descubrimientos, Howes (1997) llega a la conclusión de que los cuidadores sí influyen sobre el juego de los niños con sus compañeros. No obstante, al descubrirse que los niveles del juego social de los niños se correlacionan con la cantidad de tiempo dedicado al cuidado de niños, Howes sostiene que esta relación es indirecta. Los niños forman interacciones más complejas con sus compañeros a largo plazo, pero los cuidadores sensibles ofrecen el apoyo necesario que permite a los niños establecer relaciones con otros niños de modo independiente.

La imagen de los maestros como figura dominante

Los diferentes focos de los estudios de proceso-producto y proceso-proceso han hecho surgir imágenes distintas de los maestros dedicados a la educación temprana, pero prevalece la de una figura dominante. En el estudio de Morris y sus colegas (1995) la enseñanza se presenta de una manera similar al estilo de *miss* Swamp. Así como *miss* Swamp se vale de medidas firmes y claramente disciplinarias que obtienen resultados particulares en sus niños, la enseñanza en el estudio de Morris y sus colegas también es representada como un proceso técnico que va de arriba abajo. Asegurar los logros académicos de los deletreadores de bajo rendimiento es tan sencillo como variar los materiales destinados a estos alumnos. Los investigadores ven a estos maestros no como profesionales sino como técnicos que mejoran su enseñanza porque han sido preparados para individualizar los materiales comerciales de que se valen a fin de enseñar a deletrear.

De manera alterna, dado que los maestros son calificados de acuerdo con sus niveles de sensibilidad hacia los niños pequeños, en el estudio de Howes (1997) la imagen de los maestros de niños pequeños es más similar a la de *miss* Nelson. Los maestros sensibles responden a las necesidades de los niños. Los alientan a probar nuevas experiencias, les ofrecen un ambiente seguro y les dan un apoyo emocional según lo necesiten. Sin embargo, a pesar de presentar unas imágenes menos opresivas de los maestros de niños pequeños, Howes también reconoce muy poco los tipos de trabajo intelectual que se requieren de los maestros que trabajan con niños muy pequeños y los tienen a su cuidado. Los cuidadores sensibles son quienes facilitan el desarrollo de los niños por su atención y su cariño, pero no necesariamente reflexionan sobre sus interacciones y sus prácticas.

A pesar de esta diferencia de imágenes, el hincapié en técnicas empírico-analíticas que reducen la enseñanza a ciertas conductas observables y mesurables limita las representaciones de los maestros y de enseñanza de ET producidas por los estudios de proceso-producto y proceso-proceso. En esos estudios no se representa a los maestros como personas consideradas, con sus propias biografías, sino como un conjunto de limitadas conductas de enseñanza que se describen en relación con una estrategia instructiva, el resultado en un niño o el modelo de un programa específico. Factores de identidad como género, clase, sexualidad y antecedentes culturales no se consideran necesarios para comprender lo que hacen los maestros en sus aulas. En su afán de ser objetivos y científicos, los maestros permiten que los múltiples roles e identidades que adoptan y la gama de estrategias que emplean en un contexto particular queden subsumidas en un conjunto de métodos (Britzman, 1991) o de características interactivas. Pasar por alto la interrelación de contexto, biografía y valores en la forja de las prácticas docentes conduce a una versión muy simplificada de lo que implica ser maestro de niños pequeños.

Estudios posestructurales de la enseñanza

Cuando las lentes metodológicas y epistemológicas empleadas por los investigadores cambian, pasando de los valores modernos de verdades ciertas y generalizables acerca de la enseñanza al énfasis posmoderno en los aspectos locales y dinámicos de la enseñanza, es posible tener imágenes más complejas de los maestros de ET. A un conjunto de teorías que incluyen estos valores posmodernos en sus exploraciones de la vida social se le ha llamado posestructuralista.

Posestructuralismo es un término general empleado para definir una gama de enfoques centrados en la política del conocimiento y en las prácticas educativas (Anyon, 1994; Tobin, 1995). Para los posestructuralistas, el poder ocupa un lugar central en todas las relaciones sociales y se expresa y ejerce por medio de discursos. Los discursos son marcos socialmente organizados de sentido que incluyen valores y prácticas particulares que a su vez estipulan reglas y dominios de lo que se puede decir y hacer, por quién y cuándo (Burman, 1994; Hicks, 1995-1996). De este modo, los discursos tienen una existencia material, social y lingüística, y representan algunos efectos de poder particulares:

Los procesos sociales como la enseñanza y el aprendizaje, por lo tanto, no pueden comprenderse sin comprender a la vez la operación del poder en los discursos y especialmente cómo los discursos privilegian ciertos intereses dentro de sociedades particulares en puntos específicos de su historia (Mac Naughton, 1994, p. 93).

En su creación de diferentes relaciones de poder, los discursos también producen subjetividad o las maneras en que llegamos a definirnos a nosotros mismos y la autoridad que sentimos en situaciones particulares. Las personas adoptan discursos particulares, "haciéndolas existir, al hablar y al escribir, como si fueran suyas" (Davies, 1993, p. 13). Como seres humanos no residimos en un discurso estable sino que, en cambio, pertenecemos a diferentes grupos sociales (por ejemplo, género, raza, clase, niños, maestros) donde cada uno de ellos hace circular su propio discurso y aplica unas prácticas que definen lo que significa ser humano (Davies, 1990). Dado que hay una gran cantidad de discursos circulando en la vida social, las personas pueden adoptar la posición sometida que les ofrece un discurso particular, o bien resistirse a la catalogación asignada a su subjetividad por medio de discursos en competencia. De esta manera, los posestructuralistas presuponen cambios y modificaciones de la subjetividad humana que dependen de la posición de cada cual en el discurso (Anyon, 1994; Wexler, 1987).

El propósito de la investigación posestructural no sólo es ofrecer descripciones de la educación temprana sino examinar con ojo crítico las prácticas y relaciones sociales del aula. Como el posestructuralismo es una lente teórica relativamente nueva que se está aplicando a la investigación de la enseñanza y una teoría que pretende ser antifundacional, no hay una sola manera de efectuar investigación posestructural. Sin embargo, muchos estudios posestructuralistas toman como punto de partida que el conocimiento es una construcción social que incluye relaciones de poder. El propio proceso de investigación es considerado una empresa subjetiva y tendenciosa que crea una particular política de conocimiento. Para evitar que el proceso de investigación margine a quienes están siendo investigados, se proponen ciertos diseños de investigación dialógicos y autorreflexivos (Lather, 1991). Los investigadores intentan incluir a los participantes en el proceso de investigación, y se aplican métodos para impedir que la perspectiva teórica del investigador sea la única lente a través de la cual se analizan y representan los datos.

Como los posestructuralistas sostienen que no existen verdades universales libres de valores e intereses humanos, habitualmente se emplean métodos cualitativos para recabar datos sobre los discursos del aula en los sitios de práctica locales. El análisis no sólo hace hincapié en las pautas de interacción sino que examina las contradicciones e incongruencias observadas en las relaciones en el aula. Al dar sentido al modo en que los discursos en las aulas actúan para producir significados y verdades particulares, los posestructuralistas sostienen que entonces se vuelve posible insertar discursos alternativos que podrían tener en cuenta las desigualdades que existan dentro y fuera del aula.

Muchos investigadores que trabajan dentro de un marco posestructural sobre la ET se han centrado en las relaciones de poder fincadas en los géneros. Por ejemplo, Ochsner (1999b) utiliza el posestructuralismo feminista para ilustrar los múltiples discursos de género que circulan en el aula de un jardín de niños urbano y la manera en que éstos influyen en la construcción y legitimación del género de los alumnos. Como participante-observador, Ochsner recabó datos durante seis meses, tomando notas de campo, grabando cintas de audio y de video de la charla y las acciones en el aula, entrevistando a los alumnos y a su maestra, y coleccionando objetos pertenecientes a los alumnos.

Aunque este estudio se centró en la manera en que los alumnos se conciben como seres adscritos a un género, Ochsner también documentó cómo la maestra del aula, Isabel, aceptó su propio poder y autoridad con el objeto de crear intencionalmente oportunidades en el programa para que los alumnos aplicaran su agencia individual y su conciencia acerca de los discursos de género. A menudo se observó a Isabel aplicando la división del trabajo, ritual en que se pone de relieve la labor de los alumnos, que es analizada en un foro público para poner las cuestiones de género en el primer plano del programa escolar. Unas transcripciones por cinta de audio muestran a Isabel coordinando explícita y concienzudamente la división del trabajo para que queden públicamente expuestas las múltiples perspectivas de sus alumnos acerca del género. Isabel no sólo alentó a sus alumnos a hablar de sus interpretaciones individuales sobre el género, sino que actuó dialécticamente con ellos, basándose en experiencias propias y de sus alumnos para desafiar en mayor grado las normas de género. Al manipular y organizar la división del trabajo para incluir interpretaciones en pugna, frecuentemente prejuiciadas, Isabel alentó a sus alumnos a cuestionar y a enfrentarse a las opiniones prejuiciadas sobre el género. Para Isabel, enseñar es un acto político, como lo explica:

> Me parece asombroso que pensar y hablar acerca de algo sean formas de acción social. Y lo que se les presenta para pensar es importante, lo que se coloca en el centro del círculo cultural. Cuando se está pensando en algo es una acción y se la está poniendo a la luz. Y eso ocurre cuando la investigación y la enseñanza se convierten en acción social (Ochsner, 1999a, p. 12).

De este modo, el estudio de Ochsner muestra las maneras en que la maestra deliberadamente expone los discursos sobre el género para interrogar las interpretaciones sexistas de sus alumnos sobre lo que significa ser niño o niña.

En un estudio reciente sobre enseñanza y aprendizaje en un jardín de niños urbano, Ryan (1998) empleó la teoría social posestructural para examinar las relaciones de poder que constituyen la educación centrada en el niño. Concentrando sus observaciones en periodos de elección de alumnos en el programa, Ryan utilizó notas de campo y observaciones grabadas en cinta de audio y video para documentar la charla y la acción de la maestra y de un grupo selecto de niños durante un periodo de cinco meses. También en diversos puntos del estudio se efectuaron entrevistas estructuradas en torno de escenas del aula grabadas en cinta de video con el propósito de construir interpretaciones múltiples de los hechos ocurridos en el aula.

Después de efectuar un análisis del discurso crítico de los datos así recabados, Ryan descubrió que la maestra Alison se movía inicialmente entre dos discursos que daban forma a su identidad y pedagogía como profesional de la educación temprana. El primero de éstos fue el discurso del desarrollo, el cual crea los significados y las prácticas asociadas a la educación centrada en el niño. Alison no se identificó a sí misma como desarrollista, pero se basó en la teoría del desarrollo y en las suposiciones liberales-humanistas que enmarcan esas ideas para crear un programa escolar en que se alienta a los niños a volverse educandos competentes (persistentes, independientes, automotivados) al tener cierta voz y autoridad sobre lo que aprenden. Asimismo, la maestra estructuró esta asunción compartida de la autoridad en su programa ofreciendo un tiempo diario de elección y permitiendo que los niños sugirieran actividades y temas para el contenido del programa, mientras ella optaba por ofrecer mayores facilidades y apoyo a su aprendizaje.

Para Alison, centrarse en el niño significa comenzar por las necesidades e intereses de los niños, lo que implica que ella también debe ser más directa en sus interacciones instructivas con algunos de ellos. Para resistir al discurso del desarrollo, que define la buena enseñanza como enseñar desde la retaguardia y por lo tanto tilda de moralmente incapaces a los maestros que deciden aplicar un enfoque más orientado a los adultos, la maestra se basó en sus experiencias en escuelas para negros con maestros afroestadunidenses. En esta comunidad, la instrucción directa y explícita y el hincapié en que los niños pequeños adquieran un conocimiento académico son evaluados como medios de asegurar que los alumnos triunfen en la escuela. De este modo, Alison optó a menudo por colocarse dentro del discurso educativo urbano para imponer límites a la elección del programa por los alumnos, utilizar el tiempo elegible como hora de juego y de práctica y evaluar explícitamente la productividad de sus alumnos. En palabras suyas: "Voy a darles algunas opciones, pero eso es lo que van a hacer porque si no lo hacen hoy tal vez no lo hagan nunca" (Ryan, 1998, p. 119).

El desplazamiento de Alison entre estos discursos diferentes y contradictorios sobre la enseñanza creó tensiones en su labor pedagógica. Algunos días y en relaciones sociales particulares llegó a sentir que también ella se estaba volviendo una autoridad excesiva en el aprendizaje de los niños:

> Hay veces en que no me siento tan alterada por ser tan directa. A veces pienso que con respecto a cosas sociales no me importa ser tan directa como lo soy a veces con respecto a tipos de cosas de contenido... Cuando se trata de material de contenido, definitivamente me siento incómoda diciendo: "Ya saben que se los voy a decir, ahora háganlo" (p. 132).

Al mismo tiempo, estas contradictorias prácticas de enseñanza también fueron combinadas por Alison en formas singulares e innovadoras para aportar lo que ella consideró una educación centrada en el niño.

Estos estudios posestructurales de maestros dedicados a la educación temprana muestran que "no hay nada esencial en quién es un maestro o quién se vuelve maestro; es tan sólo mediante discursos como puede verse que los maestros poseen cualidades esenciales" (Britzman, 1991, p. 223). Al suponer que la subjetividad es fluida y dinámica, estos estudios muestran los modos en que los maestros adoptan subjetividades múltiples mientras combinan prácticas diferentes y, según se da por sentado a menudo, incompatibles para interactuar con niños pequeños. Por ejemplo, Isabel y Alison adoptan identidades similares a las de *miss* Nelson y *miss* Swamp, eligiendo a veces dirigir las interpretaciones del mundo por los niños, y otras veces permitiendo que éstos se pongan más al frente en su aprendizaje. Además, al examinar la enseñanza como producción de discursos, los estudios posestructurales iluminan la gama de conocimientos y de experiencias en que los maestros se basan para ejercer el poder en sus mundos. Se presenta a los maestros como sagaces pensadores y actores inmersos en una complicada red de relaciones sociales que crea posibilidades y limitaciones para el programa escolar y la pedagogía.

Más allá de las imágenes
de maestros buenos contra maestros malos

En este capítulo, nuestra intención ha sido analizar las imágenes de los maestros producidas por diferentes programas de investigación de la enseñanza. De algún modo, podría parecer que hemos efectuado un análisis relativamente simplista al haber elegido dos programas de investigación opuestos en cuanto a orientación teórica y metodológica. Además, analizar dos estudios considerados "típicos" de la investigación del proceso-producto opaca las muchas investigaciones innovadoras o los estudios híbridos que extienden este paradigma de la investigación (por ejemplo, Duffy, 1993). Por consiguiente,

¡FALTA "MISS" NELSON! 93

no es difícil sostener que el marco epistemológico empleado por los posestructuralistas crea imágenes más complejas de los maestros y de la enseñanza a nivel de educación temprana. Así pues, el siguiente paso más lógico puede consistir en esbozar una agenda de investigación que rechace los esfuerzos de quienes están trabajando en el programa de investigación del proceso-producto, en favor de otras investigaciones que examinen la educación temprana desde una perspectiva crítico-teórica. Sin embargo, antes que limitar los programas de investigación conviene pensar cómo se pueden reconceptualizar los programas ya existentes e inventar otros nuevos que produzcan imágenes múltiples de los maestros de la primera infancia y de la complicada tarea de enseñar a niños pequeños. Con objeto de enmarcar esa nueva agenda de investigación y sus repercusiones para preparar nuevos maestros, haremos las sugerencias siguientes.

Primero, como parte de este esfuerzo por reconceptualizar la base del conocimiento, es necesario pensar de otra manera en la investigación destinada a determinar la enseñanza eficiente. Apoyamos los esfuerzos de los investigadores de la orientación proceso-producto por elucidar los tipos de estrategias de enseñanza que mejoren el aprendizaje por los alumnos. Sin embargo, no estamos convencidos de que esto pueda lograrse siguiendo un paradigma que presuponga que conductas específicas de los maestros motiven resultados específicos en el aprendiz. Por consiguiente, recomendamos la contextualización de los "productos" de manera que podamos comprender cómo llegaron a ser interpretados y lo que significaron para los educandos y los maestros. De este modo, será posible interpretar a los maestros como pensadores así como actores en el proceso educativo.

En segundo lugar, los investigadores necesitan inventar estrategias que limiten la distancia que hay entre ellos y los maestros a quienes estudian. Los estudios posestructurales revisados en este capítulo logran acercarnos a esta meta. Sin embargo, los marcos teóricos empleados por estos investigadores, con su lenguaje oscuro y sus explícitos propósitos políticos, acaso no sean siempre las lentes que los maestros escogerían para juzgar y explicar su trabajo. Algunos maestros dicen estar descubriendo que ciertas teorías académicas son deficientes en su aplicación a los desafíos de la vida en el aula, por muy compleja que pretenda ser la teoría (Genishi, Dubetz y Focarino, 1995). Si queremos construir imágenes más diversas de los maestros de ET, no se deberán ocultar estas diferencias. Antes bien, pueden ser la base de difíciles conversaciones acerca de los valores y visiones alternativas que maestros e investigadores aportan en sus interpretaciones de la enseñanza de ET.

En tercer lugar, los valores posmodernos adoptados por los investigadores posestructurales, entre otros que están trabajando desde una orientación crítico-teórica (por ejemplo, teóricos de la desviación, teóricos poscoloniales y algunas feministas), conducen a la deconstrucción de los dualismos esto/lo otro utilizados para limitar las catalogaciones de los maestros de educación temprana. Empero, muchos de estos marcos teóricos se encuentran en las márgenes y no en la corriente principal de la investigación de la enseñanza, y toman como punto de partida una crítica del proyecto tradicional de la niñez fundamentado en teorías psicológicas del desarrollo. Es claro que necesitamos aumentar el número de estudios que utilizan estos marcos alternativos si queremos formarnos imágenes más diversas de los maestros de ET. Sin embargo, no menos importante es descubrir modos de incluir estos estudios de investigación y las teorías alternas que los enmarcan, como parte de la base de conocimientos de la educación del maestro de niños pequeños. Esto exigirá forjar alianzas a través de fronteras disciplinarias para que participemos en un diálogo acerca de nuestras diferencias y, en conjunto, formemos nuevos estudios y múltiples lecturas de la enseñanza de ET.

Dentro de la disciplina de ET sugerimos incluir actividades concretas de investigación en los cursos de educación para maestros que promuevan un diálogo profundo y crítico acerca de las posibles o actuales imágenes que los maestros tienen de sí mismos o de sus colegas. Por ejemplo:

1. Análisis de películas que muestren imágenes de maestros de educación temprana, como *Matilda* y *Kindergarten Cop*, para revelar las maneras en que los creadores de cultura popular ven la enseñanza de ET.
2. Deconstrucción de dibujos de la enseñanza en un aula de ET después de leer este capítulo, para descifrar las imágenes representadas.
3. Análisis crítico de películas, dibujos y/o fotografías de maestros representados en revistas profesionales sobre ET y enseñanza elemental (por ejemplo, *Childhood Education, The Reading Teacher, Young Children*).

Estos tipos de actividades llevarán a los participantes a un proceso de investigación orientado hacia la acción, en que ellos mismos se dediquen a formar representaciones más complejas de los maestros y de la enseñanza. Tales experiencias y el conocimiento de la práctica personal de los participantes (Clandinin, 1985) subyacen en sus propias teorías, las cuales están situadas, guardan relaciones y son derivadas de fuentes múltiples (Richardson, 1994). Así, nuestra cuarta recomendación es que los académicos efectúen más estudios con maestros de ET y que extiendan la base de conocimientos sobre la enseñanza, incluyendo la investigación realizada por los maestros (como Ballenger, 2000; Gallas, 1998; Stires, 1991).

Alterar las imágenes de los maestros de ET como figuras dominantes es una tarea difícil. Para aceptar este reto, maestros, investigadores y teóricos necesitarán trabajar en grupo para construir una nueva agenda de pensamiento y acción. En esta agenda deberá ocupar un lugar central el desarrollo de bases de conocimiento y de métodos de investigación que se enfrenten a la interrelación de biografía, contexto e identidad, en relación con lo que es conceptualizado como enseñanza e investigación, teoría y práctica. Pero, lo que acaso sea más importante, esta nueva agenda de investigación exigirá que los estudiosos reconozcan las complejidades, las incongruencias y la dinámica continuamente cambiante de la enseñanza y que reconozcan que sus métodos nunca podrán catalogar por completo, explicar o elucidar la enseñanza, ni deberían hacerlo. Como tan elocuentemente lo dijo Alison:

> Los maestros que dirigen aulas muy similares bien pueden tener muy distintas filosofías acerca de por qué hacen lo que hacen. Esta idea de que entre los maestros de educación temprana hay una ciega adherencia a una pedagogía ya prescrita no coincide con mi experiencia. Y, de hecho, me parece que esto implica minimizar la inteligencia, el profesionalismo y la consideración de muchos maestros de educación temprana. La mayoría de nosotros reconoce, de buen grado, una cierta calidad de mosaico, que no sólo depende del niño, sino de la situación e incluso de la hora del día o la época del año. Hacemos lo mejor que podemos por reunir las piezas, reconociendo —eso espero— las fuerzas y las limitaciones de las diferentes prácticas, así como los retos que estas prácticas pueden presentar a la gama de niños que hay ante nosotros (Ryan, 1998, pp. 345-346).

REFERENCIAS BIBLIOGRÁFICAS

Allard, H., y J. Marshall, *Miss Nelson Is Missing!*, Boston, Houghton Mifflin, 1977.

Anderson, L., C. Evertson y J. Brophy, "An experimental study of effective teaching in first-grade reading groups", *Elementary School Journal*, 79 (4), 1979, pp. 193-223.

Anyon, J., "The retreat of Marxism and social feminism: Postmodern and post-structural theories in education", *Curriculum Inquiry*, 24 (2), 1994, pp. 115-133.

Arnett, J., "Caregivers in day care centers: Does training matter?", *Journal of Applied Developmental Psychology*, 10, 1989, pp. 541-552.

Ballenger, C., *Teaching other people's children: Literacy and learning in a bilingual classroom*, Nueva York, Teachers College Press, 2000.

Bredekamp, S., y C. Copple, *Developmentally appropriate practice in early childhood programs serving children from birth through age 8* (ed. rev.), Washington, D. C., National Association for the Education of Young Children, 1997.

Britzman, D. P., *Practice makes practice: A critical study of learning to teach*, Albany, State University of New York Press, 1991.

Burman, E., *Deconstructing developmental psychology*, Londres, Routledge, 1994.

Clandinin, J., "Personal practical knowledge: A study of teachers' classroom images", *Curriculum Inquiry*, 15, 1985, pp. 361-385.

Davies, B., "Agency as a form of discursive practice: A classroom scene observed", *British Journal of Sociology of Education*, 11(3), 1990, pp. 341-361.

——, *Shards of glass: Children reading and writing beyond gendered identities*, St. Leonards, NSW, Allen & Unwin, 1993.

Duffy, G. G., "Rethinking strategy instruction for teachers' development and their low achievers' understandings", *Elementary School Journal*, 93 (3), 1993, pp. 231-247.

Gallas, K., *"Sometimes I can be anything": Power, gender, and identity in a primary classroom*, Nueva York, Teachers College Press, 1998.

Genishi, C., N. Dubetz y C. Focarino, "Reconceptualizing theory through practice: Insights from a first grade teacher and second language theorists", en S. Reifel (ed.), *Advances in early education and day care* (vol. 7), Greenwich, Connecticut, JAI Press, 1995, pp. 123-152.

Genishi, C., S. Ryan, M. Ochsner y M. M. Yarnall (en prensa), "Teaching in early childhood education: Understanding practices through research and theory", en V. Richardson (ed.), *Handbook of research on teaching* (4ª ed.), Washington, D. C., American Educational Research Association.

Goffin, S. G., "Developing a research agenda for early childhood education: What can be learned from research on teaching?", *Early Childhood Research Quarterly*, 4, 1989, pp. 187-204.

Hicks, D., "Discourse, learning, and teaching", en M. Apple (ed.), *Review of research in education*, núm. 21, Washington, D. C., American Educational Research Association, 1995-1996, pp. 49-95.

Howes, C., "Teacher sensitivity, children's attachment and play with peers", *Early Education and Development*, 8 (1), 1997, pp. 41-49.

Lather, P., *Getting smart: Feminist research and pedagogy with/in the postmodern*, Nueva York, Routledge, 1991.

Lubeck, S., "Is developmentally appropriate practice for everyone?", *Childhood Education*, 74 (5), 1998, pp. 283-292.

Mac Naughton, G., "You can be dad: Gender and power in domestic discourses and fantasy play within early childhood", *Journal for Australian Research in Early Childhood Education*, 1, 1994, pp. 93-101.

Morris, D., L. Blanton, W. E. Blanton, J. Nowacek y J. Perney, "Teaching low-achieving spellers at their instructional level", *The Elementary School Journal*, 96 (2), 1995, pp. 163-177.

Ochsner, M. B., *Seeking power: The politics and practices of feminisms in early childhood education*, trabajo presentado en la octava Interdisciplinary Conference Reconceptualizing Early Childhood Education: Research, Theory, and Practice, Ohio State University, Columbus, junio de 1999a.

——, *Something rad and risqué: A feminist poststructuralist study of gender in an urban kindergarten classroom*, tesis doctoral inédita, Teachers College, Columbia University, Nueva York, 1999b.

Popkewitz, T. S., *Paradigm and ideology in educational research: The social functions of the individual*, Londres, Falmer, 1984.

Richardson, V., "Conducting research on practice", *Educational Researcher*, 23 (5), 1994, pp. 5-10.

Ryan, S. K., *Freedom to choose: A post-structural study of child-centered pedagogy in a kindergarten classroom*, tesis doctoral inédita, Teachers College, Columbia University, Nueva York, 1998.

Schweinhart, L. J., y D. P. Weikhart, "The High/Scope preschool curriculum comparison study through age 23", *Early Childhood Research Quarterly*, 12, 1997, pp. 117-143.

Shulman, L., "Paradigms and research programs in the study of teaching: A contemporary perspective", en M. C. Wittrock (ed.), *Handbook of research on teaching*, 3ª ed., Nueva York, Macmillan, 1986, pp. 3-36.

Stires, S., *With promise: Redefining reading and writing for "special" students*, Portsmouth, New Hampshire, Heinemann, 1991.

Tobin, J., "Post-structural research in early childhood education", en J. A. Hatch (ed.), *Qualitative research in early childhood settings*, Westport, Connecticut, Praeger, 1995, pp. 222-243.

Wexler, P., *Social analysis of education: After the new sociology*, Londres, Methuen, 1987.

IV. LOS EDUCADORES Y LA DEFENSA DE LOS NIÑOS PEQUEÑOS: IDENTIDAD Y CONFLICTOS CULTURALES

Susan Grieshaber

Durante algún tiempo la bibliografía sobre la educación temprana ha sostenido la idea de que los maestros de niños pequeños debieran volverse defensores y activistas en favor de sus educandos, de sus familias y de la profesión en general (por ejemplo, Beck, 1979; Dimidjian, 1989; Fennimore, 1989; Goffin y Lombardi, 1988). Una revisión de esta literatura sobre la defensa de los infantes identifica las maneras en que los maestros de educación temprana debieran trabajar en favor de los pequeños, tanto fuera como dentro del aula. En este capítulo analizamos cómo la defensa del niño contrasta con las maneras en que los educadores han quedado colocados en su labor cotidiana con los niños, tal como ésta es definida por el discurso dominante sobre la práctica apropiada para el desarrollo (PAD) (Bredekamp, 1987; Bredekamp y Copple, 1997). Quienes trabajan con pequeños son definidos por este discurso dominante como personas que alimentan, atienden, sostienen y responden a las necesidades e intereses de cada niño en particular. Por contraste, la bibliografía de defensa de los niños exhorta al personal a correr riesgos, a adoptar una conducta de confrontación, a estar dispuesto a entrar en conflictos, así como a criticar y a negociar.

En este capítulo se sostiene que tanto la literatura sobre la defensa de los niños como la literatura profesional se basan en constructos psicológicos que interpretan de maneras particulares a los individuos. Las contradicciones entre ambos discursos se explican desde una perspectiva posestructuralista feminista que incluye la ambigüedad humana e introduce el concepto de las identidades múltiples. Este capítulo llega a la conclusión de que los profesionales de la educación temprana pueden responder a los desafíos de ambos cuerpos de literatura mediante un entendimiento de las identidades múltiples. Sin embargo, esto exige una perspectiva teórica situada fuera de la psicología del desarrollo. Los datos tomados de dos ejemplos muestran cómo el dolor y la incertidumbre son una parte integral de cualquier decisión de adoptar perspectivas alternativas y desafiar lo que se da por sentado.

La defensa

La bibliografía acerca de la defensa de los niños pequeños ha formado parte desde hace algún tiempo de la educación temprana. En 1984 Caldwell sostuvo que la defensa era responsabilidad de cada miembro del ámbito de la educación temprana, mientras que Simons (1986) describió la defensa como un liderazgo acerca de cuestiones relacionadas con el contexto general de la educación temprana. Como bien podía esperarse, la defensa se ha definido de muy diversas maneras: algunas explicaciones enfocan el proceso mismo y otras identifican lo que la defensa puede significar para la profesión. Por ejemplo, Goffin y Lombardi (1988) sostienen que la defensa de la niñez "significa dar la cara por los niños y cubrir sus necesidades" (p. 1). Fennimore (1989) ha aportado una definición más compleja de la defensa como

> un compromiso personal de participar activamente en las vidas de los niños, más allá de las responsabilidades profesionales remuneradas, con objeto de aumentar las oportunidades que tengan esos niños de un crecimiento y un desarrollo personal ópti-

mos. Para los profesionales de la educación temprana la defensa del niño es la manera en que consideran su dedicación al servicio de los niños como un paso (o muchos pasos) adelante, hasta el punto de volverse activistas a favor de los pequeños (p. 4).

Escribiendo desde la perspectiva de los padres, Beck (1979) consideró que el apoyo a la niñez era "una actitud, un proceso por el que se pasa, y todos los pasos a lo largo del camino que provocan cambios para ayudar a los niños a crecer y desarrollarse por completo" (p. 12). Más recientemente, Lindamood (1995) ha ofrecido un *continuum* de la defensa para quienes trabajan con niños pequeños, identificando cinco niveles de participación desde el soñador hasta el luchador. Cada nivel incluye "cantidades crecientes de participación y riesgos personales" (p. 23). La defensa de los niños también ha sido vinculada a ideas de liderazgo y al profesionalismo de quienes tienen a su cargo la educación temprana (Fennimore, 1989; Lindamood, 1995; Rodd, 1994, 1997; Simons, 1986), mientras que Gnezda (1996) ha dicho que los educadores deben salir en defensa de los niños al nivel de la toma de decisiones en política estatal y local, en relación con una reforma al sistema de bienestar.

Muchos de quienes han escrito acerca de la defensa de la niñez exhortan a quienes trabajan con los niños a emprender acciones en nombre de éstos, de sus familias y de la profesión en general. Al relatar algunas de las formas en que se ha pedido actuar a quienes trabajan con niños pequeños, mi propósito es identificar algunos rasgos de lo que se ha escrito acerca de tal defensa y no criticar el contenido mismo. Por ejemplo, en el prefacio de su libro, Goffin y Lombardi (1988) dicen explícitamente: "Este libro es un llamado a la acción" (p. v). Poco después dicen: "Los niños necesitan que nosotros votemos, cabildeemos, informemos y hablemos por ellos" (p. 1). Dimidjian (1989) también asegura que los profesionales de la educación temprana comprenden que el destino de los niños depende de la acción (o de falta de acción): "El educador activista/abogado de la niñez trabaja por hacer que la preocupación y el compromiso con las vulnerables vidas jóvenes pasen a ocupar un lugar central en la comunidad social en general" (p. 54). Tal vez más categórico sea el escrito de Fennimore (1989), quien declaró:

> Un buen educador de la niñez debe ser una persona fuerte y compasiva... Los educadores deben creer que, por el simple poder de su planeación y voluntad, pueden lograr un cambio duradero para bien de los niños... Hay que preparar a los educadores para que reconozcan, crean y practiquen su propia capacidad de defender a los niños en la sociedad. Deben aprender que son responsables, en todo lo que hacen, de la protección y el bienestar de los niños en la sociedad. Deben aprender que los maestros no pueden abandonar, ni absolverse de la responsabilidad cuando sus alumnos experimentan dificultades y retrocesos (pp. xii-xiii).

Aunque no tan enérgicamente expresadas como las ideas de Fennimore, otras obras acerca de la defensa de la niñez en general alientan a sus trabajadores a hablar y emprender acciones en beneficio de la niñez.

Aunque la defensa de los infantes constituya una búsqueda digna para los profesionales de la educación temprana, parece existir cierta contradicción entre lo que se pide hacer a los educadores de la niñez, como sus abogados, y el modo en que la práctica apropiada para el desarrollo coloca a los profesionales de dicha enseñanza en su trabajo cotidiano con los niños.

El discurso de la práctica apropiada para el desarrollo

Situada dentro del paradigma de la psicología del desarrollo, la práctica apropiada para el desarrollo (PAD) pronto pasó a ser el discurso dominante, después de la publicación original, por Bredekamp (1987) y en nombre de la U. S. National Association for the Education of Young Children (NAEYC). Esta declaración de la actitud de la NAEYC fue seguida por toda una plétora de escritos en apoyo de la práctica apropiada para el desarrollo, por numerosas críticas del concepto mismo (por ejemplo, Mallory y New, 1994), y por una edición revisada de la declaración (Bredekamp y Copple, 1997). Un testimonio concluyente del dominio del discurso de la práctica apropiada para el desarrollo es la venta de más de medio millón de ejemplares de la declaración de actitud de 1987, la distribución de varios millones de folletos acerca de la PAD y la adopción de la PAD por numerosos departamentos de educación de varios estados de los Estados Unidos y en varios otros países, como Australia, Nueva Zelanda y la provincia de la Columbia Británica en Canadá (Bredekamp y Copple, 1997, p. v).

Aquí, mis comentarios se limitarán al modo en que el personal docente de la educación temprana se encuentra colocado debido al carácter dominante del discurso de la práctica apropiada para el desarrollo en su labor cotidiana con los niños. Con esto me quiero referir al modo en que el discurso de la PAD prescribe tanto explícita como implícitamente los parámetros de lo que se supone que hacen los adultos que trabajan con los niños, y cómo se supone que deben hacerlo. Ofreceré algunos ejemplos.

Definiendo la práctica apropiada para el desarrollo, Bredekamp y Copple (1997) afirman que ésta es el resultado de

> un proceso de la toma de decisiones a cargo del maestro, quien se basa al menos en tres cuerpos de conocimiento interrelacionados y críticos: 1) lo que saben los maestros acerca de lo que los niños desarrollan y aprenden; 2) lo que saben los maestros acerca de cada niño en particular de su grupo; y 3) el conocimiento del contexto social y cultural en el que viven y aprenden esos niños (p. vii).

IDENTIDAD Y CONFLICTOS CULTURALES 105

El propósito de enseñar es "intensificar el desarrollo y el aprendizaje" (p. 17), y a lo largo de todo el libro de Bredekamp y Copple se especifican los modos en que esto debe hacerse. Por ejemplo, los maestros deben responder a las "diferentes necesidades, intereses, estilos y capacidades de los niños" (p. 17) y dar a los niños "opción significativa y tiempo de explorar el terreno mediante su participación activa" (p. 18). Se considera que la paciencia es atributo importante de los maestros (p. 19), particularmente en relación con el hecho de recordar a los niños las reglas y la razón de ser de éstas. Además, los maestros "deben apoyar un sentido positivo de autoidentidad en cada niño" (p. 40).

Se pide a los adultos que trabajan con niños que sean sensibles y que muestren interés en comprender a los pequeños (p. 63); debe existir una relación especial entre unos y otros: "Como bailarines, el cuidador y el infante sincronizan sus interacciones, cada uno respondiendo al otro e influyendo sobre él" (p. 58). En relación con los niños que apenas gatean, la buena cuidadora ofrece

experiencias que apoyen la iniciativa, creatividad, autonomía y autoestima. Y sin embargo, ella [la cuidadora] reconoce que, mientras se esfuerzan por ser autónomos e independientes, los niños que gatean dependen de la comprensión y la vigilancia de los adultos que los quieren (p. 68).

Bredekamp y Copple identifican muchos ejemplos de prácticas apropiadas para los maestros de niños de tres a cinco años, enfocando nuevamente el retrato de los adultos como personas cálidas, amables, serviciales, sensibles, pacientes y alentadoras, que con toda paciencia encauzan y guían a los niños en su desarrollo y aprendizaje. Por ejemplo, "los maestros son pacientes, pues comprenden que no toda infracción insignificante merece una respuesta" (p. 129), y los maestros reconocen que "las experiencias del aprendizaje son más eficaces cuando el programa responde a los intereses e ideas de los niños conforme van surgiendo" (p. 131).

A pesar de todo, existe cierto contraste entre las características exigidas a los adultos según el discurso de lo apropiado para el desarrollo y los atributos que han sido descritos como necesarios para defender a los pequeños. Por una parte, los adultos que trabajan con niños siguiendo el discurso dominante son considerados como alimentadores y sensibles a las necesidades de sus pupilos. La defensa de éstos, por otra parte, "a menudo exige conflicto, enfrentamiento y negociación" (Goffin y Lombardi, 1988, p. 9). Diríase que existe una contradicción entre las habilidades que se piden a los defensores y la versión preferida de la interacción de los adultos con los niños, como lo demuestra el discurso de la práctica apropiada para el desarrollo.

Un ejemplo de lo que Mead (en Rodd, 1997) ha llamado la "práctica mejor" nos ofrece otra perspectiva que podemos situar entre la posición del profesional de la educación temprana como defensor y el de la práctica apropiada para el desarrollo. Mead ha sostenido que la práctica mejor incluye "un 'cálido exigente' que es al mismo tiempo un profesor profesional competente" (p. 3), que es cálido y sensible pero también capaz de exigir aprendizaje y competencia. El empleo de los términos *cálido exigente* resume la dicotomía previamente descrita entre el modo en que el discurso de la práctica apropiada para el desarrollo forma a los adultos que trabajan cotidianamente con niños y las características requeridas por los defensores de la niñez temprana.

El sujeto individual

Un enfoque en el niño individual es uno de los lemas centrales de la psicología del desarrollo. Los educadores de la etapa temprana de la niñez interpretan a los pequeños como educandos individuales, interactuando con ellos como seres separados y fundamentando sus decisiones de enseñanza en las necesidades, intereses y capacidades de cada niño. Estas interpretaciones acerca de los individuos se fundamentan en el humanismo y se muestran en gran parte del programa escolar centrado en el niño, así como en el aspecto del progresismo que se centra en el individualismo (Pinar, Reynolds, Slattery y Taubman, 1995). En doctrinas como el humanismo, el sujeto individual es descrito como predeterminado, unificado, racional y basado en toda una perspectiva fija e inmutable. Lo que eso significa es que se ve al sujeto como "una esencia humana inmutable que precede a todas las operaciones sociales" (Best y Kellner, 1991, p. 51). Weedon (1997) describió al sujeto humano como "algo que se halla en el corazón de la persona que es único, fijo y coherente y que la hace lo que ella *es*" (p. 32, cursivas en el original), el individuo esencial.

En el posestructuralismo feminista no puede haber una interpretación esencialista de conceptos como mujer, hombre, educador de la etapa temprana de la niñez, y de la niñez misma. Tales interpretaciones siempre cambian con el transcurso del tiempo y en diferentes situaciones y son "producidas históricamente por toda una gama de prácticas discursivas" (Weedon, 1997, p. 146). Esto significa, por ejemplo, que no existen atributos permanentes y esenciales de los educadores de la niñez que sean permanentes a través de todas las historias y todos los contextos. De manera similar, no existen características preexistentes del profesional de la educación temprana que representen la verdad en cualesquiera circunstancias. Las interpretaciones de los educadores de la niñez se definen de maneras distintas en cada cultura, en cada periodo y en cada contexto político, económico y social. Lo que nosotros sabemos y comprendemos acerca de los educadores de la niñez es específico de cada contexto.

La noción humanista del sujeto racional unificado es problemática cuando se considera el discurso de la defensa y el discurso de la práctica apropiada para el desarrollo, dado que los maestros son colocados en posiciones contradictorias por cada discurso. Supónese que los maestros satisfacen las necesidades de los niños mediante cuidado afectivo y atención, y al mismo tiempo se les pide que los defiendan sabiendo que tal defensa puede derivar en enfrentamiento y conflicto. Desde una perspectiva humanista, éste es un desafío teórico. Aun cuando es posible ser un "cálido exigente" como lo ha sugerido Mead, esto puede requerir un cambio teórico del modo en que el sujeto es comprendido en el humanismo. Ahora investigaré más a fondo esta aparente contradicción y buscaré su resolución volviendo a la posición del posestructuralismo feminista y al modo en que la subjetividad es interpretada según este enfoque teórico.

El posestructuralismo feminista

Un enfoque del posestructuralismo feminista (presentado en el capítulo I) utiliza principios del posestructuralismo y aspectos del feminismo en su intento por explicar las relaciones entre lo individual y lo social (Weedon, 1997). El posestructuralismo nos ofrece una conciencia de cómo las relaciones de poder actúan de maneras particulares dentro de la sociedad (Foucault, 1977). Cuando se combina con el género, un enfoque posestructuralista feminista intenta comprender cómo el género define las relaciones de poder en la sociedad. De particular pertinencia para mi argumento es la noción de identidades múltiples o de subjetividad contradictoria, la cual hace posible tanto el enfoque teórico feminista como el posestructural. Teorizando la noción de identidades múltiples, es factible que los profesionales de la educación temprana se vuelvan "cálidos exigentes" y cumplan con los requerimientos de la bibliografía relacionada tanto con la defensa de los infantes como con la práctica apropiada para el desarrollo.

Subjetividad contradictoria

Según Mac Naughton (1998), la subjetividad "describe quiénes somos y cómo nos comprendemos a nosotros mismos. Estas interpretaciones se forman cuando participamos, expresamos y hacemos circular el discurso" (p. 161). Comprender la subjetividad como algo socialmente construido significa que no es algo esencial o innato (como en las perspectivas humanistas) o algo genéticamente determinado (como en las perspectivas biológicas). En cambio, la subjetividad de las personas es interpretada y producida en las circunstancias políticas, sociales y económicas (léase discursos) que estén actuando en la sociedad. Esto también incluye el cuerpo, la mente y las emociones. El discurso de la práctica apropiada para el desarrollo y el discurso de la defensa fijan la colocación de los profesionales de la educación temprana de diferentes formas, al producir diferentes posiciones de sojuzgamiento para las personas en cuestión. Como ha dicho Mc Naughton (1998): "Los discursos forman la subjetividad, constituyen los fundamentos mismos en que los miembros del personal encargado de la niñez toman las decisiones acerca de qué hacer y qué dejar de hacer, cómo hacerlo y con quién hacerlo" (p. 161).

Según el enfoque del posestructuralismo feminista, el lenguaje desempeña un papel central: el lenguaje "no es la expresión de una individualidad única; construye la subjetividad del individuo en formas socialmente específicas" (Weedon, 1997, p. 21). Según los enfoques humanistas, la subjetividad se interpreta como algo fijo. En los enfoques posestructuralistas se plantea la subjetividad como "precaria, contradictoria y en proceso, reconstituida constantemente en el discurso cada vez que pensamos o hablamos" (Weedon, 1997, p. 32). Así pues, la subjetividad puede interpretarse como una gama de subjetividades (o de identidades) que son mediadas por ciertos discursos en formas particulares. Por ejemplo, el discurso de la práctica apropiada para el desarrollo supone y hace que el personal encargado de la educación temprana sea cordial y dé alimento al espíritu del educando. La formación de la subjetividad es experimentada y establecida adoptando toda una variedad de identidades discursivas, algunas de las cuales pueden entrar en conflicto entre sí (antagonismos o una subjetividad contradictoria), y algunas de las cuales existen en una relativa armonía. Por lo tanto, los individuos son lugares en que hay luchas, y estas luchas "ocurren en la conciencia del individuo" (Weedon, 1997, p. 106). Por ejemplo, los educadores de la niñez pueden librar un combate entre la tendencia a ser considerados cálidos y alimentadores en el discurso de la práctica apropiada para el desarrollo y ser considerados potencialmente dispuestos a la confrontación en el discurso acerca de la defensa del infante. Las personas establecen y experimentan su propia individualidad al adoptar toda una variedad de subjetividades (identidades) discursivas, no necesariamente armoniosas.

Todos hemos tenido experiencias de subjetividad contradictoria en que las identidades diferentes no existen armoniosamente. Para aclarar el punto, utilizaré dos ejemplos específicos acerca de un maestro y de un educador de maestros. A fin de explicar la subjetividad contradictoria, compartiré algunas de las dificultades a las que se enfrentan quienes tratan de llegar más allá de las interpretaciones según las cuales los educadores de la niñez han de ser cálidos alimentadores en su labor cotidiana con y para los niños. El dolor y la incertidumbre de desechar la posición aceptada o dominante para adoptar un enfoque distinto se demuestran claramente en cada caso.

Una maestra de la primera infancia

El primer ejemplo fue tomado del escrito de Miller (1992) acerca de Georgette, una de las maestras con quienes Miller había colaborado durante seis años en un proyecto de investigación.

IDENTIDAD Y CONFLICTOS CULTURALES 111

Georgette estaba intentando reconciliar la diferencia entre ser considerada mujer y maestra y, por lo tanto, cálida y alimentadora, con el hecho de "volverse elocuente" y explorar "la naturaleza y las formas posibles de [su] propia 'autoridad' en formas que no refuerzan ni repiten unas relaciones desiguales de poder" (p. 106). Miller comentó de este modo la lucha de Georgette:

> La lucha particular de Georgette por recolocarse dentro de su escuela primaria a la vez como maestra cuidadosa y alimentadora y como educadora dada a cuestionar y plantear desafíos refleja las dificultades de muchos educadores no sólo con las jerarquías escolares sino también con los papeles especificados por el género que se espera que desempeñemos dentro de esas jerarquías (pp. 108-109).

Miller (1992) utilizó la obra de Pagano con quienes participaban en el proyecto de investigación para ayudarles a comprender que "para las mujeres dedicadas a la enseñanza no tiene que haber un conflicto entre alimentación y autoridad si ellas pueden reconocer, criticar y abrirse paso a través del poder de los discursos totalizadores machistas" (p. 107). El discurso de la alimentación y el cuidado como señas de identidad de las maestras sigue siendo muy poderoso, así como también el discurso de la práctica apropiada para el desarrollo. Es difícil lograr una posición alternativa en que las maestras tengan autoridad, a causa de la noción (que ya se da por sentada) de que el cariño y la esmerada atención acompañan al hecho de ser maestra.

La decisión de ser a la vez alimentadora y tener autoridad resultó una lucha para Georgette. Tal como indica Pagano (en Miller, 1992), trabajar en posiciones contradictorias puede lograr una convergencia entre alimentación y autoridad. Sin embargo, para Georgette este proceso constituyó una experiencia dolorosa y difícil:

Sé que he cambiado como resultado de nuestra labor en conjunto; de ser una profesora resignada y dócil me convertí en una persona dada al cuestionamiento y el desafío... Con esto ha llegado la creencia de que algunas personas con quienes trabajo se sienten incómodas conmigo. Tal vez me haya yo convertido en algo inesperado, y otros no están seguros de cómo "manejarme". Para mí, "manejarme" significa inhibirme, controlarme o ponerme en mi lugar. Sé que lo que les ofende es mi pensamiento. Estoy en pleno torbellino, luchando por existir y por no dejarme aplacar de nuevo (Miller, 1992, p. 108).

Diríase que Georgette tomó la decisión consciente de cambiar y dejar de ser una maestra dócil y resignada para convertirse en alguien que cuestionaba el *statu quo*. Su decisión incluyó un cambio de subjetividad: de ser calificada por el discurso como una cariñosa maestra de primaria —la posición aceptada o dada por sentada para una maestra—, pasó a una posición en la que tenía mayor autoridad y estaba más dispuesta a hacer cuestionamientos. Sin embargo, el costo de su decisión fue alto, tanto en el aspecto personal como en el profesional.

Aunque ello significara seguir luchando por existir, Georgette no quiso dejarse acallar y se opuso a que otras personas volvieran a calificarla como susceptible de ser "manejada". Éste es un ejemplo de cómo Georgette y otras maestras han sido reguladas por el discurso que presenta a las maestras como cariñosas y alimentadoras. Los intentos de Georgette por desafiar y resistir ese discurso hicieron brotar en su escuela intentos de otras personas por "ponerla en su lugar".

En este caso es posible advertir cómo las prácticas sociales y discursivas y las interpretaciones dominadas por el género operaban en la escuela de Georgette. Ella ha hecho una gran inversión emocional en su nueva posición, aunque el hecho de sobrevivir a la presión del discurso le haya causado una gran confusión.

IDENTIDAD Y CONFLICTOS CULTURALES

Una profesional de la educación temprana

El segundo ejemplo fue tomado de Ryan (1997), que describe su experiencia en la Universidad de Nueva York como profesora de medio tiempo. La clase había estado discutiendo sobre alguna de las tendencias inherentes a la teoría de Piaget cuando uno de los estudiantes preguntó: "¿Por qué tengo que estudiar y recitar teorías de Piaget todo el año, cuando usted me está diciendo que sus ideas no son pertinentes ni favorecen los intereses de los niños?" Toda la clase quedó en silencio, y Ryan se encontró "sopesando pensamientos para encontrar cuál podría ser una respuesta correcta" (p. 3). Describió cómo se contuvo físicamente mirando la puerta del aula para ver si cerca de ella había algún otro profesor, temerosa de que oyera su respuesta. Dijo entonces: "Para ser franca, no estoy segura de por qué casi todos nosotros insistimos en transmitir estas ideas a nuestros estudiantes" (p. 3).

Como Georgette, Ryan (1997) luchó con muchas cuestiones, en la base de las cuales estaba la subjetividad contradictoria. Como maestra (profesora), se entendía que ella presentaría un conocimiento ya dado por sentado como parte del curso. Al desafiar la posición adoptada, Ryan se salió del discurso, adoptando en cambio una posición contradictoria. Se mostró consciente de los riesgos, lo que queda indicado por su acción de mirar fuera del aula antes de hablar más. Se colocó entonces en el plan de cuestionar la enseñanza continua de ideas piagetianas particulares cuando se consideró que tales ideas eran contrarias a los mejores intereses de los niños.

Al declarar que "el programa de educación para maestros no necesariamente estaba presentándole [al estudiante] el conocimiento actualizado" (p. 13), Ryan se colocó en la posición de no defender a quienes eran responsables del curso. También se colocó en la posición de desafiar el *statu quo*, cuestionando lo incuestionable, es decir, cuestionando la aceptación de cierto conocimiento privilegiado. Ryan también sintió que no podía actuar de acuerdo con sus "propias convicciones de que gran parte del contenido de nuestro curso de educación para maestros exigía una revisión" (p. 13). Aunque estos pensamientos autorreflexivos indican dónde se sitúan los límites discursivos dentro de la academia, también indican lo que está en juego al adoptar una posición contradictoria.

Ryan indicó un entendimiento de las relaciones de poder que actúan en la academia y algunos de los efectos de las maneras contradictorias en que le fue fijada su posición, pero esto no debe hacernos pasar por alto la inversión emocional y el costo potencialmente alto de sus acciones. Las prácticas sociales prevalecientes iban en contra de la presentación de otras perspectivas, lo que mostraba a Ryan resistiendo los procedimientos y procesos aceptados en la academia, pero sin atreverse a hablar antes de mirar cuidadosamente por la puerta.

Conclusión

Desde una perspectiva teórica, la conceptualización de la subjetividad contradictoria o de las identidades múltiples tiene relativamente pocas complicaciones. El punto significativo es que teorizar acerca de qué opción elegir, si ser un cálido exigente o un alimentador con autoridad, es la parte más directamente accesible. Lo difícil consiste en poner en acción la teoría: ¿qué costo personal y profesional tienen que pagar las personas que están tratando de adoptar posiciones distintas de las aceptadas y que ya se dan por sentado? ¿Vale la pena intentarlo? ¿Tendrán los participantes la fuerza necesaria para pagar los costos personales y profesionales de ser considerados por sus colegas como personas tercas, difíciles de manejar y dadas a cuestionarlo todo? Una cierta comprensión de la confusión y del conflicto soportados por Georgette (Miller, 1992) y Ryan (1997) se hace evidente en los breves fragmentos de sus relatos.

Una perspectiva teórica posestructuralista feminista per-

IDENTIDAD Y CONFLICTOS CULTURALES

mite una reconciliación entre las dos posiciones aparentemente dispares, la del cuidador como defensor y como cálido alimentador. Los fragmentos nos dan un atisbo de las complejidades y del torbellino emocional que a menudo ocurren al desafiar los modos de hacer las cosas que se han dado por sentados. Hay maneras en que los profesionales de la educación temprana pueden ser, a la vez, cálidos exigentes alimentadores y con autoridad sin sentir que están comprometiendo su defensa de los infantes o la práctica apropiada para el desarrollo. Asimismo, hay maneras en que los profesionales de la educación temprana pueden desafiar los modos aceptados de hacer las cosas, adoptando otros enfoques. Sin embargo, adoptar otros enfoques implica un enorme costo emocional, personal y profesional. Como educadores de maestros, podemos dar a los estudiantes oportunidades de pensar en una subjetividad contradictoria, dándoles ejemplos de nuestra disciplina y ofreciéndolos para su análisis y discusión. En relación con este capítulo, algunos ejemplos incluyen lo siguiente:

1. Analice el concepto de cálido exigente. Considere si sus estudiantes piensan que esto es posible y cómo pueden lograr lo que consideren un buen equilibrio entre ser alimentador y poseer autoridad. ¿Qué costos personales puede exigir esto?

2. Anime a sus estudiantes a hablar con los maestros de la educación temprana que ellos conozcan y que hayan estado luchando por hacer cambios o por adoptar perspectivas diferentes de las consideradas habituales en la educación temprana. Piense en las limitaciones institucionales, en la inversión emocional y en los riesgos personales y profesionales que esto implica. Analice cómo estos maestros pueden haberse abierto paso por tales cambios, dadas las limitaciones y riesgos inevitables.

3. Analice la importancia de que los profesionales de la educación temprana estén dispuestos a interpretar las cosas desde puntos de vista más esclarecidos.

La ventaja principal de examinar y tal vez de adoptar diferentes modos de conocer y de actuar parecería ser que el interpretar desde puntos de vista más esclarecidos ofrece maneras conducentes a la renovación personal, profesional y cultural (Greene, 1988).

REFERENCIAS BIBLIOGRÁFICAS

Beck, R., *It's time to stand up for your children: A parent's guide to child advocacy*, Washington, D. C., Children's Defense Fund, 1979.

Best, S., y D. Kellner, *Postmodern theory: Critical interrogations*, Londres, Macmillan, 1991.

Bredekamp, S., *Developmentally appropriate practice in early childhood programs serving children from birth through age 8*, Washington, D. C., National Association for the Education of Young Children, 1987.

——, y C. Copple, *Developmentally appropriate practice in early childhood programs serving children from birth through age 8* (edición revisada), Washington, D. C., National Association for the Education of Young Children, 1997.

Caldwell, B., "Advocacy is everybody's business", *Child Care Information Exchange*, 54, 1984, pp. 29-32.

Dimidjian, J., *Early childhood at risk: Actions and advocacy for young children*, Washington, D. C., National Education Association, 1989.

Fennimore, B. S., *Child advocacy for early childhood educators*, Nueva York, Teachers College Press, 1989.

Foucault, M., *Discipline and punish: The birth of the prison* (trad. A. Sheridan), Harmondsworth, Inglaterra, Penguin, 1977.

Gnezda, M. T., "Welfare reform: Personal responsibilities and opportunities for early childhood advocates", *Young Children*, 52 (1), 1996, pp. 55-58.

Goffin, S., y J. Lombardi, *Speaking out: Early childhood advocacy*, Washington, D. C., National Association for the Education of Young Children, 1988.

Greene, M., *The dialectic of freedom,* Nueva York, Teachers College Press, 1988.

Lindamood, J. B., "Teachers as child advocates: A continuum of involvement", *Day Care and Early Education,* 22 (4), 1995, pp. 23-24.

Mac Naughton, G., "Improving our gender equity tools: A case for discourse analysis", en N. Yelland (ed.), *Gender in early childhood,* Londres, Routledge, 1998, pp. 149-174.

Mallory, B. L., y R. S. New, *Diversity and developmentally appropriate practices: Challenges for early childhood education,* Nueva York, Teachers College Press, 1994.

Miller, J., "Teachers, autobiography, and curriculum: Critical and feminist perspectives", en S. Kessler y B. B. Swadener (eds.), *Reconceptualizing the early childhood curriculum: Beginning the dialogue,* Nueva York, Teachers College Press, 1992, pp. 102-122.

Pinar, W. F., W. M. Reynolds, P. Slattery y P. M. Taubman, *Understanding curriculum: An introduction to the study of historical and contemporary curriculum discourses,* Nueva York, Peter Lang, 1995.

Rodd, J., *Leadership in early childhood: The pathway to professionalism,* St. Leonards, NSW, Allen & Unwin; Nueva York, Teachers College Press, 1994.

——, "Learning to develop as early childhood professionals", *Australian Journal of Early Childhood,* 22 (1), 1997, pp. 1-5.

Ryan, S., *Rethinking the developmental foundations of early childhood teacher education,* trabajo presentado en la Conferencia Nacional de la Asociación Australiana por la Educación Temprana, Melbourne, septiembre de 1997.

Simons, J., *Administering early childhood services,* Sydney, Southwood Press, 1986.

Weedon, C., *Feminist practice and poststructuralist theory* (2ª ed.), Oxford, Basil Blackwell, 1997.

V. CUENTO RECONSTRUIDO ACERCA DE LA INCLUSIÓN DE UNA FAMILIA LÉSBICA EN UN SALÓN DE CLASES DE LA PRIMERA INFANCIA

JANICE KROEGER

EN ESTE capítulo me valgo de una serie de acontecimientos de mi labor docente para transmitir la disonancia creada por varios conflictos apremiantes. Voy a señalar las recomendaciones pedagógicas citadas en la investigación, teniendo como antecedente la complejidad social representada por la comunidad de un aula rural. Explicaré los papeles que adopté como educadora profesional, en contraste con los de los padres, quienes eran expertos locales imbuidos de una comprensión incomparable de su propia comunidad. Se utilizan aquí el conflicto pedagógico y las identidades y la conducta interactivas o cambiantes de maestros, niños y padres para reinterpretar diversos acontecimientos. El producto final es un marco engañosamente sencillo dirigido a transmitir una serie de problemas epistemológicos que, por entonces, no parecían tener soluciones completas y mucho menos perfectas.

Narraré la historia de un niño de mi clase llamado Caleb. Es lo que podría llamarse un "niño histórico" (Graue y Walsh, 1998). Caleb aparece fijado en un movimiento educativo controvertido y en evolución, que ha sido enfocado por la cambiante bibliografía sobre este ámbito. En este ensayo revelo mi preferencia bisexual porque creo que ello me permitió comprender la tensión que la pareja lésbica a la que Caleb reconocía como sus padres experimentó al representarse en nuestra escuela. Al revelar mi posición de maestra en este capítulo, puedo señalar los desafíos a los que se enfrentan los maestros cuando desarrollan programas escolares socialmente justos. Al escribir este capítulo, pude entender mejor a Caleb y a sus padres, Joan y Bobbie. Con ambas, sostuve conversaciones telefónicas acerca de los hechos. Me ayudaron mientras yo trataba de desarrollar esta narración.

EN BUSCA DE LA BIBLIOGRAFÍA: INCLUSIÓN DE LA FAMILIA
HOMOSEXUAL/LÉSBICA

La bibliografía sobre el programa contra los prejuicios (Derman-Sparks, 1989) desafió particularmente a los educadores a que expandieran las ideas de los niños sobre la identidad y a que contrarrestaran el racismo, el sexismo, las incapacidades, el clasismo y la homofobia que se manifiestan en la educación temprana. Cuando los educadores adaptan sus enseñanzas para resistir ante el prejuicio, se cree que los niños, a su vez, resisten ante los prejuicios personales y los de sus compañeros (Derman-Sparks, 1989; Curriculum Rainbow descrito en Miller-Lachmann y Taylor, 1995; *Starting small: Teaching tolerance in preschool and the early grades* tomado de Southern Poverty Law Center [SPLC], 1997). Estas tres fuentes informativas, fáciles de conseguir, reflejan una visión de la educación temprana como un arma en pro de la justicia social, como un ciclo en que se pide a maestros y alumnos que cambien sus "cosmovisiones" de los hechos, su modo de verse recíprocamente unos a otros (Adams, Bell y Griffin, 1997), y que cambien las estructuras opresivas en el aula.

Es importante observar que al menos dos instrumentos pedagógicos subyacen en el programa antiprejuicios: el Curriculum Rainbow, y *Starting small: Teaching tolerance in preschool and the early grades*. En primer lugar, el enfoque de cada programa escolar se basa en discusiones e interacciones complejas entre los individuos en el aula, como actividad importante para el cambio del individuo y del grupo y para la acción social. Las discusiones básicas iniciadas por los maestros deben reflejar a la población cada vez más diversificada de las escuelas y las contribuciones incomparables que una serie de personas puede hacer a las comunidades. En las discusiones se satisfacen las necesidades cada vez más complejas de los niños conforme éstos desarrollan la capacidad de pensar con espíritu crítico, de actuar y de responder de manera responsable a otros que pueden ser o no ser similares a ellos (SPLC, 1997). En segundo lugar, en esas perspectivas socialmente justas se insiste en dar imágenes de diversidad a los niños. Por ejemplo, ver a otros niños en unas disposiciones familiares poco comunes puede dar al grupo un reflejo de varias realidades vividas. Un texto bastante reciente, *Valuing diversity: The primary years* (Brown McCracken, 1993), explica que los niños que menos probablemente vean imágenes similares a las de sí mismos son los niños de color; los que son pobres, los que carecen de hogar o padecen discapacidades, y aquéllos cuyas familias contradicen las opiniones dominantes. En sus recomendaciones, el estudio subraya que los niños necesitan ver imágenes de su propia experiencia (Brown McCracken, 1993).

Los debates acerca de la sexualidad surgieron de materiales particulares para la educación temprana a finales de los años ochenta y comienzos de los noventa, combinados con discusiones sobre la justicia social. Asimismo, algunos textos de educación multicultural revelaron cambios sutiles, tanto en *inclusiones* como en *representaciones* de la identidad sexual. Los temas de algunos textos multiculturales vincularon sus preocupaciones por lo homosexual/lésbico/bisexual y transgenérico (GLBT) a asuntos como la preferencia sexual o los factores que incluyen la diversidad cultural, la orientación sexual y la enseñanza para la diversidad (Cordeiro, Reagan y Martínez, 1994). Recursos multiculturales disponibles enlazaron las cuestiones de individuos GLBT y escuelas en textos dedicados a los grupos oprimidos (Sleeter y Grant, 1994).

En cambio, los textos sobre las relaciones entre el hogar y la escuela no dieron atención a las familias homosexuales y lésbicas hasta muy avanzados los años noventa. El estatus racial, de clase, marital y lingüístico ha sido, a lo largo de la historia, sumamente explícito (Balster-Liontos, 1992; Epstein, Coates, Salinas, Sanders, y Simon, 1996; Graue, 1993; Lareau y Horvatt, 1999; Reglin, 1993; Swap, 1993), pero se ha hecho poca referencia a la presencia de familias encabezadas por gays o lesbianas. Más recientemente, los estudios sobre el hogar y la escuela han identificado a las familias lésbicas y gays bajo una más numerosa rúbrica de diversidad (Fuller y Olson, 1998). La familia gay/lésbica se ha descrito como "conspicua y más numerosa,... controvertida" (p. 25), y plagada por "una vacilación sociológica por considerarla como familia" (p. 45). Este estudio reciente sugiere que el personal directivo y el docente no deben "hacer juicios, y sí estar abiertos a la participación de la familia, aun cuando sea una familia no tradicional" (Warner, 1998, p. 30).

Además de estos recursos, se enfocó más plenamente una forma de educación sexual en un corpus bibliográfico muy específico que incluyó toda una gama de edades de los alumnos y de contextos educativos en la segunda mitad de los años noventa. Por entonces se inició una investigación que promovía los enfoques de la enseñanza que daban "voz" a la compleja realidad social de niños y de maestros (Clay, 1990; Silin, 1995). Gran parte de esta investigación sugería que los maestros tendrían que atender las preocupaciones por la orientación sexual y por los alumnos que llegaran desde más temprana edad, así como cuestiones de notabilidad tratadas por las familias gay/lésbicas (Casper, Cuffaro, Schultz, Silin y Wickens, 1996). Más generalmente, los investigadores predijeron que la preparación de maestros para las escuelas primarias y las *high schools* se volvería cada vez más compleja en lo tocante a la educación sexual y al papel del maestro (Hulsebosch y Koerner, 1997; Sears, 1994). Por último, muy recientemente se ha teorizado sobre la intersección de la vida de la familia gay/lésbica y la experiencia escolar (Casper y Schultz, 1999).

Busqué en la bibliografía los dilemas a los que me había enfrentado al enseñar a Caleb (de cuatro años) y al trabajar con su familia. La perspectiva del presente histórico en la bibliografía desde comienzos de los años noventa coincide con la época descrita en este relato; sin embargo, nuestra situación no coincidió del todo con ninguna de las nuevas recomendaciones de la bibliografía reciente.

NUESTRA HISTORIA DE INCLUSIÓN

El programa antiprejuicios y la ideología multicultural me dieron un elemento unificador para la muy variada comunidad de niños (de entre tres y seis años) que eran mis alumnos. Mientras que otras maestras desarrollaban unidades fundamentadas en torno a las festividades tradicionales y los conceptos generales europeo-estadunidenses, mi colega Phyllis y yo intercambiamos puntos de vista y convinimos en aplicar un programa multicultural o antiprejuicios. Intentamos mostrar a los niños una multiplicidad de imágenes raciales, intergeneracionales, de capacidades y de clase social. Nuestro mensaje a los niños acerca de las familias fue que todas éstas eran distintas, pero que en la clase aceptaríamos y hablaríamos acerca de las variaciones de la familia y trataríamos de comprenderla. Nos apoyamos sobre todo en libros, juguetes y carteles bien seleccionados que podrían dar pie a una actitud incluyente. Mientras colocábamos imágenes de las familias más típicas, descubrí que faltaban imágenes, comercialmente accesibles, que mostraran a familias lésbicas o gays. Así, encontré y coloqué recortes de periódicos de dos varones adultos con un niño o de dos mujeres adultas con uno o dos niños. Durante los ocho años en que impartí clases, los niños nunca dijeron que no a mi pre-

UNA FAMILIA LÉSBICA EN UN SALÓN DE CLASES 123

gunta de si esta disposición podía ser, o no, una familia. Nuestras prácticas no representan un programa transformacional, pero se les podría describir como un enfoque aditivo o de contribuciones (Banks y Banks, 1993, en Miller-Lachmann y Taylor, 1995). Sin embargo, estas prácticas nos dieron un fundamento sobre el cual llegué a comprender de manera diferente los conceptos de "activismo" y de transformación en el aula.

La reunión con Caleb

JOAN: ¿Quieres decir que ya sabías de nosotras antes de que llegaras al aula? Eh, ¡espera un momento! ¿Cómo llegaste a saber de nosotras, si nosotras no sabíamos de ti? ¿Qué sabías de nosotras antes de llegar aquí a enseñar? (conversación telefónica con Bobbie y Joan, verano de 1997).

Cuando iba yo a empezar mi sexto año de enseñanza me dijeron que tendría como alumno a Caleb, niño de cuatro años cuyo hermano mayor, Jonathan, estaba en la misma escuela. La madre de Caleb, Joan, había traído a sus dos hijos al mundo mediante inseminación artificial. Joan tenía su propio negocio y pasaba mucho tiempo en la escuela haciendo labor como voluntaria. En toda su documentación y en persona Joan se declaraba madre soltera. Pero Bobbie, mujer de edad mediana, también formaba parte de la vida de los niños. Me enteré, por medio de mi supervisor, de que Bobbie compartía su casa con Joan y con los niños, y que era maestra de segundo grado.

Mi primera interpretación de la idea de Joan de declararse madre soltera fue que había tomado la decisión de ocultar la identidad de una familia lésbica. Anhelaba empezar a trabajar con Caleb y planear elementos específicos del programa que reflejaran la unicidad de la vida familiar de Caleb. Compré el libro *Heather has two mommies* [*Heather tiene dos mamitas*] (Neuman, 1989) con la intención de emplearlo en el aula.

El mundo de Caleb

JOAN: Sé que no entendiste cuando traté de explicarte cómo eran las cosas aquí. Si vas a contarlo, ¡al menos, cuéntalo bien! Ellos [la comunidad] lo sabrán de una manera u otra.

En el salón de clases, durante la presentación de un proyecto de alfabetización por medio de collages en que se mostraba cómo venían los niños a la escuela, Caleb me dijo en voz baja que su mamá lo llevaba. Esto lo anoté en su proyecto. Luego, al ver el montón de recortes de vehículos, me comentó que Bobbie también "tenía un camión". Caleb hizo un segundo collage y me comentó que "Bobbie tenía una pistola". Yo asentí. Entonces, con sensatez, añadió que "Bobbie también cuida los caballos, y el de ella se encabritará". En sus primeros días de escuela, Caleb se comunicó continuamente conmigo y confirmó la idea de la supervisora de que Bobbie era una figura poderosa en su vida. Más avanzada la semana, Joan me devolvió el collage con *la ortografía correcta del nombre de Bobbie* —y no el de "Bobby", como suele llamarse a los varones— Yo añadí esto en la exposición del vestíbulo, con todos los demás recortes.

Durante las primeras semanas de clases noté que Joan se mantenía distante, desviando la mirada, y que Caleb también guardaba silencio. Empecé a sospechar (sobre la base de la frialdad de Joan hacia mí, cuando llegaba con el niño y cuando lo recogía) que yo le parecía indiferente, fuese como maestra de Caleb o como potencial aliada de la familia. Después de varias semanas en que la saludé, de sonrisas e informes detallados sobre los progresos de Caleb, le sugerí que me gustaría conocerlos mejor en una visita.

El libro *Heather has two mommies* seguía en mi bolsa. Me pregunté si sería apropiado que *ellos* leyeran este libro como familia, en lugar de que yo lo leyera ante todos en el salón. Me pregunté *cómo* hablaba Joan a los niños acerca de Bobbie y de su relación. Me imaginé que si Caleb veía que su madre no se mostraba amable conmigo, su primera maestra, esto podría perjudicar su ulterior confianza en otras maestras de la escuela. Y, fundamentalmente, ¿cómo la interpretación que diera Caleb de su familia llegaría a compararse *a sus ojos* con el valor de las familias de los otros niños? Llegué a la conclusión de que lo que se estaba volviendo una dinámica socialmente confusa para mí podría serlo más aún para Caleb. Me pregunté lo que esta experiencia familiar cerrada podría causar, con el tiempo, a Caleb, a su hermano y a la cohesión de Bobbie y de Joan como familia unida. Joan estuvo de acuerdo en que yo fuera a visitarlos a su casa.

Mientras iba de visita a un hogar que era de ingresos medios y cristiano fundamentalista, a otro donde se vivía en constante pobreza y luego a la casa de Caleb, me maravillé ante los contrastes que había entre cada niño y las situaciones familiares en nuestras propias aulas. La casa de Caleb era amplia y contenía muchos espacios para juguetes, una alberca y un establo con caballos. Me enteré que algunos niños tenían muchas cosas materiales de las que carecían otros de nuestra aula. Además, si bien Caleb y su hermano no siempre se llevaban bien a ojos de su madre, habitualmente sí se entendían. También entendí que la presencia física y emocional de Bobbie era esencial para que funcionara la familia. En particular, supe que Bobbie ayudaba a Jonathan a aprender a leer, llevaba a los niños a la escuela dominical y, en palabras de Caleb, "iba de compras en lugar de mamita, cuando mamita estaba cansada". En una pared había un cuadro de la familia, y sobre la chimenea chucherías de "Bobbie y Joan". Por añadidura, me enteré de que los vecinos no permitían que sus hijos recorrieran una corta distancia para jugar con estos niños, quienes por lo tanto "se bastaban por sí mismos". También me enteré de que habían apedreado su casa y de que, tiempo atrás, unas personas del pequeño pueblo cercano, a quienes Joan y Bobbie no conocían, las habían insultado.

Actuando en relación

JOAN: Yo supe [que usted era] distinta cuando preguntó eso acerca del prejuicio.

Después de esta visita a la casa de Caleb, reinterpreté lo que podía significar para Joan y Bobbie hacer algo más que seguir como una silenciosa presencia en esta comunidad. Mi impresión de esta familia es que ofrecía a sus hijos un ambiente seguro y una vasta gama de actividades que incluían natación, gimnasia, actividades de scout y T-ball. La división de las responsabilidades hogareñas y económicas, así como el clima emocional entre Bobbie y Joan, parecían reflejar lo que todos los educadores quisieran esperar de las familias de los niños. Y sin embargo, paradójicamente, la conducta tan funcional que a mí me parecía necesaria para el desarrollo de Caleb era precisamente lo que Joan y Bobbie parecían estar ocultando al ámbito escolar. Me enteré de que hacerse menos visibles como familia ante la escuela era una medida de prudencia. Bobbie llamaba a esto "no hacerse notar". En su caso, no hacerse notar significaba evitar preguntas de la gente, manteniéndose aparte. Aunque mantenerse aparte no les permitía tener relaciones cercanas con la comunidad escolar, sí les permitía eliminar todo contacto potencial con personas que no pudiesen resultar dignas de confianza.

Tuve que reflexionar si, con mi presencia en la escuela, estaba yo haciendo más vulnerable a la familia de Caleb. Mi inclinación a aprovechar la presencia de la familia de Caleb como una actividad importante para educar a otros acerca de esta familia lésbica parecía ridícula ante la abierta hostilidad descrita por Joan. Conocer a Bobbie y a Joan me hizo cuestionar mis ideas de lo que sería mejor para Caleb (y para mí misma) bajo circunstancias propicias para una reacción homofóbica de la comunidad circundante. Sopesé las muchas posibles consecuencias sociales de representar a la familia de Caleb ante los demás niños. En este caso, presentar imágenes de Bobbie y de Joan como pareja podría haber violado su propio código de conducta, el cual tenía el propósito de proteger a Caleb y a su hermano y, además, a ellas. Los momentos pasados con la familia de Caleb no coincidieron con mi interpretación de la enseñanza antiprejuicios. Me cuestioné a mí misma sobre mi condición de maestra identificada con mujeres lesbianas. Mis ideas básicas acerca de mi papel como profesional de la educación temprana dieron un vuelco, y, ante todo, hice a un lado mi intención de aproximarme a la familia de Caleb y presentarla a otros en esta escuela y en esta comunidad. Me hice preguntas sobre la prudencia de mis acciones pasadas en que yo había representado, simbólicamente, imágenes de una pareja del mismo género a niños, en contraste con esta situación paradójica pero real en que la familia lésbica que yo me proponía apoyar deseaba, por el contrario, mantenerse invisible. La presencia de Bobbie y Joan me hizo vulnerable en formas que no había conocido antes como maestra bisexual. Cada día me sentía yo más incómoda al desarrollar o aplicar un programa dinámico y socialmente reflexivo para los niños.

Un intercambio de incomodidad

JOAN: La gente siempre está preguntando: "¿Quién es usted?" Desde el personal de la escuela dominical cuando ella los lleva...
BOBBIE: Yo siempre los llevo. Y les digo: "Soy Bobbie".
JOAN: Y dicen: "Sí, pero, ¿quién es usted?"
BOBBIE: ¡Lo preguntan sus maestros! "¿Quién es usted?" ¿Puede usted creerlo? ¿Sabe usted que tengo que llevar un aviso de Joan para recogerlos? ¿No es una estupidez? No puedo creerlo; ¡tengo que llevar un aviso! He estado con estos niños desde que nacieron. Les cambié los pañales, y tengo que llevar un aviso. ¡Soy Bobbie!

"¿Es usted su abuela?" No, soy Bobbie. "¿Es usted su tía?" No, ¡soy Bobbie! Cada quien debe tener una categoría. Se trata de tener categorías. Ellos no la tienen, no pueden encontrarla ni pueden inventarla. Los niños no necesitan una categoría. A veces uno de ellos se me acerca, me echa los brazos al cuello y me dice: "Me alegra que tú seas mi Bobbie".

Después, en el salón de clases, no quería yo que Caleb pensara que había algo malo en él o en su familia por el papel de Bobbie. En el salón le dije a Phyllis y a nuestra ayudante, Mary Beth, que no sabía yo qué experiencias tenía el hermano de Caleb en la escuela o lo que ocurriría en los años siguientes, pero que hablaríamos objetivamente a Caleb acerca de su familia; lo haríamos con frecuencia y sin un juicio negativo implícito. Traté de entablar conversaciones precisas y apropiadas con Caleb, pero descubrí que también allí estaba equivocada. Por ejemplo, en una plática con Caleb y sus compañeros acerca de los padres, le comenté al niño que él no tenía un papá, pero que tenía a Bobbie. Él me sacó de mi ignorancia diciendo: "Sí tengo un papá, todo el mundo tiene un papá". Comprendí entonces que Bobbie y Joan estaban educando a Caleb mejor de lo que yo podría esperar. Y le dije: "Tienes razón, Caleb, todos tienen un papá; el tuyo no vive contigo". Caleb asintió, satisfecho de ver que por fin había yo entendido.

BOBBIE: A veces los niños hablan acerca de tener un padre, y cuando eso ocurre tratamos de hacer todo lo que un padre haría con ellos, construir esa casita en el árbol, ir a pescar. A Caleb le encanta pescar...
JOAN: Pero cuando les recuerdo que si tuvieran un papá no podrían tener a Bobbie, eso pone punto final a la conversación.

Durante los primeros meses de ese año, pese a mi preocupación, seguí escuchando a Caleb y seguí hablando con él.

Observé que parecía más tranquilo y activo. Había elegido unos cuantos amigos y empezaba a interesarse en escribir su nombre por primera vez.

El libro *Heather has two mommies* seguía en mi estante. En aquellos primeros meses, mi entusiasmo por enseñar se desvaneció ante lo que consideré un compromiso importante de una de mis ideas básicas sobre la práctica (que los alumnos debían ver *imágenes* realistas de sí mismos y de otros como ellos). Dudé de lo conveniente de mi presencia al enseñar y empecé a "hablar poco" en nuestro programa. Durante la clase dedicada a la "familia" (característicamente, un tema favorito mío y de los niños) opté por asumir un papel de apoyo. Phyllis representaba con precisión y objetividad a la familia de Caleb. Tengo la idea de que la posición de Phyllis como divorciada heterosexual de mediana edad le permitió encontrar la neutralidad que existe al informar de las realidades sociales de los niños. Me agradó este hecho, pero comprendí lo profundo de mi propia vulnerabilidad. En silencio, observaba yo la lección de Phyllis y consideré que las circunstancias de Bobbie y de Joan eran, ahora, las mías. No me sentía segura dando clases, y decidí guardar silencio ante una mucho mayor opresión sexual interna, estructuralmente causada.

Invitando a Bobbie

Los niños empezaban a hablar de la próxima Open House* de nuestra escuela, que se llevaría a cabo en octubre. Ante la mesa de juego, varios de ellos estaban hablando sobre quiénes asistirían a la celebración y ofrecían información sobre los miembros de su familia; Caleb, tranquilo pero resueltamente, afirmó que Jonathan y su mamá acudirían a la fiesta, pero Bobbie no. Cuando le pregunté por qué, me respondió que "simplemente

* La Open House (Casa Abierta) es una festividad anual en que se abren las puertas de una escuela u otra institución a cualquier visitante. [T.]

esas cosas no le gustan". Le aseguré que si ella cambiaba de opinión sobre que "no le gustaban" las Open Houses, querríamos verla allí. Ese día, le comenté a Joan que yo sabía que ella se declaraba madre soltera, pero que si Bobbie decidía participar en la Open House sería bienvenida. Por varios días seguí hablando con Caleb acerca del hecho de "invitar a Bobbie", pero sentí incomodidad, ambigüedad y duda.

Las palabras que usé con Caleb y mi ambigüedad mantenían las puertas abiertas para Bobbie, y para mí eran un claro recordatorio de que yo podía dejar la enseñanza si así lo deseaba. Día tras día salía yo de la escuela sintiéndome incómoda, sabiendo que lo que estaba haciendo parecía reinscribir los muy heteronormativos conceptos de familia y de sexualidad que yo deseaba cambiar para Caleb y su generación de condiscípulos. Sentía que me aplastaba la poderosa fuerza de una silenciosa pero auténtica opresión de la sexualidad. Me pregunté si Bobbie y Joan se sentirían algún día cómodas compartiendo su relación en la escuela. Y sentía que mi integridad como maestra de educación temprana disminuía a la luz de mis creencias y de mis anteriores prácticas.

La Open House de la escuela

BOBBIE: Creo que usted le ha dado confianza en sí mismo. Me ha perseguido en formas que no había hecho nunca. Fue como si yo estuviera de pronto en el programa de Caleb. Con Jonathan, yo no estaba en su programa, pero con Caleb fue como si su confianza aumentara, y no me dejó salirme con la mía en el caso de esa Open House.

La noche de la Open House, la escuela estaba llena a toda su capacidad. En pleno caos, Caleb entró orgullosamente del brazo de Bobbie. Ella se presentó ante mí, brevemente, y luego él se la llevó. Más avanzada la noche, invitamos a todo el mundo para unos juegos en el gimnasio. En un momento dado, los niños y sus familias corrieron, uno a la vez, bajo el paracaídas. Entre todos, levantamos el paracaídas para que los grupos familiares tomaran sus turnos. Para gran alegría de mi parte, Joan, Caleb, Jonathan y Bobbie participaron, mostrando una sonrisa de orgullo.

La Open House se volvió un lugar en que Caleb y su familia lésbica pudieron coexistir con otro tipo de familias. En ese momento volví a creer en la enseñanza como algo socialmente transformacional.

BOBBIE: Ahora es más difícil disimular. Desde aquel año, el año preescolar de Caleb, me han hecho saber que quieren verme en la Open House. Desean mostrarme esto y aquello. Ahora los niños también me quieren allí. Desde entonces, no he faltado a una sola Open House. Es como si tiraran de mí. Yo no estaba allí, y sucede que ya estoy allí.

JOAN: ¿Pero fueron ellos los que no te dejaron entrar todos esos años en la Open House, o fuiste tú?

Un final inconcluso

Varias semanas después de la Open House, en una comunidad distante se inauguró una nueva área para la niñez, a la cual me enviaron. Al despedirme, Caleb y Joan me entregaron, a manera de presente, varias velas púrpuras hechas a mano, con una tarjeta firmada también por Bobbie. Vi rodar las lágrimas silenciosas de despedida de Joan, y logré controlar mi propia tristeza y frustración. Me asombró ver hasta dónde parecíamos haber llegado unidas. Yo había llegado más allá de una ingenua interpretación de las realidades a las que Bobbie y Joan se enfrentaban en su vida cotidiana, y me pareció que Joan había recibido una nueva experiencia de la maestra que tuvo como aliada.

¿Cuál es la práctica socialmente justa para familias gay/lésbicas?

El libro *Developmentally appropriate practice in early childhood education programs* (Bredekamp y Copple, 1997) pide a los educadores que tomen decisiones "profesionales" basados en su "conocimiento de los contextos sociales y culturales en que viven los niños, para asegurar que sus experiencias de aprendizaje sean significativas, relevantes y respetuosas de la participación de los niños y de sus familias" (p. 9). La obra insiste en que demos confianza en sí mismos a los niños, que conozcamos bien a cada uno, que formemos un grupo unido y que llevemos el lenguaje y la cultura del niño a la escuela. Señala que debemos desarrollar relaciones con sus familias, escuchar atentamente lo que dicen los padres acerca de sus hijos, tratar de comprender las metas y preferencias de los padres, y respetar las diferencias de cultura y de familia. Sin embargo, en el texto no se hace ninguna referencia específica a las familias encabezadas por gays/lésbicas.

La serie de declaraciones en cuanto a posición que integra el libro de Bredekamp y Copple (1997) sugiere que existe una vasta gama interpretativa en el discurso dominante sobre la educación temprana para reconocer las complejas realidades familiares de los niños, que pueden incluir a las familias gays y lésbicas. Sin embargo, sin recomendaciones específicas o un lenguaje explícito que las incluya, existe una ambigüedad acerca de la responsabilidad de un maestro con el niño de una familia gay o lésbica. Existe la posibilidad de que dentro de un aula de la primera infancia choquen las culturas de cada familia; difieran considerablemente los deseos expresados de los padres para sus hijos; y que la familia gay/lésbica quede oculta bajo una capa de silencio y secreto. Es probable que a menudo la familia gay/lésbica se vea sometida a las vulnerabilidades que padeció la familia de Caleb. Quienes hacían de padre y madre de Caleb decidieron ocultar su identidad en la escuela ante el temor, muy comprensible, de sufrir represalias públicas en la comunidad. Y al hacerlo, se hicieron invisibles como unidad familiar funcional para mí (la primera maestra de su hijo) y para otros (los otros padres y los otros maestros). En esta narración se tomaron decisiones en relación con variables culturales, fenómenos de la comunidad, tranquilidad personal, prácticas generales de la escuela y las necesidades individuales de Caleb y su familia. Como maestra, ¿sabía yo quién y qué identidades deseaban Bobbie y Joan para sí mismas y para sus hijos? ¿Necesitaban obtener apoyo de la escuela para su familia, o ese apoyo para la familia de Caleb era necesario para su propio crecimiento y desarrollo emocional y social? ¿Deseaban Bobbie y Joan el reconocimiento que pensé yo que debían recibir para legitimar a su familia? ¿Cómo los familiares de Caleb le dieron información y capacidad para enfrentarse a las circunstancias de su familia lésbica, y fueron más efectivas estas capacidades que las que yo pude dar a Caleb como maestra suya? ¿Debí representar a Caleb y a su familia en las formas simbólicas de los cuentos infantiles para legitimar su existencia, o iba yo a reinscribir prácticas heteronormativas si no lo hacía? ¿Cómo lograr que se representara a Caleb y a sus padres sin el apoyo de la escuela, bajo la forma de políticas inclusivas? ¿Cómo formamos Phyllis y yo, juntas, un programa y actuamos en formas que permitieran a Bobbie acudir a nuestra Open House? ¿De qué manera fue ésta una práctica socialmente justa que ninguna de las dos habría podido hacer por sí sola?

Las ideas de presentar la familia de Caleb a otras en la escuela acabaron por ser abandonadas. Por medio de la relación del hogar y de la escuela, recibí informes de los pasados prejuicios homofóbicos de la comunidad. Reconocí que Caleb necesitaba ver un apoyo a la disposición de su familia y a su relación con Bobbie, y esto se sobrepuso a mi deseo de educar a otros acerca de la familia de Caleb. Mi papel de educadora en el caso de Caleb me obligó a fomentar la relación positiva que él ya tenía con Bobbie. Esto me exigió hacer ver a Joan las valiosas contribuciones que cada una hacía a la vida de sus hijos. Aunque me sentí obligada a representar imágenes visuales y a hablar a todo el grupo acerca de la familia lésbica de Caleb, no me sentí obligada a hablar abierta y francamente con el niño en lo personal. Aunque las limitaciones culturales que yo sentía como profesora identificada con las lesbianas me prohibieron emplear imágenes visuales con Caleb y con los otros niños, no fue el caso de mi amiga y colega heterosexual Phyllis.

Al volver a presentar este relato de mi experiencia docente, se me ocurre que la representación y el activismo pueden adoptar muchas formas que dependen del contexto. El manifiesto disfrute de Bobbie y de Joan y su participación en la Open House me enseñaron que las acciones "dialécticas" eran tan eficaces, si no es que más, como las "representacionales" (Morris, 1994). Es decir, nuestras continuas conversaciones y modificados procesos mentales ofrecieron un poderoso marco a la acción social, lo cual nos ayudó a instigar un cambio social. Este enfoque pareció mejor que el de ofrecer relatos e imágenes. Esta historia de inclusión me sugiere que las cosmovisiones (Adams, Bell y Griffin, 1997) de los participantes en cualquier acontecimiento que transforme la enseñanza se modifican tanto en lo externo como en lo interno.

Unas políticas escolares que incluyan a las familias gay/lésbicas pueden ser desarrollados proactivamente por grupos de maestros, alumnos, familias y administradores. El desarrollo de una filosofía proactiva hace menos vulnerables a las maestras. Las declaraciones de práctica en el aula describen cómo unas filosofías incluyentes son apropiadas, en lo individual y lo social, y educan a todos los padres acerca del tipo de discusiones que probablemente ocurrirán en las aulas para la educación temprana.

Además, las maestras podrán evaluar con espíritu crítico

su interpretación de los estilos de vida gay y lésbico, así como las maneras en que sus salones fomentan o prohíben la inclusión de una familia gay/lésbica. Las familias gays y lésbicas que deseen recibir apoyo del personal de la escuela para saber qué decisiones deben tomar como padres, acerca de sus relaciones y de la participación escolar, buscarán probablemente señales de inclusión en conversaciones y representaciones. Aunque las familias gays/lésbicas no siempre sean conspicuas para las maestras, el lenguaje incluyente (o excluyente), las políticas y la actividad de la escuela son evidentes para las familias gays/lésbicas e intensificarán (o disminuirán) su participación en la escuela.

[*Agradecimiento*. Para redactar este capítulo conté con el apoyo del Fondo de Desarrollo Profesional de la School of Education, la University of Wisconsin-Madison y el Spencer Research Training Program. La autora expresa su agradecimiento a la Escuela y asume toda la responsabilidad por el contenido del capítulo.]

REFERENCIAS BIBLIOGRÁFICAS

Adams, M., L. Bell y P. Griffin, *Teaching for diversity and social justice*, Nueva York, Routledge, 1997.

Balster-Liontos, L., *At-risk families and schools: Becoming partners*, University of Oregon, College of Education, 1992.

Banks, J., y C. A. Banks (eds.), *Multi-cultural education: Issues and perspectives* (2ª ed.), Boston, Allyn & Bacon, 1993.

Bredekamp, S., y C. Copple, *Developmentally appropriate practice in early childhood education programs serving children from birth through age 8* (ed. rev.), Washington, D. C., National Association for Education of Young Children, 1997.

Brown McCracken, J., *Valuing diversity: The primary years*, Washington, D. C., National Association for the Education of Young Children, 1993.

Casper, V., H. K. Cuffaro, S. Schultz, J. G. Silin y E. Wickens, "Toward a most thorough understanding of the world: Sexual orientation and early childhood education", *Harvard Educational Review*, 66 (2), 1996, pp. 271-293.

Casper, V., y S. R. Schultz, *Gay parents/straight schools: Building communication and trust*, Nueva York, Teachers College Press, 1999.

Clay, J., "Working with lesbian and gay parents and their children", *Young Children*, 45 (2), 1990, pp. 31-35.

Cordeiro, P., T. Reagan y L. Martínez, *Multiculturalism and TOE: Addressing cultural diversity in schools*, Thousand Oaks, Cal., Corwin, 1994.

Derman-Sparks, L., *Anti-bias curriculum: Tools for empowering young children*, Washington, D. C., National Association for the Education of Young Children, 1989.

Epstein, J. L., L. Coates, K. C. Salinas, M. G. Sanders y B. Simon, *Partnership 2000 schools manual: Improving school, family, community connections*, Baltimore, Johns Hopkins University, Center for Research on the Education of Students Placed at-Risk, 1996.

Fuller, M., y G. Olson, *Home-school relations: Working successfully with parents and families*, Boston, Allyn & Bacon, 1998.

Graue, M. E., "Social networks and home-school relations", *Educational Policy*, 7(4), 1993, pp. 466-490.

——, y D. Walsh, *Studying children in context: Theories, methods, and ethics*, Thousand Oaks, Cal., Sage, 1998.

Hulsebosch, P., y M. Koerner, "You can't be for children and against their families: Family diversity workshops for elementary school teachers", en J. T. Sears y W. L. Williams (eds.), *Overcoming heterosexism and homophobia: Strategies that work*, Nueva York, Columbia University Press, 1997.

Lareau, A., y M. Horvatt, "Moments of social inclusion and exclusion: Race, class, and cultural capital in family-school relationships", *Sociology of Education*, 72 (1), 1999, pp. 37-53.

Miller-Lachmann, L., y C. Taylor, *Schools for all: Educating children in a diverse society*, Albany, Nueva York, Delmar, 1995.

Morris, P., *The Bakhtin reader: Selected writings of Bakhtin, Medvedev, and Voloshnov*, Londres, Edward Arnold Hodder Headline PLC, 1994.

Neumann, L., *Heather has two mommies*, Boston, Alyson Wonderland, 1989.

Raglin, G., *At-risk "parent and family": School involvement strategies for low income families and African-American families of unmotivated and underachieving students*, Springfield, Ill., Charles C. Thomas, 1993.

Sears, J. T., "Challenges for educators: Lesbian, gay, and bisexual families", *The High School Journal*, 77, 1994, pp. 138-155.

Silin, J. G., *Sex, death, and the education of children: Our passion for ignorance in the age of AIDS*, Nueva York, Teachers College Press, 1995.

Sleeter, C., y C. Grant (eds.), *Making choices for multicultural education: Five approaches to race, class, and gender*, Columbus, Ohio, Merrill, Prentice-Hall, 1994.

Southern Poverty Law Center, *Starting small: Teaching tolerance in preschool and the early grades*, Birmingham, Alabama, Author, 1997.

Swap, S., *Developing home-school partnerships: From concepts to practice*, Nueva York, Teachers College Press, 1993.

Warner, C., *Everybody's house-the schoolhouse: Best techniques for connecting home, school, and community*, Thousand Oaks, Cal., Corwin, 1998.

TERCERA PARTE

IDENTIDADES RECONCEPTUALIZADAS:
CÓMO EXTENDER
LAS REPRESENTACIONES CULTURALES

VI. LA OBSERVACIÓN DE LA EQUIDAD Y LAS IMÁGENES DE JUSTICIA EN LA NIÑEZ

Sheralyn Campbell
y Kylie Smith

> Ésta es una época de multiplicidad y de diversidad súbitamente reconocidas. Se están haciendo oír voces largamente ignoradas o reprimidas, y muchas de ellas exigen que veamos las cosas desde sus perspectivas y reconozcamos las muchas maneras de definir lo que es "real".
>
> Maxine Greene,
> "Gender, Multiplicity and Voice"

Nuestro interés en la observación se relaciona con nuestro compromiso de explorar cómo nuestras prácticas de educación temprana intervienen en la manera en que la imparcialidad actúa en las vidas de los niños. Creemos que nuestras interpretaciones de la niñez (y de lo que significa ser niño) se formaron dentro de un contexto social, político e histórico (Ariès, 1962; Cleverly y Phillips, 1988; Dahlberg, Moss y Pence, 1999; Genishi, Ryan, Ochsner y Yarnall, en prensa; James, Jenks y Prout, 1998; Silin, 1995). Estas interpretaciones de la niñez son discursos que imbuyen nuestra atención, nuestras suposiciones, explicaciones y acciones de paradigmas teóricos particulares. De este modo, dos observadores pueden mantener imágenes opuestas de un niño porque sus discursos sobre la niñez (que están en pugna) determinan el modo en que su mirada enfoca al niño. Cada observador puede considerar que su verdad resume todo lo individual.

En este capítulo plantearemos preguntas acerca de cómo un discurso de observación tradicional actúa para favorecer y silenciar interpretaciones particulares de lo que es ser niño en un ambiente de la etapa temprana. Sugerimos que la mirada tradicional del maestro puede tener efectos no deseados sobre cómo opera la imparcialidad (o encuentra oposición) en el mundo social cotidiano de un centro de servicios para la niñez. Creemos que leer las observaciones desde diversas posiciones filosóficas puede abrir espacios perturbadores donde los maestros logren trabajar a fin de que la imparcialidad sea parte de la vida de los niños.

La observación del desarrollo tradicional

La observación del niño individual es interpretada como componente esencial de toda buena enseñanza en la educación temprana (Almy y Genishi, 1979; Arthur, Beecher, Dockett, Farmer y Death, 1996; Faragher y Mac Naughton, 1998; Katz y McClellan, 1987; Lambert, Clyde y Reeves, 1987; Veale y Piscitelli, 1994). Martin (1994) resumió la observación de la niñez temprana como "la percepción informal o formal de la conducta de un individuo o grupo de personas o las percepciones obtenidas al contemplar un ambiente o un objeto" (p. 318).

Así, la observación es una técnica que el profesor de niños pequeños emplea para formarse un entendimiento del ambiente de la etapa temprana de la niñez y para definir lo que es un niño en tal ambiente. La profesora de la primera infancia por lo general enfoca su observación del desarrollo de un niño a través de cuatro categorías principales: cognitiva, de lenguaje, social-emocional y física (Almy y Genishi, 1979; Arthur, Beecher, Dockett, Farmer y Death, 1996; Bergen, 1997; Bredekamp, 1987; Bredekamp y Copple, 1997; Bretherton, 1981; Cohen, Stern y Balaban, 1997; Faragher y Mac Naughton, 1998). Con este enfoque, la profesora evalúa el desarrollo del niño dentro de normas generales, social y culturalmente definidas, y busca las diferencias individuales dinámicas para identificar las necesidades y la competencia del niño (Katz, 1996). Partiendo de fragmentos observados de la vida de un niño, la maestra se forma una imagen que define al niño como individuo. La bibliografía sobre la niñez temprana sugiere que la maestra puede utilizar este concepto del individuo para:

- Identificar las fuerzas y flaquezas de un niño
- Supervisar los cambios que ocurran en su desarrollo
- Evaluar el desarrollo y mostrar cambios en la conducta del niño
- Identificar problemas de aprendizaje y retrasos en el desarrollo
- Informar a los padres acerca del desarrollo de su hijo
- Hacer informes para otros profesionales en disciplinas interrelacionadas (por ejemplo, terapeutas del habla o trabajadores de servicios protectores)
- Formar un programa que ayude al desarrollo del niño, a lo largo de un camino predeterminado hacia la madurez (Almy y Genishi, 1979; Beaty, 1998; Bredekamp, 1987; Bretherton, 1981; Cohen, Stern y Balaban, 1997; Faragher y Mac Naughton, 1998; Irwin y Bushnell, 1980; Lambert, Clyde y Reeves, 1987; Medinnus, 1976; Veale y Piscitelli, 1994; Waters, 1999)

A nuestro parecer, la observación tradicional contiene dos importantes suposiciones epistemológicas acerca del niño (en abstracto) que fundamentan nuestra comprensión de lo específicamente individual:

1. El niño es como el barro, constituido por los ingredientes esenciales del desarrollo de su edad adulta, pero preformado. Tiene la libertad de avanzar hacia una forma

socialmente deseable y la forma de un adulto independiente, congruente y racional, a su manera única.

2. La maestra es el alfarero que cuenta con la capacidad de conocer al niño (a partir de sus observaciones teóricamente informadas, objetivas y racionales) y de emplear este conocimiento para influir debidamente sobre la forma que adopte ese niño.

La imagen del desarrollo formada por la observación tradicional guía e imbuye la práctica diaria de la maestra de la niñez temprana, sus predicciones, interacciones, intervenciones y decisiones sobre el programa.

La observación como algo problemático

Michel Foucault (1997) examinó las formas en que el poder se aplica por medio de prácticas como la observación para disciplinar al individuo como ser social. Además, sostuvo que la observación no está libre de valores ni es objetiva, sino que es inseparable del conocimiento teórico de un maestro, que generalmente ha definido al niño universal y normal como ser en desarrollo. Este conocimiento autoriza a los maestros a guiar el desarrollo del niño en las aulas de la primera infancia. De este modo, la observación actúa como una técnica de poder "tendiente a aumentar las habilidades del cuerpo... y a reorganizar las fuerzas del cuerpo... a fomentar una obediencia 'útil'" (McHoul y Grace, 1997, p. 68). Dado que la observación tradicional evalúa y privilegia las formas de desarrollo del conocimiento por encima de otras maneras de conocer al niño, la práctica de la observación actúa como instrumento disciplinario de vigilancia. La libertad del niño para avanzar hacia la edad adulta se ve frenada por el conocimiento de lo que es ser normal y deseable. El efecto de favorecer una forma de conocimiento (en este caso, el conocimiento del desarrollo) es acallar otras complejas maneras de conocer y de ser niño o niña. Por lo tanto, la imagen de desarrollo del niño se vuelve parcial y apolítica: acallando los significados de raza, clase, cultura, capacidad, edad y sexualidad que actúan dentro de la vida diaria del aula. Creemos que maestros y niños necesitan romper estos silencios de las imágenes tradicionales de la observación para oponerse y resistir a los efectos de la desigualdad y transformar la manera en que la imparcialidad actúa en el aula.

Analizaremos nuestras preocupaciones por la observación tradicional empleando un episodio de juego llamado el sitio de construcción, tomado de un proyecto de investigación de la acción en un centro para niños de una ciudad australiana. En 1997 y 1998, Sheralyn trabajó con un grupo de maestros y de niños, reflexionando sobre cómo la equidad actuaba en el aula de niños de tres a cinco años. En noviembre de 1997, transcribió unas cintas de audio y de video de niños jugando en el sitio de construcción. Unidas, las maestras (Kylie, Sandra y Natalie) revisaron con Sheralyn la transcripción y los videos. Nos dimos cuenta de que nuestras perspectivas tradicionales de desarrollo y posestructurales feministas ofrecían distintas maneras de interpretar el juego. Aprovechando los contrastes entre estas posiciones, reflexionamos sobre cómo se manifestaba la equidad a los niños.

La observación en el sitio de construcción

El área era, aproximadamente, de tres metros de ancho por tres y medio metros de largo. Un lado del área estaba formado por grandes bloques, apilados hasta la altura de la cintura de los niños. Una polea y una gran cubeta azul colgaban del techo, casi en el centro del área. Para los juegos, se disponía de palas grandes y pequeñas, cascos, grandes sombreros de bruja, carretillas, una vagoneta, tubos de cartón, otros grandes bloques y cajas de cartón del tamaño apropiado. El suelo estaba cubierto por una capa de aserrín de 2.5 centímetros. Sandra (maestra y miembro del equipo investigador) trabajaba cerca en una mesa de dibujo, lo que le permitía participar en los juegos del sitio de construcción en caso necesario.

En este episodio, los participantes incluían a Rowena (tres años once meses, nacida en Australia), Mick (cuatro años dos meses, nacido en Sri Lanka) y Helen (cinco años tres meses, nacida en Jamaica). Rowena, la única niña cuya lengua materna es el inglés, ha ingresado recientemente al centro.

Empieza el juego

Rowena invita a Mick a unirse a ella y luego dirige el juego, indicándole qué hacer y desaprobando algunas de sus acciones al decirle: "¡No, Mick, no está bien!" Ella se ríe nerviosamente y se enrolla el vestido cuando él sigue sus instrucciones.

Helen hace su entrada y empiezan las negociaciones para la construcción

HELEN: ¿Puedo jugar aquí?
ROWENA: Sí.
HELEN (entrando, con cuidado): Miren, hoy traigo una falda (extendiendo la falda).
ROWENA (extendiendo su vestido, como respuesta): Y yo traigo un vestido hoy (suelta una risita).

Helen empieza a hacer una serie de sugerencias para todos. Rowena continúa construyendo con bloques y responde con risitas a cada sugerencia, sin hacerle caso a Helen, aceptando una sugerencia (pero sin obedecerla), hablando en voz alta de manera que se hacen indistinguibles las palabras de Helen, o diciendo que no.

Antes de la caída de Mick

Rowena sigue pasando por alto las sugerencias de Helen, dejando caer varias veces la cubeta sobre una carretilla cubierta de cajas por Helen, haciéndola tambalearse. Mick observa parte de la actividad, al lado de la carretilla, cerca de los pies de Rowena. Helen ofrece otra alternativa sobre cómo emplear la cubeta en el juego. Rowena, emocionada, grita: "¡Sí!" Sin embargo, hace piruetas, dejando que la cuerda se deslice suavemente por su mano, y la cubeta vuelve a caer sobre la carretilla de Helen. Rowena se apoya en la pared de bloques y mira a Mick. Suspira y mira al cielo. Mick ríe y mira hacia un costado, montado sobre la carretilla, sin caerse. Rowena apila cajas contra la pared, sin hacer caso a Helen, quien deja la carretilla y, con la vista hacia abajo, avanza hacia Rowena y Mick.

La caída de Mick

Helen se inclina, mirando el aserrín: "Eso no tiene gracia" (en voz baja). Mick mira a Helen y ladea la carretilla. Ésta cae lentamente sobre la pila de aserrín, tirando algunos bloques. Rowena se da la vuelta y mira a Mick, que no parece lastimado y le sonríe a Helen. Ésta permanece inmóvil.

La ayuda de Sandra

SANDRA: (entrando con prontitud al área): ¿Estás bien, Mick? ¿Quieres ayuda?
(Mick no dice nada y continúa tirado en el suelo.)
ROWENA: ¡Mick tiró los bloques!
SANDRA: Está bien, de hecho él se cayó. Rowena, realmente podemos levantar los bloques.
Sandra apila nuevamente los bloques mientras Helen y

Rowena miran en silencio. Cuando Sandra se retira, Mick vuelve a sentarse en la carretilla.

Continúa el juego

HELEN: (en voz baja): Eso es lo que estaba diciéndote, Rowena. Alguien podría, podría... (Mientras Helen habla, Mick empieza a mecer nuevamente la carretilla como si fuera a caerse.)
HELEN: No, Mick, te puedes lastimar. Mick, eso no tiene gracia y te puedes lastimar y llorarás. (Helen vuelve a avanzar hacia la carretilla y las cajas.)

INTERPRETACIÓN DE LA OBSERVACIÓN DESDE DIVERSAS PERSPECTIVAS

Aplicaremos ahora a la vez la perspectiva tradicional del desarrollo y la posestructural feminista para dar algún sentido a nuestras observaciones en el sitio de construcción. Estos relatos contrastantes expresan diferentes visiones de los niños que intervinieron, diversas interpretaciones de sus interacciones y diferentes posibilidades de cómo la maestra Sandra podría trabajar con los niños.

La perspectiva tradicional del desarrollo

En nuestro primer análisis de la observación del sitio de construcción surgió una interpretación de desarrollo. Sandra describió cómo las imágenes congruentes que tenía de cada niño le permitieron entender la caída de Mick como algo accidental, debido a una simple torpeza. Su imagen de cada niño enmarcó su comprensión de lo que ocurrió entre los niños en el juego, y estructuró la intención de las acciones que ella realizó al intervenir. Como maestra comprometida con la equidad y justicia de los géneros, quiso asegurarse de que la exploración que hacían los niños de los roles de género colaborativos y no tradicionales en un juego dramático no fuese afectada por sus diferentes capacidades. Se consideró a sí misma como modelo, como guía, mediadora y constructora del aprendizaje individual. Sandra creyó que para promover la justicia en el juego necesitaba establecer el nivel de pensamiento racional y lenguaje social de cada niño. La imagen del desarrollo de cada niño que tenía Sandra y su interpretación de acuerdo con esa observación se explican a continuación:

Mick fue el observador silencioso que deseaba verse incluido en el juego con los otros niños, pero carecía de las necesarias capacidades interpretativas y expresivas del lenguaje (en inglés, su segunda lengua). Físicamente, coordinaba mal, y era socialmente vulnerable. Mick era incapaz de comprender la complejidad de las negociaciones sociales que estaban intentando hacer Helen y Rowena. Necesitaba de Sandra para descifrar, verbalizar y explicar su caída a los demás, a fin de seguir viéndose incluido en el juego.

Rowena era una constructora concentrada en su juego. Carecía de autoridad dentro del grupo porque era el miembro más nuevo y más joven, y aún se encontraba en el nivel asociativo, antes que en el cooperativo, en sus interacciones sociales. El estatus de Rowena en el grupo y su estilo de juego, socialmente egocéntrico, hicieron que fuera incapaz de participar en un juego igualmente colaborativo al nivel de Helen o, al caerse Mick, demostrar preocupación por su bienestar o por el juego interrumpido de Helen. Necesitaba de Sandra como modelo y constructora de habilidades sociales más avanzadas para poder seguir enfocando su propio aprendizaje con mínimas interrupciones o conflictos.

Helen era una "maestra suplente" del aula de la primera infancia. Como negociadora social capaz, cognitiva y lingüísticamente bien capacitada (en inglés, su segunda lengua), poseía habilidades de razonamiento y sociales que hacían de ella un valioso recurso de aprendizaje "cuasiadulto" para otros individuos. Era capaz de desafiar verbalmente y de resistir a la injusticia, de adaptar su juego para reconocer y tomar en cuenta las diferencias de los otros o, en caso necesario, de pedir ayuda a los adultos. Helen deseaba formar parte del grupo del sitio de construcción. Reconocía las diferentes capacidades de sus colaboradores en sus intentos por encontrar maneras de lograr que todos jugaran juntos. Y no necesitó de la ayuda de Sandra cuando Mick se cayó, ni cuando el juego continuó, porque había interpretado correctamente el accidente. Helen guardó silencio porque pretendía alentar a Mick y hacer que éste continuara en el juego. Helen tuvo las habilidades sociales necesarias para seguir jugando cuando Sandra se retiró, y Sandra pudo depender del interés de Helen por el bienestar de sus compañeros de juego y de su madurez como modelo facilitador del aprendizaje de éstos.

Una interpretación posestructuralista feminista

El posestructuralismo feminista ofrece una crítica de la interpretación de los individuos como seres racionales y congruentes (Burman, 1994; Henriques, Holloway, Urwin, Venn, y Walkerdine, 1984; Morss, 1996; Walkerdine, 1984; Weedon, 1997). De acuerdo con esta crítica, el modo en que la niña se interpreta a sí misma cambia cuando ella logra tener acceso e invertir en diferentes significados que han sido construidos social, política e históricamente (Davies, 1989, 1993; Mac Naughton, 1995). Pensando sobre cómo cada niño tiene acceso a e invierte en maneras en competencia de ser un niño o una niña (o posiciones de sujeto), y en cómo estas posiciones de sujeto limitaron e hicieron posible lo que cada niño podía pensar, decir o hacer, empezamos a crear un relato diferente sobre cómo el poder operó para permitirle a cada cual ser incluido en el juego (Davies, 1993; Mac Naughton, 1995, 1996, 1998). Al añadir nuestras voces y una imagen feminista crítica a la narración de Sandra, vimos a los niños en constante lucha por definirse y redefinirse a sí mismos dentro (y por medio) de discursos competitivos (y contradictorios) en circulación, algunos de los cuales eran más poderosos que otros (Alloway, 1995; Davies, 1993; Mac Naughton, 1995, 1996, 1998; Walkerdine y the Girls and Mathematics Unit, 1989; Weedon, 1997). Esto hizo problemática la imagen constante de los niños que surgió de nuestra interpretación tradicional del desarrollo. Antes bien, vimos a los niños en procesos contextualmente cambiantes que los llevaban a reconocer, desear, imaginar, tener la posibilidad de involucrarse emocionalmente en practicar y oponer resistencia a los múltiples modos de ser una niña (o un niño) que actuaban en el sitio de construcción.

Nuestra interpretación posestructuralista feminista (una segunda lectura) de la observación reveló que las imágenes de Mick y de Rowena como personas torpes e ignorantes desde la perspectiva del desarrollo impidieron advertir los otros aspectos importantes del juego, que incluyen:

- Cómo Rowena logró acallar y marginar los intentos de inclusión hechos por Helen utilizando el lenguaje y las prácticas de una niña que no razonaba pero que poseía atributos deseables.
- Cómo Rowena logró emplear la burla para trivializar el impacto de sus acciones sobre el juego de Helen.
- Cómo la risa y la caída de Mick se coludieron con las exclusiones que Rowena había hecho de Helen, impidiéndole persistir en sus intentos de contribuir a las líneas del relato que eran valoradas en el juego.
- Cómo Mick logró amenazar con nuevas intervenciones físicas cuando Helen siguió con sus enfoques razonados.
- Cómo la intervención de Sandra apoyó y trivializó la

injusticia perpetrada por las acciones de Mick y de Rowena ("Está bien, en realidad se cayó").

Juntos, Mick y Rowena emplearon un lenguaje y unas prácticas que constituyeron modos particulares de ser un "niño" y una "niña". Rowena habló como una niña incapaz de razonar pero provista de atributos deseables como una mujer blanca; Mick habló como un varón deseoso, poderoso y protector. Sus comunicaciones representaron una forma de discurso patriarcal. Helen utilizó un discurso racionalista competidor, hablando como mujer negra racional y razonadora. Éste fue un discurso que Sandra evaluó y reconoció como capacitador.

La imagen tradicional que Sandra tenía de los niños como personas que coinciden en características particulares de desarrollo le impidió ver que unos discursos en competencia provocaban un desplazamiento en el terreno del poder, limitando las posibilidades de lo que podía ser cada niño. Por ejemplo, el discurso de Rowena y Mick, siendo patriarcal, actuó en contra del discurso racional de Helen. Debido a su colusión, Helen se sintió regulada, marginada y acallada. Las inversiones de Mick en el discurso patriarcal lo incluyeron en el juego de manera que las imágenes tradicionales del desarrollo de Sandra no revelaron ni refutaron. Asimismo, los niños interpretaron la manera de entender el asunto de Sandra aun mientras ella construía los significados de su juego. Por ejemplo, Helen pudo haberle hablado a Sandra acerca de la injusticia; sin embargo, el hacerlo la habría colocado fuera del discurso patriarcal que estaban empleando los niños, arriesgándose así a nuevas exclusiones del juego. También existía el riesgo añadido de que, al llamar la atención de Sandra hacia sus fracasadas negociaciones, Helen pudiese volver a ser colocada como "niña" y no como "similar a los adultos" en el discurso de Sandra. Dado que la intervención de Sandra no problematizó cómo estaba operando el poder dentro de y por medio de discursos en competencia para que algunos modos de ser niño o niña fuesen más deseables, gratos y posibles, los niños y Sandra preservaron un *statu quo* racista y sexista. Las imágenes tradicionales construidas por la observación del desarrollo no lograron refutar la política de equidad de lo que era ser un niño o una niña en el sitio de construcción y del modo en que esa política limitaba a los individuos participantes.

PROBLEMAS Y POSIBILIDADES: INTERPRETACIÓN
DE LAS OBSERVACIONES

La enseñanza de Sandra a favor de la equidad dentro de las perspectivas tradicionales se limitó a ofrecer un ambiente apropiado para el desarrollo y a guiar a los niños hacia el pensamiento racional y la colaboración social. Su práctica docente tradicional no pudo rechazar las contradicciones manifiestas en la manera como la imparcialidad se aplicaba en las relaciones de los niños porque éstas no coincidían con las imágenes del desarrollo de cada niño.

Dos suposiciones contribuyeron a la ineficacia del discurso tradicional de Sandra para enfocar con espíritu crítico y transformar las relaciones de equidad:

1. *A las maestras se las consideraba como agentes enterados y sagaces en la situación del aula.* La observación tradicional supuso que Sandra lograría formarse un cuadro verdadero de cada uno, de quién era cada niño como individuo: su ego auténtico y trascendental. Lo correcto de la imagen del niño formada después de muchos contactos y registros de desarrollo garantizaba que las intenciones y las acciones de Sandra guiarían a cada niño en su devenir hacia un ser autónomo, racional. Por consiguiente, se pasaron por alto las habilidades que, en su condición de agentes humanos, tenían los niños para subvertir políticamente y oponer resistencia a la

enseñanza de Sandra, a fin de procurar sus propios fines.

2. *La racionalidad fue aceptada como la clave de la libertad y la agencia.* La observación tradicional situó a cada niño como un individuo fijo y continuo, cuya identidad era representada en diferentes situaciones de la misma manera. Cada niño fue considerado capaz de elegir libremente entre las posibilidades de ser un niño o una niña en el sitio de construcción. Se consideró que sus opciones estaban limitadas por sus propias habilidades cognitivas, individuales y sociales y no por prácticas discursivas más generales en el aula ni por la situación específica del juego. Por tanto, siguieron inadvertidas y sin ser desafiadas unas relaciones de poder-conocimiento contextualmente cambiantes, que hacían que algunas maneras de ser niño o niña fuesen más deseables, posibles y gratas.

Vigilancia, normalización y disciplina

La observación tradicional creó imágenes de desarrollo de cada niño que se convirtieron en una forma de vigilancia. Las imágenes congruentes formaron marcos no refutados que se aplicaron apolíticamente al modo en que Sandra interpretó lo que ocurría en el juego y las relaciones en el sitio de construcción. Las acciones de Sandra se convirtieron en una forma de normalización y reprodujeron el *statu quo* en las relaciones sociales al acallar otros aspectos poderosos de la forma en que los niños se interpretaban a sí mismos y a otros. Las imágenes de desarrollo sirvieron a los intereses de las separaciones entre adulto y niño y del patriarcado. La observación tradicional de Sandra y sus imágenes de desarrollo actuaron en contra de sus aspiraciones de que hubiese equidad y justicia entre los géneros.

LA OBSERVACIÓN DE LA EQUIDAD

Cambio del terreno de observación hacia imágenes de justicia

Como maestras, creemos que utilizar a la vez las perspectivas de desarrollo y la posestructural feminista para hacer múltiples lecturas de nuestras observaciones es una manera de sacar a luz estas suposiciones ocultas, silencios y efectos contradictorios. Las diversas interpretaciones hacen visible el modo en que los discursos particulares actúan para constreñir y limitar lo que es posible, deseable y agradable para los niños en su juego y en sus relaciones. El uso de distintas perspectivas remplaza la certidumbre de las lecturas observacionales y tradicionales del niño por interpretaciones y voces en competencia que son cuestionadoras, inciertas, relativas y complejas.

Cuando exploramos las posibilidades adicionales mediante dos interpretaciones de la misma situación reconocimos que nuestra comprensión de nosotras mismas y de los demás es inseparable de la ubicación social de las personas y las instituciones que constituyen nuestra teoría y nuestra práctica. Las múltiples interpretaciones de la misma observación nos permitieron aumentar las posibilidades de equidad y de justicia al incluir preguntas como las siguientes:

- ¿Quién tiene el derecho de observar? ¿Quién ha quedado excluido? ¿Cómo se planea la observación, de modo que incluya muchas voces y perspectivas?
- ¿A quién o qué se observa? ¿Cómo ampliamos con justicia nuestra mirada para contemplar la complejidad de nuestra condición como seres sociales dentro de un contexto político, cultural e histórico? ¿Cómo han quedado incluidos o excluidos los niños en esta compleja mirada?
- ¿Cómo se registran y documentan las observaciones? ¿Qué métodos de observación nos ofrecen oportunidades de leer, releer y desafiar nuestras percepciones?
- ¿Actúa la observación como práctica de equidad e im-

parcialidad? ¿A qué intereses sirven nuestras observaciones y cuáles son las implicaciones políticas y los efectos materiales de la práctica de favorecer estas maneras de conocer? (Campbell, 1999; Smith, 2000).

Maestros e investigadores necesitarán explorar las maneras de ver a los niños y las actividades del aula desde perspectivas múltiples. Entre los ejemplos podrían incluirse observaciones pareadas y debates, el empleo de discursos teóricos múltiples para comprender los acontecimientos, y el análisis de diversas perspectivas sobre la equidad y la imparcialidad en las actividades del aula. Entre las sugerencias específicas se incluyen las siguientes:

1. *Compare las subjetividades en la observación.* Con otra maestra, observe cómo juegan los niños. Al mismo tiempo, anote lo que vea y grabe sus observaciones en video. Con ojo crítico, examine las diferencias entre lo que cada persona escribió y lo que quedó grabado. ¿Qué conocimiento personal y profesional ha capacitado a cada persona para registrar, ver y comprender el juego de una manera particular? ¿Qué intereses personales y profesionales tiene cada persona en las diferentes maneras de ver y de interpretar el juego?
2. *Utilice dos diferentes discursos teóricos para enfocar y dar sentido a la observación.* ¿De qué le permitió a usted hablar cada discurso teórico y que le permitió hacer? ¿Qué es lo que se analiza? ¿Qué queda en silencio o es omitido? ¿Por intereses de quién operan estos discursos teóricos? ¿Cuáles son las implicaciones políticas y materiales de estos discursos y silencios para la enseñanza de usted?
3. *Forme un método de observación que crea usted que trabajará a favor de la justicia hacia usted y entre los niños.* ¿Cuáles son las cuestiones específicas de equidad que según usted

deben incluirse? ¿Cómo responde su proceso a estas cuestiones? Comparta este método con una maestra que tenga diferentes antecedentes culturales, pidiéndole que decida lo que ha quedado "fuera".

Como maestros, creemos que trabajar con otros para lograr un mundo mejor es algo que nos exige examinar con ojo crítico nuestro conocimiento, lenguaje y prácticas docentes, que dábamos ya por sentadas. Nuestros intentos incluyen tratar de reconsiderar nuestras prácticas observacionales y ver las prácticas que trabajan en favor de la equidad y la justicia.

REFERENCIAS BIBLIOGRÁFICAS

Almy, M., y C. Genishi, *Ways of studying children*, Nueva York, Teachers College Press, 1979.
Alloway, N., *Foundation stones: The construction of gender in early childhood*, Carlton, Victoria, Curriculum Corporation, 1995.
Aries, P., *Centuries of childhood: A social history of family life*, Nueva York, Vintage Books, 1962.
Arthur, L., B. Beecher, S. Dockett, S. Farmer y E. Death, *Programming and planning in early childhood settings* (2ª ed.), Sydney, Harcourt Brace, 1996.
Beaty, J., *Observing development of the young child* (4ª ed.), Englewood Cliffs, New Jersey, Prentice-Hall, 1998.
Bergen, D., "Using observational techniques for evaluating young children's learning", en B. Spodek y O. Saracho (eds.), *Yearbook of early childhood education: Vol. 7. Issues in early childhood educational assessment and evaluation*, Nueva York, Teachers College Press, 1997, pp. 108-128.
Bredekamp, S. (ed.), *Developmentally appropriate practice in early childhood programs serving children from birth through age 8*, Washington, D. C., National Association for the Education of Young Children, 1987.

Bredekamp, S., y C. Copple, *Developmentally appropriate practice in early childhood programs serving children from birth through age 8* (ed. rev.), Washington, D. C., National Association for the Education of Young Children, 1997.

Bretherton, D., *A system for keeping individual records in the Piagetian pre-school program*, Melbourne, Institute of Early Childhood Development, 1981.

Burman, E., *Deconstructing developmental psychology*, Londres, Routledge, 1994.

Campbell, S., "Making the political pedagogical in early childhood education", *Australian Journal of Early Childhood*, 24 (4), 1999, pp. 21-26.

Cleverly, J., y D. Phillips, *Visions of childhood: Influential models from Locke to Spock*, Sydney, Allen & Unwin, 1988.

Cohen, D., V. Stern y N. Balaban, *Observing and recording the behavior of young children* (4ª ed.), Nueva York, Teachers College Press, 1997.

Dahlberg, G., P. Moss y A. Pence, *Beyond quality in early childhood education and care: Postmodern perspectives*, Londres, Falmer Press, 1999.

Davies, B., *Frogs and snails and feminist tales: Preschool children and gender*, North Sydney, NSW, Allen & Unwin, 1989.

——, *Shards of glass: Children reading and writing beyond gendered identities*, North Sydney, NSW, Allen & Unwin, 1993.

Faragher, J., y G. Naughton, *Working with young children: Guidelines for good practice* (2ª ed.), Melbourne, RMIT Publishing, 1998.

Foucault, M., *Discipline and punish: The birth of the prison system* (trad. A. Sheridan), Harmondsworth, Inglaterra, Penguin, 1977.

Genishi, C., S. Ryan, M. Ochsner y M. M. Yarnall (en prensa), "Teaching in early childhood education: Understanding practices through research and theory", en V. Richardson (ed.), *Handbook of research on teaching* (4ª ed.), Washington, D. C., American Educational Research Association.

Greene, M., "Gender, multiplicity and voice", en S. Biklen y D. Pollard (eds.), *Gender and education*, Chicago, National Society for the Study of Education, 1993, pp. 241-256.

Henriques, J., W. Holloway, C. Urwin, C. Venn y V. Walkerdine,

"Introduction to section 2: Constructing the subject", en J. Henriques, W. Holloway, C. Urwin, C. Venn y V. Walkerdine (eds.), *Changing the subject: Psychology, social regulation and subjectivity*, Londres, Methuen, 1984, pp. 91-118.

Irwin, D. M., y M. M. Bushnell, *Observational strategies for child study*, Nueva York, Holt, Rinehart and Winston, 1980.

James, A., C. Jenks y A. Prout, *Theorizing childhood*, Nueva York, Teachers College Press, 1998.

Katz, L. G., "Children as learners: A developmental approach", *Proceedings of the Weaving Webs Conference*, Melbourne University, Department of Early Childhood Studies, Melbourne, 1996.

——, y D. E. McClellan, *Fostering children's social competence: The teacher's role*, Washington, D. C., National Association for the Education of Young Children, 1997.

Lambert, B., M. Clyde y K. Reeves, *Planning for individual needs in early childhood services*, Watson, ACT, Australian Early Childhood Association, 1987.

Mac Naughton, G., "A post structuralist analysis of learning in early childhood settings", en M. Fleer (ed.), *DAP centrism: Challenging developmentally appropriate practice*, Watson, ACT, Australian Early Childhood Association, 1995, pp. 35-54.

——, "The gender factor", en B. Creaser y E. Dau (eds.), *The anti-bias approach in early childhood*, Sydney, Harper Educational, 1996, pp. 51-70.

——, "Improving our gender equity tools: A case for discourse analysis", en N. Yelland (ed.), *Gender in early childhood*, Londres, Routledge, 1998, pp. 149-174.

Martin, S., *Take a look: Observation and portfolio assessment in early childhood*, Don Mills, Ontario, Addison-Wesley, 1994.

McHoul, A., y W. Grace, *A Foucault primer: Discourse, power and the subject*, Melbourne, Melbourne University Press, 1997.

Medinnus, G. R., *Child study and observation guide*, Nueva York, Wiley, 1976.

Morss, J. R., *Growing critical: Alternatives to developmental psychology*, Londres, Routledge, 1996.

Silin, J. G., *Sex, death, and the education of children: Our passion for ignorance in the age of AIDS*, Nueva York, Teachers College Press, 1995.

Smith, K., "Reconceptualising the role of parents in observation", *Australian Journal of Early Childhood*, 25 (2), 2000, pp. 18-21.

Veale, A., y V. Piscitelli, *Observation and record keeping in early childhood programs*, Watson, ACT, Australian Early Childhood Association, 1994.

Walkerdine, V., "Developmental psychology and the child centered pedagogy: The insertion of Piaget into early childhood education", en J. Henriques, W. Holloway, C. Urwin, C. Venn y V. Walkerdine (eds.), *Changing the subject: Psychology, social regulation and subjectivit*, Londres, Methuen, 1984, pp. 153-202.

——, y The Girls and Mathematics Unit, *Counting girls out*, Londres, Virago, 1989.

Waters, J., *Observation: A window to the child*, Melbourne, National Gowrie/RAP Consortium, 1999.

Weedon, C., *Feminist practice and poststructuralist theory* (2ª ed.), Oxford, Basil Blackwell, 1997.

VII. UN CLÓSET DESORDENADO EN EL AULA PARA NIÑOS PEQUEÑOS

RACHEL THEILHEIMER
y BETSY CAHILL

POR LO general, se supone que los clósets de las aulas de niños pequeños están bien ordenados. Y sin embargo, estamos encontrando un clóset virtual o metafóricamente desordenado en el ámbito de la etapa temprana de la niñez. En él hay todo un caos de mitos, creencias, normas y representaciones de la sexualidad y de los niños que se dispersan por el aula, afectando el modo en que los maestros y los niños se ven a sí mismos y a los demás.

En un esfuerzo por abrir la puerta y limpiar el clóset, en este capítulo investigamos el desconocimiento, los prejuicios y los silencios acerca de la sexualidad, tomando anécdotas de nuestras propias experiencias.

DESCONOCIMIENTO, PREJUICIOS Y SILENCIOS

Si hablar de la sexualidad en general resulta un tanto "problemático y hasta potencialmente peligroso" (Tobin, 1997, p. 1) en el aula de la primera infancia, es aún más arriesgado introducir posibilidades de orientación sexual. La educación para niños pequeños ha adoptado lo que Sedgwick (1990) llama la visión minorizante, considerando la orientación sexual como algo importante solamente para unos cuantos y manteniendo encubierta la cuestión de la orientación sexual. Y sin embargo, según Sedgwick, "las relaciones de clóset —las relaciones de lo conocido y lo desconocido, lo explícito y lo no explícito en torno de la definición homo/heterosexual— tienen potencial para ser peculiarmente reveladoras" (p. 3). Nuestros desconocimientos, silencios y prejuicios acerca de las posibilidades gays, lésbicas y bisexuales en el aula de la educación temprana son, sin duda, en palabras de Sedgwick, "tan directas y ejecutorias como el habla" y "una cuestión tan poderosa y múltiple como el conocimiento" (p. 4).

Los investigadores, hacedores de políticas, practicantes y educadores de maestros de educación temprana por lo general desconocen la sexualidad que eventualmente va naciendo en los niños. Decimos "sexualidad que eventualmente va naciendo" para diferenciar entre la conducta y el "núcleo psíquico" (Butler, 1996, p. 60) que identifican la sexualidad de los adultos, y las preferencias afectivas y orientaciones sexuales de los niños, tal vez no observadas pero que van en evolución. El sentido que el adulto tiene del ego sexual reside en una categoría culturalmente creada que sitúa las fantasías, atracciones y conductas sexuales (Savin-Williams, 1995). Aunque la mayor parte de la conducta sexual de los niños difiere de la de los adultos, los niños construyen activamente "sus propias interpretaciones [en este caso, de la sexualidad]... mediadas por y claramente vinculadas al contexto sociocultural" (Bredekamp y Copple, 1997, p. 13). En este capítulo tratamos de no atribuir una conducta sexual adulta a los niños, sino de reconocer la influencia de las experiencias de la etapa temprana de la niñez sobre las actitudes de los niños hacia la sexualidad naciente en ellos y en otros niños.

Muchos niños están aprendiendo cosas acerca de los egos sexuales en contextos locales y más generales, los cuales presuponen que todos son heterosexuales hasta que se demuestre lo contrario. En el análisis siguiente pondremos en duda esta suposición de heteronormatividad (la heterosexualidad como lo normal) en toda una variedad de situaciones.

Sobre amor, coqueteo y el clóset de la maestra

La homofobia es "prejuicio, discriminación, acoso o actos de violencia contra las minorías sexuales... mostrados en un profundo temor u odio a quienes aman y sexualmente desean a personas del mismo sexo" (Sears, 1997, p. 16). En las aulas para la primera infancia la homofobia puede no mostrarse como un caso evidente de discriminación, acoso o violencia; y sin embargo, el prejuicio puede manifestarse cuando los maestros pasan por alto las posibilidades que no sean heterosexuales.

Sears (1997) cita a Gregory Herek (1990), quien establece una diferencia entre el "heterosexismo cultural [que] es un estigma, una negación o una denigración de la no heterosexualidad en las instituciones culturales" y el "heterosexismo psicológico [que] es la internalización, por una persona, de esta cosmovisión, la cual brota en el prejuicio antigay" (p. 16). Nuestro objetivo es ayudar a los maestros a hacer de sus aulas instituciones culturales en que no haya estigmatización, negación ni denigración de la no heterosexualidad y que ayude a los niños a internalizar la repugnancia al prejuicio y a lo tendencioso.

En las aulas para la educación temprana no observamos de inmediato que los maestros tengan temor o prejuicios hacia las personas gays, lesbianas o bisexuales. Y sin embargo, como lo descubrió Cahill (1995), los maestros de educación temprana sí tienen creencias homofóbicas. Puesto que los niños suelen ser representados como inocentes y asexuados (Cannella, 1997; Silin, 1995), y dado que los maestros suelen evitar la sexualidad en general (Tobin, 1997), no sorprende que la homofobia no se muestre a los niños en formas fácilmente discernibles. Y sin embargo, los niños sí son considerados seres sexuales por los adultos, al menos durante cierto tiempo, y esta supuesta sexualidad tiende a ser heterosexual. Continuamente vemos en anuncios y comerciales imágenes de un niño y una niña pequeña románticamente unidos.

Aun sin contar con imágenes explícitamente sexuales, es evidente la heteronormatividad —la generalizada suposición de que todos los niños y los adolescentes son heterosexuales— y las fotos de niños son tan sólo uno de sus medios de expresión. La heteronormatividad también imbuye las aulas de la primera infancia. Una estudiante para maestra de educación temprana, observando a un niño, se interrumpió de pronto:

> Él parecía particularmente apegado a una niña a la que llamaré Lisa. Tuve que reírme de mí misma al darme cuenta de que mis ideas iniciales acerca de su relación eran de naturaleza romántica. Un momento después, recordando lo que es ser niño, se me ocurrió que era muy probable que Lisa fuese simplemente "su mejor amiga" por ese día.

Al reevaluar su suposición de un interés romántico, la estudiante se abstuvo de atribuir intenciones adultas a un niño. De acuerdo con este escrito, sin embargo, no sondeó la heteronormatividad implícita.

Otra estudiante escribió en un estudio que un niño de seis años la miraba con coquetería. ¿Habría pensado lo mismo esta estudiante si en lugar de un niño fuese una niña la que la mirara del mismo modo? ¿Y qué decir de una niña y un profesor varón? ¿Habría hecho surgir en nosotros preguntas o preocupaciones adicionales? ¿Le parecería coqueto un niño varón a un profesor? ¿Por qué sí, o por qué no? La sencilla observación de esta estudiante plantea preguntas acerca de los estereotipos del rol sexual, las suposiciones heteronormativas y las creencias acerca de la desviación sexual y el sexo intergeneracional (Rubin, 1984).

En estos dos escritos las estudiantes no parecieron dispuestas a cuestionar la norma de la heterosexualidad. Al menos por un momento, consideraron a estos niños como seres sexuales, atribuyéndoles una conducta heterosexual. Las representaciones que estas estudiantes mostraron de los niños, sus interpretaciones y sus prácticas ulteriores podrían reforzar una heteronormatividad para los niños que serán o no serán gays. Las representaciones heteronormativas subyacen en prácticas heterosexistas más manifiestas. Por ejemplo, cuando los maestros hablan como si los niños pequeños tuviesen novios y novias del sexo opuesto están enviando mensajes heteronormativos implícitos. A partir de estos mensajes y de información más directa, los niños aprenden que la heterosexualidad es su conducta ulterior esperada. Cuando los maestros definen con criterio cerrado a las familias o se hacen de la vista gorda si los niños emplean epítetos como "marica", los niños aprenden normas y, a la vez, prejuicios. Estas actitudes pueden limitar el desarrollo de una identidad positiva basada en una aceptación y una integración de las identidades sexuales del propio sexo (Savin-Williams, 1995). La heteronormatividad puede echar los cimientos de las "dos plagas gemelas" (Sears, 1997, p. 14) de homofobia y heterosexismo para todos los niños.

Beto y Enrique en el clóset

La negativa puede conducir a una sutil estigmatización o a una abierta denigración. ¿Son gays Beto y Enrique? En un seminario sobre cuestiones gays y lésbicas en un salón para la educación temprana nos enteramos de que esta pregunta se había planteado en el Children's Television Workshop (CTW). La respuesta del CTW: ¿Qué quiere usted decir? ¡Son como títeres! Un objeto inanimado no puede ser gay. Los títeres sólo tienen la identidad sexual que les dieron sus fabricantes. Y sin embargo, la respuesta del CTW a la pregunta pasa por alto el significado que algunos niños (y adultos) pueden formarse a partir de la conducta de Beto y de Enrique. He aquí dos varones que comparten su casa y se muestran gran cariño. ¿Pueden no ser gays?

Recordemos nuestras propias experiencias. Un padre de

familia se preocupa porque si su hijo juega con ropas femeninas pueda volverse gay. De muy diversas maneras, el maestro tranquiliza al padre diciéndole que la conducta de su hijo no le causará homosexualidad. Al tranquilizarlo de esta manera, como en las respuestas de CTW, se niega a admitir la posibilidad de ser gay. Sin enfocar abiertamente el temor del potencial de un niño (o de un títere) de ser gay, lesbiana o bisexual, la homofobia se mantiene oculta, indiscutida e implícitamente no cuestionada. Hace unos 20 años Pogrebin (1980) ofreció una alternativa, y su consejo a los padres fue: "No se preocupen por criar a un niño heterosexual; preocúpense por no ser padres homofóbicos" (p. 292). Puesto que la familia y los medios informativos se encuentran entre los "primeros productores de ideología sexual" (Rubin, 1984, p. 294), los padres y los maestros deben examinar la homofobia subyacente para no transmitir significados peligrosamente tendenciosos a los niños, por pura ignorancia, silencio o una conducta más manifiesta.

En un estudio de actitudes de la clase media suburbana (Wolfe, 1998), unas entrevistas efectuadas a fondo con 200 personas revelaron una sorprendente tolerancia y aceptación de las diferencias, con una sola excepción. Aunque los interrogados por Wolfe evitaron toda expresión descarada de racismo, no eludieron términos como anormal, inaceptable, mentalmente deficiente, enfermo e indigno de confianza para describir a los homosexuales. El estudio de Wolfe parece indicar una general aceptación del prejuicio y denigración de las lesbianas y los individuos gays y bisexuales.

Los encargados de la política referente a la etapa temprana de la niñez tampoco han tratado el prejuicio contra gays, lesbianas y bisexuales del mismo modo que al racismo, el sexismo y otros tipos de discriminación. La National Association for the Education of Young Children (NAEYC) ha utilizado el programa escolar contra ciertas tendencias (Derman-Sparks, 1989) para fijar una norma a la profesión encargada de la etapa temprana de la niñez. La guía del programa dice:

UN CLÓSET DESORDENADO EN EL AULA

Algunos adultos temen que favorecer una conducta no tradicional hacia los géneros conduzca al homosexualismo (niños que juegan con muñecas o que lloran; niñas que prefieren actividades dinámicas o a quienes no les gusta llevar vestidos). Éste es un reflejo de la profunda homofobia de nuestra sociedad. La investigación no ha dado pruebas de que la conducta no tradicional hacia los géneros produzca homosexualismo. Sin embargo, los maestros tal vez necesiten dedicar algún tiempo a discusiones sobre educación con los padres que se atemorizan si ven a sus hijos participar en ciertas actividades, y tengan que elegir entre las actividades a las que se opongan y las que modifiquen o permitan (p. 54).

De manera íntegra, el programa recomienda ofrecer información, intercambiar ideas y crear ambientes seguros para la discusión y para el desarrollo curricular en colaboración con las familias. Si después de algunos esfuerzos encomiables los padres y los maestros no pueden ponerse de acuerdo, la guía instruye a estos últimos para que se mantengan firmes en su posición antiprejuicios, salvo en los casos específicos de homofobia y de heterosexismo.

Reconocemos el contexto histórico en que se ha creado el programa antiprejuicios. Ha hecho avanzar el ambiente de la educación para niños pequeños durante el decenio pasado. En este tiempo, la NAEYC ha emitido declaraciones de su posición y ha publicado artículos (Casper, Cuffaro, Schultz, Silin y Wickens, 1996; Clay, 1990; Corbett, 1993; Wickens, 1993), incluso pidiendo a sus miembros que piensen en la naciente sexualidad de los niños (Cahil y Theilheimer, 1999). A pesar de estos adelantos, aún queda trabajo que hacer. Como nos lo recuerda Audre Lorde (1983):

> Si en realidad intentamos eliminar la opresión y lograr la liberación humana, habremos de enfrentarnos al heterosexismo y a la homofobia. Como en la lucha contra el racismo y el sexismo, se requerirán valor, espíritu de compromiso e integridad (p. 9).

La investigación en/sobre el clóset

En la mayor parte de los libros de texto sobre el desarrollo infantil no se habla de investigación sobre la sexualidad de los niños. Hemos buscado, en nuestros estantes, libros de texto o de introducción a la investigación del desarrollo de los niños. Descubrimos que cuando aparecía la palabra "sexualidad" en los índices de estos textos sólo se refería a secciones sobre los roles sexuales, teorías freudianas sobre identidad, abuso sexual y pláticas con los niños acerca de la reproducción. La sexualidad en general y el homosexualismo en lo específico se mantienen en el clóset en muchos libros de texto sobre la educación temprana.

Aunque el funcionamiento sexual en la edad adulta tenga sus orígenes en la niñez (Lively y Lively, 1991), la cultura estadunidense es, en gran parte, ignorante del desarrollo sexual de los niños y lo pasa por alto. Si la sexualidad tiene sus raíces en la niñez, ¿por qué guarda silencio la literatura acerca del desarrollo sexual de los niños pequeños? Según Lewis (1987), la sexualidad humana casi no ha recibido ninguna atención en la bibliografía sobre el desarrollo infantil porque, antes de la pubertad, no se pueden estudiar los constructos de la atracción sexual y la elección de la pareja sexual. La escasez de investigación empírica sobre el desarrollo de la sexualidad infantil va unida a suposiciones de que los niños no son seres sexuales, lo que tal vez confunde la conducta sexual con la identidad (Savin-William, 1995).

De hecho, no existen descubrimientos coherentes en la bibliografía sobre cómo un niño desarrolla una orientación heterosexual, homosexual o bisexual. La orientación sexual parece formada por una compleja interrelación de situaciones psicológicas, biológicas y sociales (Strickland, 1995). Categorías como heterosexual, homosexual o bisexual ayudan a la gente a dar sentido al mundo, pero se construyen sobre una base social, cambian con el tiempo y dependen del lugar y la cultura. Las categorías de las conductas sexuales tienen límites particularmente borrosos y terrenos que a veces traslapan (Mondimore, 1996). Estas categorías de la sexualidad, creadas por la cultura —definidas por adultos europeos y estadunidenses durante el siglo xx—, pueden tener muy poco significado para los niños. Según Clausen (1997), "la sexualidad de cada persona no llega de ninguna parte; para saber lo que significa ser sexual hay que basarse en sistemas de significado público compartido" (p. 49). Con la sexualidad en el clóset en las aulas para la etapa temprana de la niñez los sistemas de significado público compartido están presentes, pero oscurecidos. Se necesita mayor investigación para comprender lo que homosexualismo, bisexualismo y heterosexualismo significan para los niños pequeños y cómo ese significado afecta sus actuales y futuras creencias, sentimientos y acciones. No sabemos a qué edad y cómo se desarrolla en los niños su orientación sexual, y no estamos seguros de que ésta sea la pregunta pertinente. Empero, sí podemos estar seguros de que los niños pequeños desarrollan imágenes de sí mismos que influyen sobre su entendimiento y aceptación de su propia sexualidad y de la de los demás. Esta pregunta se encuentra en el núcleo mismo de la investigación todavía faltante.

PARA ROMPER EL SILENCIO

Miembros de organizaciones profesionales han estado pensando, con espíritu crítico, acerca del heterosexismo y de cómo actuar eficazmente en su contra. La National Education Association for Supervisión and Curriculum Development (Goodman, 1993), la National Association for the Education of Young Children y otras agencias acreditadas, entre ellas el National Council for the Accreditation of Teacher Education, han "propuesto la integración de un contenido relacionado con cuestiones lésbicas y gays en el programa profesional" (Sears, 1997,

p. 14). Sin embargo, el contenido no ha pasado a formar parte de la vida diaria de la educación del maestro.

Buscamos maneras de hacer que las cuestiones que plantean las personas gays, lesbianas y bisexuales a niños, familias y maestros pasen a formar parte de nuestras clases. A veces, los estudios relacionados con la sexualidad desalientan a los estudiantes de educación temprana (King, 1997), como lo sabemos por nosotros mismos a partir de evaluaciones de cursos. Y sin embargo, los estudiantes mismos plantearon el tema cuando el Rainbow Curriculum (Programa Arcoiris), con sugerencias para enseñar acerca de familias gays y lésbicas y otras constelaciones familiares, fue propuesto para las escuelas públicas de la ciudad de Nueva York. Con la exposición "El amor hace a la familia", en el museo de la universidad, se hizo manifiesto que convenía visitarla para la clase de colaboración entre la familia, la escuela y la comunidad. Y sin embargo, una estudiante de los métodos de estudios sociales del colegio se negó a ir a la exposición, y preguntó si la obtención de su diploma dependía de su participación. En ocasiones, los estudiantes se oponen a que abordemos estas cuestiones; en otras, las plantean. Consideramos que romper el silencio es responsabilidad del instructor.

¿Podemos abrir la puerta del clóset?

Sears (1997) advierte que cuando del clóset de la educación para maestros sale la cuestión de la sexualidad, "las técnicas de enseñanza por lo general no pasan de la psicología del otro a la fenomenología del ego" (p. 26). Estrategias de enseñanza como los juegos de rol y los periódicos reflexivos pueden tener impacto como intervenciones educativas porque piden a los estudiantes que son "heterosexistas mal informados" (p. 27) que adopten una posición diferente de la suya y ofrezcan temas para la discusión. No basta con cambiar de actitudes; también debe cambiar la conducta, y las estrategias de enseñanza deben ayudar a los educadores de maestros y a sus estudiantes a considerar cómo hacerlo. Con este fin, todos podemos enfrentarnos y enfocar cosmovisiones heterosexistas internalizadas.

A nosotros nos parece que este proyecto es más fácil para el aliado, que tiene menos que arriesgar en términos profesionales, que para el educador de maestros gay, lésbico o bisexual, quien teme ser expuesto y enfrentar las repercusiones y la invasión de su intimidad. Lo que Sedgwick (1990) llama "la mortífera elasticidad de la presunción heterosexista" (p. 68) coloca al educador gay, lésbico o bisexual en la posición de tomar decisiones interminables sobre cómo manifestar su opción. El peligro inherente a manifestarse en algunas situaciones académicas (Tierney, 1997) interfiere con lo que sabemos que es el poder que las relaciones personales pueden ejercer para ayudar a estudiantes y colegas a superar prejuicios (Williams, 1997).

¿Está ya abierto el clóset?

Según Silin, "las imágenes de la cultura popular de los niños como seres inocentes [...] a menudo se relacionan con ideas acerca de la ignorancia de la niñez. Padres y maestros desean proteger a sus hijos de un conocimiento del mundo social que les parece poco tranquilizador" (Casper *et al.*, 1996, pp. 290-291). Sin embargo, los educadores de niños pequeños han subestimado lo que éstos se figuran, saben y pueden comprender acerca de las relaciones gays y lésbicas (Casper y Schultz, 1999; King, 1997). Los niños hacen su propia interpretación de las relaciones personales, y llevan lo que saben acerca del mundo a las aulas de la primera infancia. Hacen preguntas acerca de nuestras parejas y relaciones familiares y acerca de quién puede casarse con quién (Cahill y Theilheimer, 1999). Una historia personal ha mostrado lo enterados que están los niños y lo revelador que resulta ver lo que comprenden. El día que uno de los niños llevó consigo *It's Christmas Eve, Bear [Es víspera de Navidad, oso]* los coordinadores de enseñanza en la universidad local estaban de visita para ver si la escuela era lo bastante buena a fin de colocar allí maestros para sus estudiantes. La maestra decidió leer en voz alta el libro para reforzar el interés del niño en los libros y establecer la conexión entre el hogar y la escuela. Cuando leyó "Es víspera de Navidad, oso", frase repetida en el libro, Bobby, de cinco años, gritó alegremente: "¡Eve, Eve, así se llama tu mujer!" La pareja de la maestra, Eve, había ido a menudo a la escuela a construir estantes para libros. La profesora lesbiana no supo qué hacer. Mientras las autoridades la observaban, corrigió al niño diciendo: "Ah, te refieres a mi querida amiga Eve".

Bobby sabía que Eve y su maestra iban juntas a varios lugares, cocinaban una para la otra y vivían en pareja, así como lo sabían sus propios padres. Bobby se había hecho su propia interpretación de la relación de su maestra con Eve, aunque no se le hubiese hablado directamente de ella. La maestra de Bobby se alarmó pensando que su conexión, durante la hora de lectura, revelaría que ella era lesbiana, tal vez poniendo en peligro su propia posición y la de la escuela ante las autoridades universitarias.

Éste es un ejemplo de cómo una maestra no validó la percepción del niño acerca de una familia lésbica. Aunque se apartó del tema por un temor posiblemente bien fundado a delatarse, otras educadoras se mantienen apartadas porque, en su mente, tales referencias están vinculadas al sexo. En contraste, la mayoría de la gente no considera que al hablar de relaciones entre sexos opuestos —por ejemplo, acerca de madres y de padres— se está haciendo alguna relación con el sexo.

Ya sea para ocultar a los niños el contenido sexual o para protegerse a sí mismos, los adultos pueden tratar de ocultar una información que los niños dan ya por sentada. Esto hace tanto más patética la ignorancia, los clósets y la heteronormatividad de las aulas para la primera infancia.

Posibilidades en el aula

Chloe, de cinco años, se estremeció cuando se le dijo que las amigas de su madre eran lesbianas y vivían juntas. A partir de ese momento Chloe pensó que ella y su mejor amiga podían vivir juntas para siempre. Cuando crezca, ¿Chloe será lesbiana? No lo sabemos. ¿Dará por sentada la heterosexualidad? Probablemente menos de lo que la habría dado si su ambiente hubiese sido más limitado. No podemos conocer el efecto de su conocimiento de una pareja lésbica y de la amistad de su madre con ella. Nosotros —los educadores de maestros y nuestros estudiantes— *podemos* observarla y hablar con ella y con otros niños para comprender cómo conceptualizan su mundo social en relación con sus egos sexuales, que con el tiempo surgirán.

El aula para la etapa temprana de la niñez sigue siendo un clóset en desorden. Los educadores deben abrir la puerta de ese clóset y tomar de sus estantes los mitos, creencias y normas, examinarlos y descartar los que sean nocivos. Si los educadores de maestros, que a su vez se harán cargo de los niños, se unen a sus estudiantes, al escudriñar la relación entre lo que sabemos y lo que no sabemos y entre lo que expresamos y lo que callamos, aprenderemos más acerca de nosotros mismos. Los niños son una inapreciable fuente de información, pues nos dicen lo que saben y comprenden. En este proceso, los instructores y sus estudiantes volverán a meter en el clóset ciertas creencias, porque no todo lo que creemos saber acerca de la sexualidad pasará a formar parte de la vida cotidiana en las aulas. Otras creencias saldrán a relucir en la clase, donde no habían sido abordadas.

REFERENCIAS BIBLIOGRÁFICAS

Bredekamp, S., y C. Copple, *Developmentally appropriate practice in early childhood education programs serving children from birth through age 8* (ed. rev.), Washington, D. C., National Association for the Education of Young Children, 1997.

Butler, J., "Sexual inversions", en S. J. Hekman (ed.), *Feminist interpretations of Michel Foucault*, University Park, Pennsylvania State University Press, 1996, pp. 59-75.

Cahill, B., *An exploratory study of early childhood teachers' attitudes toward gender roles*, tesis doctoral inédita, Kent State University, Kent, Ohio, 1995.

——, y R. Theilheimer, "Can Tommy and Sam get married? Questions about gender, sexuality, and children", *Young Children*, 54 (1), 1999, pp. 27-31.

Cannella, G. S., *Deconstructing early childhood education: Social justice and revolution*, Nueva York, Peter Lang, 1997.

Casper, V., H. K. Cuffaro, S. B. Schultz, J. G. Silin y E. Wickens, "Toward a most thorough understanding of the world: Sexual orientation and early childhood education", *Harvard Educational Review*, 66 (2), 1996, pp. 271-293.

Casper, V., y S. B. Schultz, *Gay parents/straight schools: Building communication and trust*, Nueva York, Teachers College Press, 1997.

Clausen, J., *Beyond gay or straight: Understanding sexual orientation*, Filadelfia, Chelsea House, 1997.

Clay, J., "Working with lesbian and gay parents and their children", *Young Children*, 45 (2), 1990, pp. 31-35.

Corbett, S., "A complicated bias", *Young Children*, 48 (3), 1993, pp. 29-31.

Derman-Sparks, L., *Anti-bias curriculum: Tools for empowering young children*, Washington, D. C., National Association for the Education of Young Children, 1989.

Goodman, J. M., "Lesbian, gay and bisexual issues in education: A personal view", *Thrust for Educational Leadership*, 1993, pp. 24-28.

King, J. R., "Keeping it quiet: Gay teachers in the primary grades", en J. Tobin (ed.), *Making a place for pleasure in early childhood education*, New Haven, Yale University Press, 1997, pp. 235-250.

Lewis, M., "Early sex role behavior and school age adjustment", en J. M. Reinisch, L. A. Rosenblum y S. A. Sanders (eds.), *Masculinity/femininity: Basic perspectives*, Nueva York, Oxford University Press, 1987, pp. 202-226.

Lively, V., y E. Lively, *Sexual development of young children*, Albany, Nueva York, Delmar, 1991.

Lorde, A., "There is no hierarchy of oppressions", *Interracial Books for Children Bulletin*, 14 (3 y 4), 1983, p. 9.

Mondimore, F. M., *A natural history of homosexuality*, Baltimore, Johns Hopkins University Press, 1996.

Pogrebin, L. C., *Growing up free: Raising your child in the eighties*, Nueva York, Bantam Books, 1980.

Rubin, G., "Thinking sex: Notes for a radical theory of the politics of sexuality", en C. S. Vance (ed.), *Pleasure and danger: Exploring female sexuality*, Boston, Routledge, 1984, pp. 267-319.

Savin-Williams, R. C., "Lesbian, gay male, and bisexual adolescents", en A. R. D'Augelli y C. J. Patterson (eds.), *Lesbian, gay, and bisexual identities over the lifespan: Psychological perspectives*, Nueva York, Oxford University Press, 1995, pp. 165-189.

Sears, J. T., "Thinking critically/intervening effectively about heterosexism and homophobia: A twenty-five year research retrospective", en J. T. Sears (ed.), *Overcoming heterosexism and homophobia: Strategies that work*, Nueva York, Columbia University Press, 1997, pp. 13-48.

Sedgwick, E. K., *Epistemology of the closet*, Berkeley, University of California Press, 1990.

Silin, J. G., *Sex, death, and the education of children: Our passion for ignorance in the age of AIDS*, Nueva York, Teachers College Press, 1995.

Strickland, B. R., "Research on sexual orientation and human development: A commentary", *Developmental Psychology*, 31 (1), 1995, pp. 137-140.

Tierney, W. G., *Academic outlaws: Queer theory and cultural studies in the academy*, Thousand Oaks, Cal., Sage, 1997.

Tobin, J., "Playing doctor in two cultures: The United States and Ireland", en J. Tobin (ed.), *Making a place for pleasure in early childhood education*, New Haven, Yale University Press, 1997, pp. 119-158.

Wickens, E., "Penny's question: I will have a child in my class with two moms—What do you know about this?", *Young Children*, 48 (3), 1993, pp. 25-28.

Williams, W. L., "Introduction", en J. T. Sears (ed.), *Overcoming heterosexism and homophobia: Strategies that work*, Nueva York, Columbia University Press, 1997, pp. 1-10.

Wolfe, A., "The homosexual exception", *New York Times Magazine*, Nueva York, 8 de febrero de 1998, pp. 46-47.

VIII. FRACTURADAS O MANUFACTURADAS: LAS IDENTIDADES Y LA CULTURA DE LOS GÉNEROS EN LOS PRIMEROS AÑOS

PATRICK HUGHES
y GLENDA MAC NAUGHTON

DE MIL MANERAS, el género toca y moldea las vidas de los niños. Durante 40 años los investigadores han establecido que el género forma el aprendizaje de los niños; sus estilos de juego, sus amigos y experiencias; sus expectativas, esperanzas y deseos, y sus posibilidades. Las más de las veces, estos "efectos" del género refuerzan unos modos de ser tradicionalmente determinados por el género. Este conocimiento ha dado por resultado que se aconseje a los maestros sobre cómo construir en los niños identidades no tradicionalmente determinadas por el género y antisexistas. Pese a haber seguido tal consejo por casi 40 años (Mac Naughton, en prensa), los maestros y los padres de familia siguen perplejos, preguntándose por qué tantos niños pequeños aún buscan activamente y se construyen modos de ser tradicionalmente determinados por el género, pese a los esfuerzos de los adultos por ofrecerles otras opciones.

En este capítulo analizamos esta cuestión mediante el estudio de un caso de los efectos de la muñeca Barbie sobre las vidas de los niños en lo que se refiere a la determinación por el género. Nuestra sugerencia es que que el trabajo realizado en esta área por los maestros de los niños pequeños ha sido guiado por modelos erróneos de la formación de una identidad por género. Se ofrece otro modelo de formación de identidad, como punto de partida para los maestros de niños pequeños que deseen reflexionar sobre sus aproximaciones a la identidad por géneros en sus aulas.

La Barbie: algunos hechos y cifras

Barbie ha sido y sigue siendo una de las muñecas de más venta en la industria de los juguetes. Desde que fue fabricada por Mattel en 1959, su éxito ha sido evidente en el mercado: nueve de cada 10 niñas en los Estados Unidos poseen al menos una (Chauchard-Stuart, 1996); en Australia, Barbie ha representado cuatro de las muñecas de más venta en Toys R Us ("Barbie de paseo": número uno; "Barbie maestra": número dos; "Barbie Baywatch": número cinco, y "Barbie doctora": número seis) (Brown, 1996). Otros hechos y cifras muestran la omnipresencia de Barbie:

- Los productos Barbie generan 1 000 millones de dólares en ventas cada año (Jones, 1995), y en la actualidad hay más de 600 millones de muñecas Barbie en el mundo (Allen, 1996).
- Si las muñecas Barbie hasta hoy vendidas en el mundo se colocaran unas al lado de otras, darían 50 vueltas al planeta por el ecuador (Adams, 1996).
- Cada segundo de cada día, se venden dos muñecas Barbie en algún lugar del mundo (Carafella, 1996). Para satisfacer esta demanda, la casa Mattel fabrica cerca de 60 000 muñecas cada día (Adams, 1996).

En Australia, hay más muñecas Barbie que personas. Los australianos han comprado 20 millones de muñecas Barbie (Allen, 1996), y sus ventas en Australia suman 40 millones de dólares anuales.

Este enorme éxito es resultado de activas estrategias de mercadotecnia y considerables presupuestos para la publici-

LAS IDENTIDADES Y LA CULTURA DE LOS GÉNEROS 179

dad. Cada año, la casa Mattel presenta hasta 25 nuevas muñecas Barbie y más de 1 200 nuevos equipos para Barbie (Brown, 1996). En efecto, en 1996 la Mattel aumentó su presupuesto promocional para muñecas en 20%, asignando cinco millones de dólares para promover a Barbie tan sólo en Australia (Brown, 1996). El éxito comercial de la muñeca es indiscutible, pero ha habido un enconado debate internacional —lo llamaremos el "debate de Barbie"— acerca de la significación de Barbie, especialmente su impacto sobre la determinación de la identidad por género de los niños, o sobre su sentido del yo. El debate de Barbie es un ejemplo interesante de lo que piensa la gente acerca de las relaciones entre las identidades por género de los niños y la cultura popular. Cada bando del debate se fundamenta en un modelo particular de formación de identidad (un modelo "esponja" o un modelo de "libre mercado"), cada uno de los cuales tiene implicaciones importantes para el rol de los educadores de la niñez temprana. En la siguiente sección esbozaremos el debate y los modelos de identidad que implica. Siguiendo el análisis de opiniones más modernistas sobre la identidad, examinaremos cómo el posestructuralismo feminista pudo cambiar los personajes del debate y generar nuevas posibilidades para los roles de los maestros de la etapa temprana de la niñez.

¿SON LOS NIÑOS ESPONJAS O AGENTES LIBRES?

Mucho se ha discutido sobre si Barbie ejerce una influencia positiva o negativa sobre el desarrollo del sentido del ego de los niños. Algunas personas (entre ellas la casa Mattel) sostienen que la muñeca ofrece a las niñas toda una variedad de modelos de rol ocupacionales positivos (Chauchard-Stuart, 1996). Por ejemplo, ¿sabían ustedes que Barbie fue la primera astronauta femenina estadunidense? "Barbie astronauta" apareció en 1965. Desde entonces, ha tenido muchas ocupaciones poco tradicionales, como la de cirujano, atleta olímpica, estrella de rock, embajadora ante la UNICEF y jefa de un escuadrón de la fuerza aérea (Allen, 1996).

Sus adversarios afirman que la muñeca presenta a las niñas sentidos negativos y problemáticos de quiénes son y quiénes pueden ser. Más explícitamente, arguyen que Barbie encarna fuertes estereotipos de rol sexual que refuerzan unas maneras de ser ultrafemeninas y una imagen de la mujer como objeto sexual (Dixon, 1987). En el mundo de Barbie se consigue pareja o empleo si se pueden tener buenos accesorios, arreglarse bien y ser encantadora (Carlsson-Paige y Levin, 1990; Dixon, 1987). Además, la muñeca ofrece una visión de la vida de clase alta: nunca vestida para trabajar en una fábrica, sino sólo para empleos bien pagados, de clase media y alta; siempre vive en casas grandes y bien mantenidas; y tiene automóviles (entre ellos un Porsche) y vestidos de lujo. Por último, Ducille (1994) la ha acusado de inducir a los niños a la cultura del consumo: "Considero a Barbie y a muñecas similares [...] como objetos que hacen el trabajo sucio del patriarcado y del capitalismo de la manera más insidiosa: a guisa de juegos de niños" (p. 48).

Aunque cada bando, en este aspecto del debate sobre Barbie, refuta airadamente los argumentos del otro, ambos convienen en que los niños forman sus identidades observando y absorbiendo mensajes sociales de lo que les rodea. Ambos creen que la formación de identidad es un proceso no mental en que los niños, sin ojo crítico, observan y absorben mensajes acerca de lo que su sociedad desea que ellos sean, a partir de instituciones sociales como la familia, los medios informativos y la industria del juguete. Desde esa perspectiva, los niños son como esponjas, siempre alerta, que absorben el medio social que los rodea (por ejemplo, véase Derman-Sparks, 1989; Millam, 1996). De este modo, los partidarios de Barbie sostienen que la gama de ocupaciones positivas de la muñeca transmite mensajes positivos en el sentido de que las niñas pueden hacer cualquier cosa y ser lo quieran, y añaden que, afortunadamente, las niñas absorben estos mensajes positivos. Por contraste, sus adversarios sostienen que los productos Barbie transmiten mensajes problemáticos —a veces negativos— acerca del género, la raza y la clase, y que, por desgracia, las niñas efectivamente absorben estos mensajes problemáticos.

Según la imagen de la esponja, la formación de identidades es un proceso pasivo; los niños absorben automáticamente todo tipo de mensajes. En cierto modo, esta proposición resulta potencialmente atractiva para los maestros, porque implica que pueden tener un altísimo grado de control sobre las identidades de los niños en sus aulas. En los modelos de la esponja, los mensajes y las experiencias que encuentran los niños son decisivos para el desarrollo de su identidad, de modo que el papel del maestro consiste en disponer el aula y el programa escolar para que los niños encuentren los mensajes y las experiencias "debidos". Desde otra perspectiva, ése es un papel mínimo y limitador para un maestro. Éste se ve reducido casi a la condición de colocador, que simplemente acomoda los muebles, los materiales del programa y otros recursos, y luego se retira mientras los niños absorben sus mensajes. ¿Qué lugar se le da a la pedagogía, si el aprendizaje es una actividad esencialmente pasiva?

Como para refutar la pasividad del modelo de esponja, otros participantes en el debate sobre Barbie atribuyen a los niños un papel activo al formar sus identidades. Según ellos, el debate se centra en hasta qué punto los niños son libres de formarse sus identidades y, por lo tanto, hasta qué grado los productos Barbie pueden influir sobre la formación de esas identidades. Algunos sostienen que los niños toman sus decisiones acerca de las cosas y, por extensión, pueden formar sus propias identidades. Según ellos, los niños construyen activamente sus propias ideas de quiénes pueden y deben ser a partir de sus propias y únicas experiencias, incluyendo sus relaciones con instituciones sociales, como la familia, los medios informativos y la industria del juguete. Según este modelo, el niño no es un simple producto de fuerzas sociales sino que es un agente libre que se construye un sentido del ego partiendo de una variedad de opciones libremente disponibles. Por consiguiente, llamaremos a esto el modelo del "agente libre en un mercado libre" de formación de identidad. Este modelo presupone que los niños crean sus propias y únicas identidades a partir de sus propias interpretaciones de asuntos como el género, la raza y la clase. Se cree que las interpretaciones emanan de diversas fuentes, como los compañeros de los niños, sus padres y las instituciones sociales. Los niños no se dejan "engañar" por instituciones sociales ni por compañías como la Mattel. En cambio, se vuelven quienes quieren ser y lo que quieren ser.

Hekman (1991) describe al individuo implícito en este modelo como un "constituyente trascendental" (p. 48), porque parece ser capaz de trascender sus circunstancias sociales y materiales particulares y constituir su propio yo sin que importe lo que la sociedad le diga que debe hacer o quién debe ser. Desde esta perspectiva, Barbie resulta inofensiva e intrascendente, y tiene pocos efectos a largo plazo sobre los niños (Carafella, 1996; Lord, 1995). La identidad de un niño particular *puede* corresponder a mensajes particulares de su ambiente, pero no tiene que serlo, y no hay garantía de que lo será: un niño será lo que quiera ser. De este modo, cuando un niño o una niña encuentran el mensaje del género que la Mattel encarna en Barbie, podrán incorporar estos mensajes a un sentido del yo; pero podrían no hacerlo.

El modelo del agente libre presenta al niño como agente activo y creador, que activa y creadoramente elige quién y qué quiere ser, y no como un producto pasivo de fuerzas sociales, como lo implica el modelo de la esponja. Esta proposición resulta desagradable para los maestros, porque implica que pueden tener poco o ningún control de las identidades de los niños de sus aulas. Si el niño es un agente libre, que construye significados e identidad por medio de sus propios procesos psicológicos internos, entonces el educador no tiene otro papel que el de aportar las experiencias "debidas". ¿Qué lugar tiene la pedagogía cuando el aprendizaje es una actividad esencialmente individual, dirigida desde dentro? Sin embargo, en términos más generales, el modelo del agente libre parece muy atractivo, entre otras cosas porque se asemeja a la ideología liberal-humanista más general de la soberanía del consumidor, que considera el éxito o el fracaso de un producto en los mercados libres como la expresión más clara de la voluntad y de las preferencias de una sociedad. El niño individual, "activo", que libremente elige sus identidades dentro de una teórica infinidad de opciones, corresponde al consumidor individual que libremente escoge artículos dentro de una teórica infinidad de opciones que le ofrecen los mercados libres. Sin embargo, así como los ideales de soberanía del consumidor se enfrentan a mercados dominados por un puñado de empresas importantes, los modelos de agente libre de formación de identidad se enfrentan a la creciente evidencia de que la raza, el género y la clase de los niños influyen sobre sus identidades.

¿A MERCADOS MÁS CONTROLADOS, IDENTIDADES MÁS ESTRECHAS?

Las nociones liberal-humanistas de la soberanía del consumidor están siendo socavadas en las industrias culturales y de las comunicaciones (como en otras industrias) por dos tendencias, cada una de las cuales da a los productores de cultura mayor poder para determinar el significado y la importancia de los productos culturales, desde películas hasta juguetes. En primer lugar, la propiedad está quedando cada vez más concentrada e integrada en oligopolios. Por ejemplo, media docena de empresas transnacionales como la News Corporation y la CNN dominan el sector del cine y la televisión. Otro puñado —que, desde luego, incluye a la Mattel y a la Toys R Us— domina la producción y distribución de juguetes. Cuanto más densos son los oligopolios y más grandes las alianzas, más difícil les resulta entrar en el mercado a nuevas empresas, nuevos productos y nuevos discursos. Esta integración estructural y discursiva aumenta la fuerza de grandes empresas como la Mattel para determinar cómo va a consumirse un producto en particular, ya que aumenta la capacidad de canalizar el consumo a través de la gama de discursos relativamente limitada que circulan como sus estrategias de mercadotecnia (Biltereyst, 1995; Deacon y Holding, 1994; Hughes, 1995).

La segunda tendencia que está socavando la soberanía del consumidor consiste en las alianzas entre empresas que están remplazando la competencia entre sí (Hughes, 1997; Michalet, 1991; Storper, 1993). Las compañías forman estas alianzas para compartir los costos —frecuentemente enormes— que implica el desarrollo de tecnologías o productos nuevos o para vender sus productos en otros mercados, lo que requiere utilizar un producto para promover uno o más productos distintos. A veces, este intercambio de mercados se hace entre productos de la misma gama; a veces, se hace entre distintas gamas, es decir, entre productos de distintos estilos. La Mattel ha creado varios ejemplos de alianzas en una misma gama, en distintas gamas y en distintos mercados, en torno de Barbie. La mercadotecnia de la misma gama en distintos mercados subyace en los "amigos" de Barbie, como el Enano (1963) y el Piloto (1964), así como Allan, el amigo de Ken (1963), cada uno de los cuales, en cierto modo, "remite" a uno u otros personajes del grupo de Barbie, aunque las referencias exigen poca caracterización. De hecho, en un raro momento crítico de la hagiografía de Barbie (e implícitamente, de la Mattel), Billy Boy (1987) observó que un amigo de Barbie o de Ken había sido definido por su capacidad de ponerse las ropas del otro: ¡un ejemplo más de roles reducidos a ropas! ¡No en vano el primer disco compacto de Barbie (lanzado en 1991) se llamaba *El aspecto* (Rand, 1995)!

La mercadotecnia de intercambio de distintas gamas ha vinculado a Barbie con otros productos de la cultura popular, elaborados por otros fabricantes, por ejemplo "la Barbie Baywatch" —completa con personajes y un trasfondo azul— y la "Barbie de Pizza Hut". Esta última no sólo muestra la arquitectura conocida de la universal Pizza Hut, sino también las características de Pepsi Cola, indicando la alianza entre supuestos competidores en la industria de la "comida rápida". En otro de estos giros, la Pepsi Cola se adueña del Kentucky Fried Chicken, otro competidor más de Pizza Hut. Y en otro giro más, el informe anual de 1990 de la Mattel analiza nuevas disposiciones de intercambio con la principal competidora de la Pepsi Cola, la Coca Cola, así como con Mastercard (Rand, 1995). Vemos así que los "amigos" de Barbie no sólo incluyen a Ken y el Enano, sino también a Pamela Anderson (la "estrella" de "Baywatch" ["Guardianes de la bahía"]) y a la Pepsi Cola, cada una de las cuales ayuda a la Mattel a llegar a una fuente cada vez más importante de discursos acerca del mundo (incluyendo, desde luego, discursos acerca de sí misma) y acerca de la cultura como consumo.

En otra forma de intercambio de mercados con productos de distintas gamas, la Mattel ha producido una serie de Barbies exclusivas, de edición limitada. Algunas se han vinculado a determinadas tiendas, como J. C. Penney, F. A. O. Schwarz, Sears, Toys R Us y Child World/Children's Palace. Otras se han relacionado con empresas de mayoreo o que atienden pedidos por correo, incluyendo a Wholesale Club y Service Merchandise. La Mattel también creó una Barbie con "elegancia victoriana" para tarjetas de Hallmark. Por último, creó asimismo una serie de Barbies que sirvieran como "recompensas" de lo que a veces llaman lealtad del consumidor. Sobre la base de cierto número de puntos por consumo o pruebas de compra, las bebidas en polvo Kool-Aid han ofrecido dos diferentes Barbies de Wacky Warehouse. La pequeña Debbie, de Snack Cakes, tiene a la Pequeña Debbie Barbie, y el queso Kraft ha ofrecido la Barbie de queso y macarrones. Además, Disneylandia, Walt Disney World y Euro-Disney tienen ahora una serie de Barbies Disney que sólo pueden comprarse en sus parques (Fennick, 1996).

En estas circunstancias, es cada vez más difícil afirmar que los consumidores dan activamente sus propios significados a los productos culturales. En realidad, un enorme consumo se relaciona en cierto modo con estrategias de mercado como el empaquetado, la presentación al menudeo, la publicidad y el intercambio de mercado, que tratan de asociar ciertos productos con ciertas identidades particulares. Un consumidor experimenta una o más de estas identidades —basadas en la mercadotecnia— directa y/o indirectamente a través de sus compañeros, su familia, etc. No obstante, el grado en que los consumidores específicos reconocen y adoptan como suyas una o más identidades asociadas con un producto particular dependerá del acceso que tengan a discursos particulares dentro de los cuales interpretar el producto y sus identidades concomitantes (Roscoe, Marshall y Gleeson, 1995). Como ha sostenido Hughes (1996), el éxito comercial de un producto cultural depende de su capacidad para encontrar eco en las identidades de los consumidores: de hecho, de insinuarse en la continuada (re-)construcción de las identidades de los consumidores,

> cuanto más puedan las grandes empresas dominar o incluso determinar el repertorio de discursos dentro y por medio de los cuales los públicos (re-)construyen sus subjetividades, y cuanto más los discursos en esos repertorios equiparen la subjetividad/subjetividades con productos específicos, más podrán las empresas "producir" subjetividades particulares destinadas a comprar esos productos específicos (pp. 96-97).

En cambios equivalentes en torno a la formación de identidad, los modelos del agente libre de formación de la identidad se enfrentan cada vez más a pruebas de que la raza, el género y la clase de los niños influyen sobre los mensajes a los que se ven expuestos, a los que atienden y los que prefieren en público (Mac Naughton, 2000).

Pese al hecho de que en el debate sobre Barbie los modelos subyacentes de formación de identidad son simplistas y ofrecen un pequeño papel a los educadores, muchos textos para niños elaborados por la corriente dominante los presentan sin ojo crítico (por ejemplo, Millam, 1996). De hecho, el pensamiento de la tendencia dominante acerca de la formación de la identidad determinada por los géneros ofrece a los educadores tan poco espacio para influir de manera considerable sobre las diferencias de género que no resulta sorprendente que muchas maestras de la etapa temprana de la niñez se resistan a trabajar en favor de una equidad entre géneros. Cuando los posestructuralistas feministas han criticado los modelos de formación de la identidad de los géneros propagados por la corriente convencional o dominante han redefinido la "identidad" como una cuestión política y han planteado metáforas alternativas por medio de las cuales se pueden explicar las relaciones entre el individuo y las instituciones sociales (Alloway, 1995; Davies, 1989; Gherardi, 1996; Hekman, 1991).

Planteamiento sobre la formación de identidad determinada por géneros mediante el posestructuralismo feminista

Desde finales de los años ochenta, los posestructuralistas feministas han criticado los modelos de esponja de la formación de identidad por su concepto simplista de las relaciones entre la interpretación de sí mismas que tienen las personas y sus contextos sociales y culturales (por ejemplo Davies, 1989, 1993; Lloyd y Duveen, 1992). Han sostenido que los modelos de esponja presentan a los niños como simples "productos de las fuerzas sociales" (Hekman, 1991, p. 45), con poca o ninguna capacidad de hacer más que pensar y sentir lo que les indica la sociedad. Dicho simplemente, el modelo de esponja implica que las personas se vuelven lo que la sociedad desea de ellas. Sin embargo, los niños reciben mensajes múltiples, diferentes y frecuentemente encontrados, provenientes de muy distintas fuentes, acerca de quiénes y de cómo deben ser. Por ejemplo, los niños pueden recibir muy distintos mensajes de su familia, de sus compañeros y de otras instituciones como el centro para la etapa temprana de la niñez o los medios informativos acerca de lo que es "normal" en materia de género, raza y capacidad. En tales circunstancias, ¿cómo podemos explicar las "diferenciadas identidades de género [y otras]" (Lloyd y Duveen, 1992, p. 183) que demuestran los niños? Si ellos simplemente absorben esos mensajes, ¿cómo se las arreglan cuando reciben expectativas y mensajes diferentes y contradictorios? Por ejemplo, cuando las niñas juegan con productos de Barbie, ¿cómo se las arreglan cuando algunos mensajes les dicen que ser mujer es una cuestión de apariencia, mientras otros mensajes les dicen que las niñas pueden ser cualquier cosa y hacer lo que deseen?

En su obra seminal sobre la formación de la identidad en la etapa temprana de la niñez, Davies (1989, 1993) sostuvo que las explicaciones de esponja de las relaciones entre lo individual y lo social son inadecuadas porque no pueden responder a cuatro preguntas generales sobre cómo interpretan los niños el mundo. A modo de ilustración, he traducido cada una de las preguntas generales de Davies a un ejemplo específico con respecto a Barbie:

- ¿Cómo resuelve la niña interpretaciones contradictorias (por ejemplo, "Barbie te conviene" y "Barbie no te conviene")?
- ¿Cómo escoge la niña entre interpretaciones dominantes y alternativas (por ejemplo, relacionadas con el género y con los productos Barbie)?
- ¿Cómo resiste o rechaza la niña interpretaciones domi-

nantes (por ejemplo, del género construido por Mattel en y por medio de Barbie)?
* ¿Qué influye sobre la niña para que rechace interpretaciones dominantes o alternativas (por ejemplo, de los productos Barbie)?

La identidad como algo múltiple, contradictorio y dinámico

Los teóricos posestructuralistas feministas, como Davies (1993), han redefinido la identidad. Han refutado la noción de que tenemos una sola identidad, coherente y fija, que, una vez adquirida, se queda con nosotros por toda la vida, y arguyen en cambio que:

* La identidad es múltiple ("las identidades"). Tiene muchas facetas, entre ellas el género, la raza, la etnicidad, la clase, la sexualidad, la capacidad, la ubicación geográfica, etcétera.
* La identidad es (al menos potencialmente) contradictoria. Sus muchas facetas no necesariamente son consistentes y, con frecuencia, pueden entrar en conflicto entre sí.
* La identidad es dinámica. Nunca está completa y fija, sino que siempre es cambiante y está en proceso de formación.

Si la identidad es múltiple, contradictoria y dinámica, entonces es probable que los niños creen identidades múltiples, contradictorias y cambiantes por medio de sus juegos —incluyendo su juego con Barbie—. Así pues, desde un punto de vista posestructuralista feminista, jugar con Barbie no es esencialmente bueno ni esencialmente malo. En cambio, es probable que las niñas experimenten ese juego y lo interpreten de maneras cambiantes y contradictorias.

Al redefinirla como múltiple, contradictoria y dinámica, los posestructuralistas feministas han politizado la formación de la identidad. Han sostenido que la identidad está constituida en y por relaciones sociales de género, sexualidad, clase y raza, y que cada uno de nosotros vive sus identidades de manera dividida por género, sexualizada, "etiquetada" por las razas en y por medio de las relaciones de poder que constituyen nuestras vidas cotidianas. Su punto de partida es que las personas son inseparables de las instituciones sociales; no se limitan a interactuar, sino que son interdependientes y se constituyen mutuamente. Las personas nacen en mundos sociales ya existentes, que consisten en estructuras sociales, procesos sociales y significados sociales. Lo individual no puede existir ni existe fuera de lo social, ni lo social puede existir por encima de lo individual.

Además, los posestructuralistas feministas han subrayado que la formación de la identidad no es tan sólo un ejercicio cognitivo abstracto, sino que es algo inherentemente emocional. Davies (1993) subrayó el papel del deseo al crear identidades y la importancia de los placeres relacionados con las diversas identidades. Sostuvo que desarrollar identidades implica aprender a

> leer e interpretar el panorama del mundo social, y encarnar, vivir, experimentar, conocer, desear que le pertenezca a uno mismo, y encontrar placer en el mundo, conforme éste se vuelve cognoscible por medio de los discursos, las estructuras y las prácticas sociales disponibles (p. 17).

En otras palabras, cuando los niños construyen sus identidades encuentran varios significados y deben, activamente, hacer lo siguiente:

- Leer, interpretar y comprender esos significados
- Aceptarlos o rechazarlos

- Vivir, encarnar y expresar los significados que deseen, adoptándolos como propios
- Al hacerlo, encontrar un placer en ellos

Esto no quiere decir que los niños son libres de construir cualesquiera significados o identidades que deseen. Los significados y las identidades que los niños pueden construir posiblemente son muchos y variables, *pero* están limitados a las alternativas a las que ellos tienen acceso. Esto es más que un lugar común. Los niños no entran en un libre mercado de ideas sino en un mercado en que algunos significados son más alcanzables, más deseables, más reconocibles, más agradables y por ello más poderosos que otros. Además, como acabamos de verlo, el mercado de las ideas se caracteriza por un acceso diferencial: el género, la sexualidad, la clase y la raza influyen sobre las ideas que encontramos y nos parecen atractivas. Por consiguiente, aunque los posestructuralistas feministas presentan al niño como un agente activo que va formando su propia identidad, insisten en que tal agencia es experimentada y ejercida dentro y por medio de categorías sociales definidas —como género, raza y clase—, evitando con ello la trampa de un humanismo ingenuo.

El posestructuralismo feminista podría ser empleado indebidamente para responder a las inadecuaciones percibidas en los modelos de esponja y del agente libre. Su insistencia en el papel de las categorías sociales podría convertirse en el argumento simplista de que la identidad de cada niño en particular consiste en una combinación específica de género, raza y clase. En lugar de replantear la formación de identidad, esto simplemente introduciría nuevas variables de género, raza y clase en el ya existente modelo individualista de identidad que domina la educación de la primera infancia. O bien, el hincapié del posestructuralismo feminista en el papel de las categorías sociales podría convertirse en un argumento de que la identidad de los niños es influida y aun determinada por su género, raza y clase. Esto reduciría esas categorías sociales —siempre dependientes de circunstancias sociales y materiales específicas, a las que contribuyen— a características humanas esenciales y reduciría la identidad a una combinación particular de estas categorías sociales en una persona en particular. Para evitar dicho reduccionismo, necesitamos teorizar sobre cómo esas categorías sociales intervienen individual y colectivamente en el continuo proceso de formación de la identidad en niños y adultos. Más específicamente, necesitamos preguntar:

- ¿Cómo obtuvieron ciertos discursos particulares de género, de raza, de clase, etc., su actual influencia (o por qué carecen de ella)?
- ¿Cómo han llegado ciertos discursos particulares de género, de raza, de clase, etc., a ser accesibles a personas específicas en un lugar en particular?
- ¿Cómo intervienen ciertos discursos particulares de género, de raza, de clase, etc., en la construcción de la identidad (de las identidades) de una persona en un sitio particular?
- ¿Cómo, a su vez, la construcción de la identidad de un individuo en un sitio particular, refuerza y/o desafía la influencia de cada discurso?

Este ejercicio de teórico es una tarea temible y, ciertamente, va más allá del alcance de este capítulo. Sin embargo, podemos empezar a enfocarlo explorando la formación y la circulación de lo que llamaremos el "repertorio social de los discursos", e ilustraremos nuestro argumento con referencia a los productos Barbie.

El repertorio social de discursos

El repertorio social de discursos es la suma total de los discursos presentes en una u otra forma dentro de la cual una categoría social (el género) es conceptualizada en un momento sociohistórico particular. Una persona reúne su propio repertorio discursivo específico adoptando uno o más de los discursos que circulan dentro del repertorio social. Esto no implica que la formación de la identidad ocurre en el equivalente de un mercado libre de ideas. En lugar de ello, la persona encuentra un repertorio social de discursos en que algunos de ellos son más familiares, más accesibles, más influyentes y por ello más atractivos que otros porque poseen una base institucional más sólida. Las industrias culturales y de las comunicaciones forman una base institucional para la producción y la circulación de discursos que va aumentando en importancia conforme la propiedad y el control de estas industrias quedan más concentrados e integrados. Por consiguiente, poner énfasis en la *accesibilidad* y la *influencia* de discursos particulares conduce casi inevitablemente a un examen de la estructura y la operación de dichas industrias.

Durante décadas, la propiedad y el control de las industrias culturales y de comunicaciones —como las de muchas otras industrias— han ido quedando cada vez más concentrados e integrados. Esto ha permitido que un número cada vez menor de grandes empresas —como la Mattel, así como Disney, Sony, Time-Warner y News Corporation— influyan cada vez más sobre la formación y la circulación del repertorio social de discursos por medio de productos culturales, como periódicos, programas de radio y televisión, películas, libros, discos compactos, videos y juegos de computadora. Barbie ofrece varios ejemplos de esa tendencia general de los productores a dominar discursivamente el consumo. A un nivel obvio, la influencia de la Mattel sobre la industria de los juguetes y, por ello, sobre la gama de elecciones de consumo queda ilustrada por profusión de clones de Barbie creados por otras empresas. Entre los ejemplos podemos incluir Sindy de la Hasbro, y Sailor Moon de la DIC, muñeca promovida por medio de una caricatura de ese nombre que, en Australia y en julio de

1996, fue la caricatura más gustada del programa para niños del Canal 7, "La conexión de caricaturas de Agro". En un nivel menos obvio, la Mattel domina discursivamente el consumo por su insistencia en la capacidad de las niñas para "hacer" de Barbie lo que deseen. Fennick (1996) ha reportado la observación de Ruth Handler (una de las creadoras de Barbie) de que deseaba que cada niña creara "sus propias" personalidades de Barbie, utilizando productos con la marca Barbie:

> La señora Handler deseaba que la niña desarrollara su propia percepción de cómo debía ser Barbie en sus muñecas. Por lo tanto, las ropas y los accesorios de Barbie fueron creados teniendo en mente una gran variedad de posibilidades. Por ejemplo, puede ser una muchacha de carrera, una modelo adolescente, una cantante romántica o una estudiante universitaria. Las interminables elecciones quedaban a discreción de la propietaria de la muñeca [...] el plan de Ruth Handler para su muñeca soñada también incluía un elegante guardarropa a la última moda y de la mejor calidad posible [...] La primera serie de diseños para ropas de Barbie [...] fue llevada directamente de los escaparates de París de finales de los años cincuenta y comienzos de los sesenta. Dior, Chanel, Balenciaga, Chiaparelli y otras casas de modas sirvieron de inspiración al equipo de diseños de la Mattel (pp. 14 y 16).

De esta manera, una niña podía "convertir" a las primeras Barbies en cualquier cosa que deseara, eligiendo entre los accesorios de Barbie. Sin embargo, por entonces esos accesorios sólo consistían en copias de modas de la alta costura, a fin de fomentar el consumo al tomar la forma de emulación de clases y formas particulares de mujeres. Los nexos de Barbie con la industria de la moda ya han sido observados en formas tanto elogiosas como analíticas (por ejemplo, Billy Boy, 1987; Craik 1988/1989, respectivamente), y vestir y desvestir a Barbie siempre ha sido, al menos, un rasgo del juego con ella y, a veces, su enfoque exclusivo. Por ello, no sorprende que la Mattel apoye sus afirmaciones de que Barbie puede "ser" toda una diversidad de roles poniendo como prueba su variado guardarropa. Por ejemplo:

- En 1985, la Mattel lanzó la "Barbie noche y día" con el lema "Las niñas podemos hacerlo todo" y con toda una gama de vestidos para ejecutiva, diseñadora, reportera de televisión, veterinaria y maestra.
- En 1990, la Mattel lanzó a "Barbie en el avión" ("quien puede ser piloto o asistente de vuelo... con un deslumbrante guardarropa para sus horas libres").
- En 1991, apareció "Barbie en el escenario y bajo los reflectores", debidamente vestida como estrella de música en video. También en 1991, "Las niñas podemos hacerlo todo" reapareció como un juego de mesa en el que, sin embargo, "todo" se limitaba a "una actriz glamorosa, una graciosa bailarina, una piloto fuera de este mundo" o una doctora, músico o diseñadora de modas (Mitchell y Reid-Walsh, 1995).

Cualquier duda sobre la fuerza discursiva del lema de la Mattel se disipa si consideramos lo que *no se dice*. "Las niñas pueden hacerlo todo" con sólo adherirse al "sueño norteamericano" y trabajar mucho. No se requieren cambios sociales y económicos: los blancos, los hombres y el capitalismo pueden quedarse donde están. Sin embargo, Barbie rara vez se ha esforzado por algo. Cada una de sus carreras llega ya prefabricada con su atuendo característico y en realidad Barbie parece adelantarse a Madonna al reducir sus roles a sus ropas. Observando que la Mattel vende más vestidos de novia para Barbie que ningún otro atuendo (5 millones en 1991), Rand (1995) observó que la Mattel no "obliga" a casarse a Barbie. Más bien, "la adorna con unas ropas y una ideología que hacen que el matrimonio parezca su destino natural, el más deseable y el más libremente elegido: el destino que cumple las fantasías de

Barbie". Rand resumió sagazmente la capacidad de las ropas para influir —tal vez para predeterminar— las relaciones de sus clientes con este producto y sus supuestamente infinitos significados de la manera siguiente: "Barbie puede ser cualquier cosa, pero, ¿no sería especialmente divertido hacerla una estrella del rock con esta ropa tipo en el Escenario y bajo los Reflectores que tú puedes comprar?" (p. 9).

Hacia un modelo nuevo de formación de la identidad: ¿nuevos roles para las maestras?

Nuestro análisis de la producción y el consumo de Barbie muestra que cuando teorizamos sobre la identidad necesitamos reconocer la creación activa de las identidades de que son capaces los pequeños, así como las limitaciones estructurales y materiales impuestas a esa actividad. Por ello, cualquier nuevo modelo de formación de identidad debe plantearse como el variable resultado de un equilibrio entre dos fuerzas:

- La creación activa de identidades por los niños dentro de los discursos que han adquirido como resultado de sus circunstancias sociales y materiales específicas.
- La creciente capacidad de las grandes empresas para influir sobre la disponibilidad de discursos de identidad particulares dentro de los cuales han de dar sentido a sus productos.

Teniendo en mente estas fuerzas podemos formular otro modelo general de formación de identidades de la manera siguiente:

Las personas construyen y reconstruyen su(s) identidad(es) o sentido(s) del yo activa y continuamente, pero lo hacen dentro de unos repertorios discursivos cada vez más expuestos a ser dominados por las grandes empresas dentro de las industrias culturales y de las comunicaciones.

Este modelo alternativo de formación de identidad intenta integrar los tres fenómenos siguientes, tomados de nuestra noción de una limitada soberanía del consumidor:

- La politización de la identidad
- Las intersecciones entre el consumo cultural y la formación de identidades politizadas
- Las intersecciones entre la producción activa de significado por los consumidores, y las condiciones sociales y materiales en que esta producción se ejerce (Hughes y Mac Naughton, 2000)

Estos tres fenómenos tienen claras repercusiones pedagógicas para los maestros que están reflexionando sobre su rol en la formación de identidad determinada por el género que realizan sus alumnos. Los maestros pueden llegar más allá de la modelación de rol o la presentación de imágenes y mensajes alternativos de género para los niños. Los profesores pueden participar activamente, con los niños, en el examen y la negociación de significados culturales influidos por el género, de modo que su propia comprensión de la identidad del género llegue a formar parte de las experiencias de los niños en sus aulas.

Concluiremos con varios posibles puntos de partida para los maestros en esta labor. Cada punto invita a los maestros de niños pequeños a buscar activamente, negociar y someter a discusión los significados culturales y políticos unidos al género. Los maestros pueden empezar dedicándose a las actividades siguientes:

- Observar cómo la identidad de género de los niños queda politizada por medio de los productos culturales, textos y experiencias que consumen durante su vida diaria

en el aula. Emplear esta observación para iniciar conversaciones con los niños acerca de cómo dan sentido a esos productos culturales, textos y experiencias.
- Introducir productos culturales, textos y experiencias que aumenten la diversidad de política del género que pueden consumir los niños. Compartir con los niños diferentes maneras de interpretar cuestiones y mensajes culturalmente afectados por el género.
- Discutir con los niños los pros y contras de diferentes maneras de pertenecer a un género.

Una manera de explorar este modelo de identidad de formación sería invitar a Barbie al aula para utilizarla junto con las experiencias vividas por los niños. De hecho, los maestros pueden comenzar su compromiso activo en la construcción del significado de los géneros con niños utilizando una variedad de productos culturales, desde Pocahontas hasta Pokemon. Esperamos que este modelo ayude a los maestros a re-imaginar su propio rol en la formación de identidades de los niños, y a lograr que toda una diversidad de identidades de género florezcan en sus aulas.

REFERENCIAS BIBLIOGRÁFICAS

Adams, P., "Barb-aryan hordes", *The Weekend Australian*, 11 de noviembre de 1996, pp. 2-3.

Allen, F., "What a doll", *Herald Sun*, 11 de julio de 1996, pp. 70-71.

Alloway, N., *Foundation stones: The construction of gender in early childhood*, Carleton, Victoria, Curriculum Corporation, 1995.

Biltereyst, D., "Qualitative audience research and transnational media effects: A new paradigm?", *European Journal of Communication*, 10 (2), 1995, pp. 245-270.

Billy Boy, *Barbie: Her life and times*, Nueva York, Gown Books, 1987.

Brown, S., "Babes in toyland", *The Sunday Age*, 1996, p. 6.
Carafella, J., "Why Barbie is a nerd", *The Age*, 15 de mayo de 1996, p. 23.
Carlsson-Paige, N., y N. Levin, *Who's calling the shots? How to respond effectively to children's fascination with war plays and war toys*, Gabriola Island, Columbia Británica, New Society, 1990.
Chauchard-Stuart, S., "Barbie goes hi-tech", *The Independent Tabloid*, 23 de diciembre de 1996, p. 8.
Craik, J., "Barbie at the barricades", *Australian Left Review*, diciembre, 1988-1989, pp. 16-18.
Davies, B., *Frogs and snails and feminist tales: Preschool children and gender*, North Sydney, NSW, Allen & Unwin, 1989.
——, *Shards of glass: Children reading and writing beyond gendered identities*, North Sydney, NSW, Allen & Unwin, 1993.
Deacon, D., y P. Golding, *Taxation and representation: Political communication, the media and the poll tax*, Londres, John Libbey, 1994.
Derman-Sparks, L., *The anti-bias curriculum: Tools for empowering young children*, Washington, D. C., National Association for the Education of Young Children, 1989.
Dixon, B., "Fashion for the formula female", *The Morning Star*, 15 de diciembre de 1987, p. 5.
Ducille, A., "Dyes and dolls", *Difference*, 6 (1), 1994, pp. 46-48.
Fennick, J. (1996), *The collectible Barbie doll*, Londres, New Burlington Books, 1996.
Gherardi, S., "Gendered organizational cultures: Narratives of women travelors in a male world", *Gender, Work and Organization*, 3 (4), 1996, pp. 187-201.
Hekman, S. J., "Reconstituting the subject: Feminism, modernism, and posmodernism", *Hypatia*, 6 (2), 1991, pp. 44-63.
Hughes, P., *Reinforcing "core" discursive repertoires: Evaluating press representations of child care accreditation policy*, ensayo presentado en la Conferencia de la Asociación de Comunicaciones de Australia y de Nueva Zelanda, Perth, 5-7 de julio de 1995.
——, "Producing audiences: Towards a political economy of subjectivitiess", *Media International Australia*, 80, 1996, pp. 93-98.
——, "Can governments weather the storm in the new communica-

tions climate"?, *Australian Journal of Public Administration*, 56 (4), 1997, pp. 78-86.

Hughes, P., y G. Mac Naughton, "Identity-formation and popular culture: Learning lessons from Barbie", *Journal of Curriculum Theorizing*, 16 (3), 2000, pp. 57-68.

Jones, M., "Pristine Barbie image revised for '90s buyer", *The Age*, 23 de marzo de 1995, p. 26.

Lord, M., *Forever Barbie: The unauthorized biography of a real doll*, Nueva York, Avon, 1995.

Lloyd, B., y G. Duveen, *Gender identities and education: The impact of starting school*, Hertfordshire, Harvester Wheatsheaf, 1992.

Mac Naughton, G., *"Blushes and birthday parties": Telling silences in young children's constructions of "race"*, ensayo presentado en la Conferencia Anual de la Investigación sobre la Educación Temprana en Australia, Canberra, 29-30 de enero de 2000.

——, "Silences, sex-roles and subjectivities: 40 years of gender in the Australian Journal of Early Childhood", *Australian Journal of Early Childhood*, en prensa.

Michalet, C. A., "Strategic partnerships and the changing internationalization process", en L. Mytela (ed.), *Strategic partnership: States, firms and international competition*, Madison y Teaneck, New Jersey, Farleigh Dickinson University Press, 1991, pp. 35-50.

Millam, R., *Anti-discriminatory practice: A guide for workers in childcare and education*, Londres, Cassell Books, 1996.

Mitchell, C., y J. Reid-Walsh, "And I want to thank you Barbie: Barbie as a site for cultural interrogation", *The Review of Education/Pedagogy/Cultural Studies*, 17 (2), 1995, pp. 143-155.

Rand, E., *Barbie's queer accessories*, Raleigh, Carolina del Norte, y Londres, Duke University Press, 1995.

Roscoe, J., H. Marshall y K. Gleeson, "The television audience: A reconsideration of the taken-for-granted terms, 'active', 'social' and 'critical'", *European Journal of Communication*, 10 (1), 1995, pp. 87-108.

Storper, M. *[Review of Strategic partnerships: States, firms and international competition]. Transnational Corporations*, 2 (1), 1993, pp. 171-174.

Cuarta Parte

EL DESAFÍO A LAS IDENTIDADES COLONIZADAS

IX. REFLEXIONES SOBRE EL COLECTIVISMO DE LA EDUCACIÓN TEMPRANA EN LA AOTEAROA/NUEVA ZELANDA

Jenny Ritchie

Últimamente he estado reflexionando sobre las repercusiones culturales de la erosión de un sentido de colectivismo como ética social en la sociedad occidental. En *Pigs in heaven*, Barbara Kingsolver (1993) contrasta la ética social de una mujer cherokee con la de la cultura dominante:

> Dice Jax, varón blanco, a Annawake, mujer cherokee: "De modo que ese mito los guía a ustedes. Haz el bien a tu gente o serás un cerdo en el cielo". Annawake reflexiona: "Sí. Tengo ciento un mitos de mi niñez y todos se reducen más o menos a 'Haz el bien a tu gente'. ¿Es malo eso?" Replica Jax: "Los mitos son mitos. Son buenos si te funcionan bien, y malos si no es así". Pregunta Annawake: "¿Cuáles son los tuyos?" Y Jax responde: "Oh, ya sabes, he oído el común credo estadunidense. Si eres diligente y tienes pensamientos limpios llegarás a ser vicepresidente de la Motorola", lo que Annawake reduce como "Haz el bien para ti" (p. 88).

El individualismo de la Nueva Derecha

La ideología del gobierno de Nueva Derecha ha dado por resultado una muy obvia reestructuración de las instituciones educativas en mi país, pero yo también me pregunto cómo, de maneras más insidiosas, puede estar influyendo esto sobre nuestro trabajo con niños pequeños en la educación temprana. Recientemente, en una localidad de Nueva Zelanda, la organización de administración regional impuso una política que modificó una práctica ya antigua en los jardines de niños públicos del lugar: celebrar, a mitad de la jornada escolar, un "rato de frutas" compartido. Se pedía a los niños reunirse, elegir una fruta y sentarse en una estera a comer mientras un maestro les leía un cuento. La nueva política dice que, en lugar de que cada niño aporte un pedazo de fruta para compartirlo, lleve en cambio su ración individual. Los niños pueden elegir cuándo desean recibir su bocadillo e irse a la estera. Pueden sentarse a solas o en pequeños grupos. Un maestro puede unirse o no a ellos. En algunos jardines de niños hubo resistencia a esta nueva política. A los padres y maestros les gustaba la sensación de comunidad y de compartir que había dado la disposición anterior. Un rato para comer en común también es algo congruente con *tikanga Mäori* (prácticas y valores culturales maoríes, las costumbres que son "buenas", *tika*, para los maoríes), y la insistencia que hacía el programa escolar de Nueva Zelanda para la educación temprana, en "pertenecer a un grupo" (Ministerio de Educación, 1996). Sin embargo, estas objeciones de las maestras a la nueva política fueron pasadas por alto.

Me pregunté si éste era un ejemplo de una forma sutil de individualismo de la Nueva Derecha que se estaba aplicando bajo el disfraz pedagógico de "libre elección". Giroux (1995) ha descrito el impacto de la Nueva Derecha diciendo que redefine la educación "por medio de una ideología corporativa que subraya la supremacía de la elección sobre la comunidad, la competencia sobre la cooperación y la excelencia por encima de la equidad" (p. ix). Mi interpretación de la fuerza del colectivismo expresada en *tikanga Mäori* y mi participación, durante cierto número de años, en la *whänau* (familias extendidas) maorí y el movimiento *Köhanga Reo* (lenguaje maorí de la etapa temprana de la niñez) (Tangaere, 1997) han contribuido a mi inconformidad con los modos de operar abiertamente individualistas. Además, me parece que este empuje de la Nueva Derecha es otra manifestación más de la colonización, que impone una ética social descaradamente contradictoria sobre un pueblo indígena para cuyo bienestar es fundamental la colectividad.

Mi modo de pensar fue apoyado y a la vez desafiado cuando tuve el privilegio de asistir a la reunión de 1998 de la American Educational Research Association en San Diego. Entre las aportaciones a esta conferencia, Howard Gardner (1998) defendió la necesidad de una creatividad socialmente responsable y humana como meta para los educadores. Peter McLaren y Zeuss Leonardo (1998) contrastaron la orientación adquisitiva individualista del capitalismo explotador de la mano de obra con el enfoque de "otorgar regalos" de las sociedades polinesias, cuya unidad de organización es, en gran parte, el agrupamiento social colectivo. Michael Apple (1998) habló sobre cómo el individualismo posesivo de la Nueva Derecha contribuye no sólo a la pérdida de colectividad, sino a una amnesia con respecto a los continuos efectos de la colonización, tal como afectan hoy la dinámica social. Nos recordó que las luchas de hoy tienen un significado por el recuerdo de quienes murieron por obra de la colonización.

Los seres humanos son seres sociales, y nuestra propia supervivencia como especie es testimonio de nuestra fuerza colectiva. Al promover un posmodernismo holista, crítico y constructivo en la educación, Shea (1996) sugiere que las maestras posmodernas están intuitivamente conscientes de la red de relaciones que rodean a los niños con quienes trabajan. Esto les permite fomentar la agencia de los niños al comprender y fomentar estas relaciones. Yo creo en esta respuesta intuitiva, pero veo esta intuición como punto de referencia para una ética social proactiva de amor y de comunidad.

Las maestras de educación temprana y los educadores de

maestros en mi país se están enfrentando a una ideología cada vez más despiadada que intenta hacer que el gobierno deje de compartir la responsabilidad de alimentar, en lo físico y en lo espiritual, a los niños y sus familias. La estrategia de supervivencia que estoy proponiendo consiste en que desarrollemos una contraomnipresencia de la colectividad como principio guía generalizado en nuestra labor de educación de maestros y con los niños. Al adoptar esta actitud proactiva será posible reactivar el sentido de una responsabilidad social compartida y un contrato social que es el fundamento de muchas sociedades indígenas y que ha sido propuesto, desde hace tiempo, en la educación progresista por escritores como Dewey (1966). Fay (1987) ha sugerido un "ideal ecológico" de

> un modo de vida en que el pueblo esté profundamente imbuido por la interrelación de todas las cosas entre sí, y tenga el amor y la sensibilidad que se deben tener al tratar a cualquier miembro de un sistema por las reverberaciones de cualquier parte sobre todas las demás (p. 195).

Amor/educación como esfuerzo colectivo

La profesión de la educación temprana refleja una ética de amor y de servicio a la comunidad. En su trabajo cotidiano, el modelo de las maestras de educación temprana, al menos subconscientemente, tiene en alta estima el amor y la responsabilidad. Sin embargo, pese a su preocupación por el bienestar de los niños en particular que estén a su cuidado, tengo la impresión de que pocos maestros de educación temprana intentan conscientemente

> construir un discurso programático para dar a sus alumnos el conocimiento, las capacidades y los valores que necesitarán no sólo para encontrar sus propias voces, sino para comprender

estas voces y utilizarlas a fin de constituirse a sí mismos como agentes sociales colectivos (Giroux y McLaren, 1992, p. 10).

Cuando reflexiono sobre los muchos años de observaciones y de experiencia en centros para la primera infancia, en Aotearoa/Nueva Zelanda (se emplea el nombre Aotearoa para reflejar el estatus de maorí como *tāngata whenua*, pueblo de la tierra), puedo recordar algunos ejemplos de maestros que hacían participar a los niños en decisiones acerca de sus vidas diarias según los modos propuestos por Greenberg (1992a, 1992b) y Gerber (1979). Sin esta conciencia, las maestras de educación temprana están perdiendo oportunidades de utilizar los métodos dialógicos defendidos por pedagogos críticos más a menudo para los niños mayores y los adultos, ya que ellas se han formado bajo una orientación maternalista que, pese a sus buenas intenciones, no puede dejar de quitar el poder a los niños que tienen a su cuidado.

Leavitt y Power (1997) han relatado toda una letanía de ejemplos gráficos y perturbadores de interacciones en sus guarderías de los Estados Unidos. Las autoras no discuten los niveles de preparación de las maestras y cuidadoras que estudiaron. Yo me pregunto cuántos integrantes del personal no estaban debidamente preparados ni habían tenido oportunidades de desarrollar una actitud reflexiva que les permitiese ver con ojo crítico la filosofía y las interacciones que enseñaban. Las prácticas manipuladoras y emocionalmente abusivas caracterizadas por esta práctica acrítica de "mamá sabe lo que es mejor" son ejemplos de lo que Jones y Reynolds (1992) han descrito como un enfoque del tipo del "poder de moralizar" (p. 50).

Las prácticas descritas por Leavitt y Power (1997) fueron perturbadoras desde los puntos de vista individual y social. A mí me preocupó la profunda falta de respeto mostrada a los niños en lo individual. El derecho del niño a determinar una necesidad incluso tan fundamental como ir al retrete, por ejemplo, fue socavado por el enfoque de controlar su cuerpo de acuerdo con las rutinas diarias, el "orden temporal de la guardería" determinado por el personal (p. 46). La desaprobación mostrada al niño "desobediente" es potencialmente dañina para su integridad y autoestima. Yo relacioné esto con el concepto maorí de *mana*, una forma de estima y de prestigio que no es constructo individual, sino que se gana, se otorga o se disminuye en relación con la contribución de cada uno al grupo. En muchos de los incidentes descritos por Leavitt y Power las maestras mantienen el control enfrentando a los niños unos contra otros, como en este ejemplo: "Mira cómo se sienta Lily. Me gusta cómo se sienta. Mira qué bien está sentado Jared" (p. 51).

Las educadoras firmemente convencidas de la bondad de una filosofía centrada en el niño pueden tener dificultades para aplicar un programa orientado hacia la cooperación, y esto por diversas razones. Algunas maestras no desean "interferir" en la agenda del niño, ya que consideran que su responsabilidad consiste, básicamente, en crear las condiciones apropiadas para aprender. Consideran que su rol es el de organizar un medio estimulante para aprender y luego observar mientras los niños lo exploran de cualquier manera que lo deseen, interviniendo sólo si la conducta de los niños es peligrosa o, de alguna otra manera, indebida. O bien, puede ser que las maestras carezcan no sólo de conocimientos y de compromiso, sino de las capacidades necesarias para fomentar la cooperación y un sentido colectivo de comunidad dentro del programa de educación temprana.

Greenberg (1992b) ha indicado que una orientación centrada en el niño puede volverse una simple excusa para un enfoque de *laissez-faire*. En el contexto neozelandés, la prevalencia de este enfoque se complica con los bajos niveles de preparación y de recursos del personal dedicado a la educación temprana (May y Carr, 1997).

La creciente percepción de que existe una teoría derivada

de Vygotsky ha dado por resultado un mayor hincapié en el papel del adulto al facilitar el crecimiento dentro de la zona del próximo desarrollo del niño. Se considera que el rol del adulto consiste en apoyar la agencia del niño de una manera más flexiblemente sensible, del tipo de co-construcción de significado. La responsabilidad del educador en la relación de enseñanza consiste en articular metas y estar consciente de las oportunidades de aprovechar el "momento inductivo" (Freire y Shor, 1987, p. 157). Creo que los objetivos de los maestros en cuanto a la facilitación del juego de los niños deben hacer hincapié no sólo en organizar la solución de problemas del niño en lo individual, sino en fomentar las capacidades sociales y la conducta colectiva de los niños.

A los niños se les transmiten valores, ya sea abiertamente o por medio del programa oculto (McLaren, 1989). Programas como el de antiprejuicios (Derman-Sparks, 1989) alientan a los maestros a mostrarse proactivos creando actividades que favorezcan una orientación positiva hacia la diferencia. Noddings (1992) propone un marco filosófico para la educación de los niños, que enfoca los "dominios del cuidado". Este marco incluye el cuidado de sí mismo, del ambiente, de los seres no humanos y de otras personas; las habilidades interpersonales para asumir responsabilidades dentro de los grupos, y una apreciación del impacto de sus propias vidas sobre otras. Estas ideas coinciden con mi argumento de que los maestros de la temprana niñez deberían adoptar una actitud proactiva, creando oportunidades de aprendizaje que intensifiquen el sentido de responsabilidad colectiva de los niños.

Gardner (1984) nos ha dado la voz de alerta ante la dinámica de las inteligencias inter e intrapersonales, y la interrelación que hay entre ellas: "El conocimiento del lugar de uno entre otros seis hermanos sólo puede proceder de la comunidad externa; el niño se ve inextricablemente impulsado a concentrar su atención en otros, como clave de sí mismo" (p. 248). Él cree que las habilidades intrapersonales son cualidades importantes para los facilitadores sociales, como padres, maestros y jefes. También reconoce que estas cualidades reciben una influencia cultural. La implicación de esto para los maestros de educación temprana es que deben estar alerta ante lo distintivo de las cosmovisiones culturales de los niños y de las familias con quienes trabajan, para poder ayudar a los niños a desarrollar su "capacidad de conocerse a sí mismos y de conocer a los demás" (p. 243).

La investigación nos ha indicado que se logran crecientes beneficios cognitivos si se establecen la intersubjetividad y el pensamiento colectivo que brotan de la participación de los niños en los procesos colaborativos (Liu y Greathouse, 1992; Rogoff, 1991). Otra ventaja de fomentar las interacciones colectivas en los programas para la primera infancia es que los niños experimentan oportunidades de trabajar con aquellos que son diferentes de ellos. Esto puede aumentar su capacidad de respetar y apreciar la diversidad (Hill, 1994; Liu y Greathouse, 1992), razones ambas en favor de una actitud proactiva del maestro, y de la inclusión de esta filosofía en la educación para maestros.

La situación de Aotearoa/Nueva Zelanda

Durante más de 10 años, sucesivos gobiernos de Nueva Zelanda se han visto impulsados por una versión particularmente fundamentalista de la ideología de la Nueva Derecha, caracterizada por una fe ciega en la capacidad del libre mercado para controlar todos los aspectos de aprovisionamiento, que antes eran considerados como parte de un contrato social del Estado benefactor. Los hospitales se han administrado como negocios lucrativos, y a la televisión, de propiedad pública, se le ha pedido rendir dividendos al gobierno. Sucesivos cambios en las políticas han socavado la capacidad de los centros de educación temprana para ofrecer programas de alta calidad. La política gubernamental ha favorecido a los proveedores privados no sólo de cuidado y educación de la etapa temprana de la niñez, sino también de la educación para maestros.

Un ejemplo flagrante del modo en que el individualismo de la Nueva Derecha está rebasando los límites de la economía para llegar a la esencia misma de la educación puede verse en la inclusión de "capacidades competitivas" como "capacidad esencial" en el marco del programa para aprendizaje y evaluación en las escuelas de Nueva Zelanda (Ministerio de Educación, 1993). Yo deseo cuestionar la inclusión de capacidades competitivas junto con las capacidades consideradas "esenciales", como la comunicación, el uso de la numeración, la solución de problemas, la autoadministración, etcétera.

En el mismo periodo de gobierno, el ministro de Educación introdujo un nuevo servicio para la primera infancia: los Padres como Primeros Maestros (PAFT, por sus siglas en inglés) (Pihama, 1993). Este programa ofrece apoyo a las madres de nuevos infantes y niños pequeños en sus hogares. A diferencia de los servicios de educación para niños de Nueva Zelanda, el de PAFT no surgió como una iniciativa de la comunidad, sino que se basó ideológicamente en programas de modelo-deficitario de los Estados Unidos, como Head Start y el Proyecto de Missouri. El servicio fue establecido por el Ministerio de Educación y al principio fue prestado por enfermeras especializadas en niños, sin que se consultara a la comunidad de la etapa temprana de la niñez de Nueva Zelanda. Los "parientes pobres" fueron identificados como el objetivo de los limitados gastos del gobierno. El tratar directamente con las familias en sus hogares fue considerado más eficiente en costos que el empleo de los servicios basados en centros para la educación temprana. La naturaleza individualista de PAFT diverge del ethos colectivo de los centros para la educación temprana en que los padres se reúnen y comparten experiencias, el personal trabaja colaborando en equipos y los niños se mezclan con sus compañeros. Asimismo, el programa ha sido criticado por educadores maoríes por constituir una perpetuación de la asimilación colonialista, pasando descaradamente por encima de las aspiraciones de autodeterminación de los maoríes, expresadas por el movimiento *Köhaga Reo* (Pihama, 1993). PAFT también se ha visto como un intento de hacer que las mujeres no participen en la fuerza laboral, ya que los fondos para el programa no se destinan a los centros de cuidado de los niños.

Las aproximaciones recientes a la pedagogía de la educación han presenciado un cambio: de depender de la teoría desarrollista cognitiva e individualista de Piaget, en que se presenta al niño como un explorador del ambiente que construye su conocimiento acerca del mundo, se ha pasado a hacer hincapié en contextos socioculturales como los teorizados por Vygotsky y otros (Rogoff, 1990; Smith, 1993). Sin embargo, hemos de reconocer que los enfoques basados en el juego que han adoptado los programas de la educación temprana en Aotearoa/Nueva Zelanda siguen poderosamente influidos por el constructivismo piagetiano y han tendido a centrarse en fomentar la independencia y la autonomía, en lugar de la interdependencia y las actividades colaborativas. Aun cuando pueda ser una simplificación excesiva de los escritos de Piaget considerar que apoyan una "ideología del individualismo" (Youniss, 1994, p. 123), desgraciadamente es así como las interpretaciones de su obra han afectado al mundo de la educación temprana. De manera similar, habremos de enfrentarnos a un legado —derivado de Piaget— de etiquetas "apropiadas para el desarrollo", que pueden resultar muy limitantes. Una inteligente estudiante me preguntó si tiene algún objeto alentar a un niño "preoperacional" de dos años a intervenir en forma compartida, ya que su interpretación de la teoría piagetiana la llevó a creer que el egocentrismo de esta etapa hace que los niños en esta parte de su desarrollo sean incapaces de esto, hasta que las "operaciones concretas" comiencen cerca de la edad de siete años.

"Te Whāriki": el programa para la educación temprana

Desde agosto de 1998 se ha pedido a los prestadores de servicios para educación temprana en Nueva Zelanda asegurarse de que sus programas sean congruentes con *Te Whāriki*, el nuevo proyecto para la educación temprana (Ministerio de Educación, 1996). Tal vez resulte irónico, y un verdadero homenaje a la labor de cabildeo de la comunidad de la educación temprana, el que durante una década en que el gobierno ha sido impelido por la ideología de la Nueva Derecha, ese mismo gobierno haya impulsado un documento que, en muchos aspectos, es filosóficamente opuesto a dicha ideología. *Te Whāriki* adopta un enfoque holista e integrado al cuidado de la educación temprana. Fue desarrollado en el seno de la comunidad de la educación temprana, con extensivas consultas y en asociación con el Fideicomiso Nacional Kōhanga Reo (Carr y May, 1993). Según Carr y May, los directores del proyecto, "la consideración del contexto social y cultural fue una fuente importante para el modelo elegido" de *Te Whāriki* (p. 14). El proyecto se aplica a través de una gama de servicios dentro del sector dedicado a la educación temprana en Nueva Zelanda, incluyendo los programas de la inmersión maorí y de la Isla Pacífico, y se aplica a los niños de cero a cinco años de edad. Tiene, en esencia, los principios de capacitar, impulsar el desarrollo holista, de la familia y la comunidad, así como las relaciones comunitarias. Estos principios reflejan un sentido de colectivismo, particularmente en su insistencia en involucrar a las *whānau* (familias) y sus relaciones. Entrelazadas con estos principios se encuentran las corrientes claves de bienestar, pertenencia, contribución, comunicación y exploración.

Una lectura de los objetivos y resultados del documento revela que se hace hincapié en intensificar las relaciones entre los niños y los demás. Por ejemplo, la Meta de Contribución 3: "Los niños experimentan un medio en que se les alienta a aprender con y al lado de otros", contiene los siguientes "resultados de aprendizaje" para los niños en los programas de educación temprana:

- Estrategias y habilidades para iniciar, mantener y disfrutar una relación con otros niños, incluyendo el hecho de tomar turnos, resolver problemas, negociar, adoptar el punto de vista de otros, ayudar a otros y comprender las actitudes y sentimientos de otras personas, en una variedad de contextos;
- una creciente capacidad de adoptar el punto de vista de otro y de sentir empatía hacia los demás;
- un sentido de responsabilidad y respeto por las necesidades y el bienestar del grupo, incluyendo el hecho de asumir la responsabilidad por las decisiones tomadas;
- una apreciación de los modos en que pueden hacer contribuciones a los grupos y al bienestar del grupo (Ministerio de Educación, 1996, p. 70).

Éste es un enfoque menos individualista que el que puede verse en otros programas de educación temprana, como el del Montessori tradicional, que hace énfasis en una interacción individualizada con materiales didácticos (Lindauer, 1987). Polokow (1992), a partir de sus observaciones en un programa Montessori, nos comentó que se alentaba a los niños a percibir su trabajo como si estuviera separado del trabajo de otros, con instrucciones como: "Éste es el trabajo de Marissa. Marissa, debes decirle a Molly: 'No, éste es mi trabajo'" (p. 83). Según este programa, la agenda de los adultos de dar prioridad a la propiedad individualista afecta las oportunidades de facilitar la disposición de los niños a compartir su experiencia (Broadhead, 1997).

En *Te Whäriki* puede verse que el hincapié en el esfuerzo del grupo va más allá de los enfoques constructivistas en que se ve al niño como el explorador-científico individual piagetiano actuando en el mundo. Se espera que los adultos desempeñen un papel activo ayudando a los niños a percatarse de que existen los demás, ayudándoles a "comprender las actitudes y sentimientos de otros" (Ministerio de Educación, 1996, p. 71). Los maestros también deben tratar de aumentar las habilidades sociales de los niños, asegurando que el "programa fomente el juego cooperativo, ofreciendo actividades que sean más divertidas y funcionen mejor cuando se hagan en cooperación" (Ministerio de Educación, 1996, p. 71).

Te Whäriki contiene un programa paralelo en maorí, planeado para apoyar los programas de inmersión maoríes. Aparte de esto, existe un compromiso, declarado en la introducción al documento, de que "en los ambientes de la educación temprana, a todos los niños se les debe dar la oportunidad de desarrollar conocimiento y una comprensión de las herencias culturales de ambas partes al Te Tiriti o Waitangi" (p. 9). Este paradigma bicultural se deriva del Tratado de Waitangi, documento firmado en 1840 que condujo a la colonización británica del país y a la subsecuente inmigración de personas, quienes forman el lado de la "Corona" de la asociación con los indígenas maoríes como "socios" en el tratado.

Este marcado enfoque bicultural del documento implica desafíos a la pedagogía centrada en Occidente. Por ejemplo, a los maestros de la educación temprana se les exige asegurarse de que el programa que apliquen incluya "un reconocimiento de los modos maoríes de conocer y dar sentido al mundo y de respetar y apreciar el ambiente natural" (Ministerio de Educación, 1996, p. 82). La mayoría de los maestros de educación temprana en Nueva Zelanda son *Päkehä* (personas de antepasados europeos) y tienen poco dominio del lenguaje o de las tradiciones culturales maoríes. Posiblemente carecen del conocimiento y las capacidades necesarias para ofrecer autenticidad en términos del contenido maorí dentro del programa de la educación temprana. Además, no se sabe hasta qué grado un maestro *Päkehä* puede jactarse de ofrecer "peritaje" en un dominio maorí.

Según el antropólogo maorí Peter Buck (1958), la pedagogía maorí tradicional era un proceso de transmisión entre generaciones. "Los elementos de una educación clásica en la historia, la mitología y el folklore familiares y tribales eran, así, impartidos por *tipuna* (ancianos) varones y mujeres a temprana edad" (p. 358). Éste es uno de los principios subyacentes en el movimiento *Köhanga Reo*, el cual reconoce que "el personal clave en el *whänau* son los *kaumätua*, los ancianos, quienes son 'los mentores, los adivinos, los pacificadores y los sabios, con base en años de experiencias'" (Tangaere, 1997, p. 42). *Te Whäriki* contiene un reconocimiento implícito de la naturaleza colectiva de la organización social maorí cuando declara que "los adultos que trabajan con niños deben demostrar una comprensión de las diferentes *iwi* [tribus] y el significado de *whänau* [familias] y de las *whanaungatanga* [relaciones de la familia extendida]" (Ministerio de Educación, 1996, p. 42). También se espera dar mayor capacidad a las familias maoríes haciéndolas participar en el programa central y en la toma de decisiones sobre la educación temprana. Es posible que los maestros *Päkehä*, al crear un ambiente que favorezca la participación de las familias extensas maoríes, faciliten los procesos descritos por Peter Buck dentro de establecimientos de la educación temprana donde impera la dominante corriente, como ocurre dentro de *Köhanga Reo*.

Fomento del colectivismo en la etapa temprana de la niñez

En mi labor, siguiendo nuestro programa educativo para maestros de la educación temprana, yo animo a mis estudiantes a criticar la ideología del rudo individualismo que suele ser una característica de la herencia *Päkehä*, y la orientación individualista de gran parte de la actual pedagogía, para la educación temprana que está centrada en el niño. A mis estudiantes, al parecer, les resulta sencillo recordar ocasiones, tomadas de sus propias experiencias infantiles, en que se les alentó a demostrar independencia y autonomía; en cambio, les resultó mucho más difícil ofrecer ejemplos en que se les pidiera interactuar en cooperación. De manera similar, cuando escriben un ensayo sobre el hecho de facilitar el juego en cooperación, suelen enfocar los beneficios individuales, y no los sociales, del juego en cooperación.

Analizamos las maneras en que la presentación del ambiente, a cargo de los maestros, y sus disposiciones para ofrecer oportunidades de juego pueden fomentar el quehacer colectivo de los niños. Katz y McClellan (1991) destacan el papel de factores estructurales, como el tamaño del grupo, las disposiciones de espacio, la aportación de equipo, las proporciones de adultos a niños y los grupos formados por gente de la misma edad. Por ejemplo, la simple disposición de la mesa para jugar con pasta puede intensificar o inhibir los intercambios cooperativos de los niños. A menudo, la maestra ha dispuesto cuidadosamente seis porciones redondas, separadas, que son presentadas como mesas, una por asiento, junto con un rodillo y tal vez un cuchillo para pasta. Esta disposición puede parecer organizada y posiblemente atractiva para los niños, pero no les despierta la idea de negociar y compartir.

Además de poner en duda las prácticas habituales, se pueden ofrecer juegos específicos en cooperación y actividades que requieran un esfuerzo conjunto. Resulta interesante que las ideas constructivistas piagetianas de George Forman y Fleet Hill (1980) contengan muchos ejemplos fascinantes y accesibles de actividades deliberadamente estructuradas para la colaboración y la cooperación, aunque en sus escritos no se subraye el factor de colaboración.

Subyaciendo en este pragmatismo y tal vez superándolo se encuentra la orientación filosófica del equipo docente (Hill,

1994). Greenberg (1992a, 1992b) ha sugerido un marco deweyiano para crear un ethos democrático en las aulas de la primera infancia. También describe cierto número de maneras prácticas de aplicar rutinas democráticas dentro del ambiente de la educación temprana. Entre ellas se incluye hacer que los niños participen en la planeación de acontecimientos especiales, facilitar las discusiones y las reuniones que los animen a expresar sus opiniones y a respetar las de los demás; alentarlos a negociar soluciones a problemas y conflictos, y colocarlos uno junto a otro de modo que puedan apoyarse entre sí. Los maestros que trabajen juntos en una situación cooperativa (habitualmente éste es el caso de los centros de la primera infancia en Nueva Zelanda) deberán encontrar tiempo para aclarar sus ideas y llegar a un consenso sobre los enfoques que deban adoptarse.

Las expectativas de cooperación de los maestros se transferirán a los niños (Goffin, 1987). Estas expectativas pueden hacerse explícitas mediante el juego de roles y cuentos que ofrezcan ejemplos y estrategias de cooperación (Liu y Greathouse, 1992). Las interacciones entre los niños crean muchas oportunidades de apoyar el desarrollo de habilidades de negociación. Wichert (1989) describe tres niveles que van de la dirección inicial de los adultos al apoyo dado por éstos y a la etapa final en que los niños se hacen cargo de la situación. Al principio, el adulto tal vez tenga que ayudar a los niños a definir el problema y a decidir sobre el lenguaje y las estrategias apropiadas, pero con el tiempo los niños serán capaces de negociar sus propias disposiciones mutuamente satisfactorias. Una estudiante para maestra que se concentraba en esta área y tenía práctica de tres años con niños de cuatro años comentó, sorprendida, la rapidez con que ellos aprendían las habilidades de negociación, hasta el punto de que rara vez se requería intervención de los adultos. Según Wichert, "el modo en que los niños aprenden a negociar es un ejemplo básico de la importancia del proceso por encima del producto" (p. 58). El proceso de negociar su modo de hacer las cosas por medio del conflicto es importante para los niños, a menudo más aún que la solución final (Liu y Greathouse, 1992). Katz (1984) también señaló la gama de potenciales resultados del aprendizaje, que incluyen habilidades para enfrentarse a situaciones, habilidades para la conversación y habilidades sociales, las cuales pueden brotar de la respuesta de un maestro sensible a los conflictos de los niños.

El juego sociodramático es una rica fuente de esfuerzo en cooperativa (Goffin, 1987), ya que para participar los niños deben desarrollar la capacidad de adoptar roles interdependientes, de mantener un programa común de roles típicos en el mundo social y de ser sensibles a las complejidades de las relaciones, comunicándose entre sí y negociando (Shipley, 1993). También puede ser problemático que ciertos roles de juego sean privilegiados y poderosos (Mac Naughton, 1993, 1994). En interés de la equidad, los maestros tienen la responsabilidad de supervisar el juego sociodramático de los niños y encontrar maneras de intervenir cuando éste se vuelva opresivo para los participantes (Mac Naughton, 1997), en lugar de permitir que su propio discurso pedagógico, no sometido a crítica, deje a éstos impotentes (Walkerdine, 1990).

Los maestros también pueden generar posibilidades colectivistas planteándose a sí mismos las siguientes preguntas :

1. Cuando éramos niños, ¿cuáles fueron nuestras propias experiencias de conducta cooperativa?
2. ¿Cómo podemos enterarnos de la dinámica colectiva-individualista, con los diferentes grupos culturales con quienes podamos trabajar en los centros de la etapa temprana de la niñez?
3. ¿Cuáles son los requerimientos claves para los maestros de educación temprana, en lo referente al desarrollo de un enfoque en equipo y de una filosofía dirigida a aplicar un ethos colectivo en el programa del centro?

Pensamientos finales

Te Whäriki ofrece un marco para una filosofía colectivista (consciente del aspecto sociocultural) de la pedagogía para la educación temprana que deba aplicarse en Aotearoa/Nueva Zelanda. Esto nos ofrece un novedoso contrapeso al anterior legado de las filosofías individualistas de la Nueva Derecha. Sin embargo, los propios autores del programa han expresado sus preocupaciones de que sin un suficiente compromiso del gobierno para asegurar la aplicación de apoyos estructurales de fondos adecuados, personal de calidad y requerimientos sobre la educación y capacitación de los maestros, el nuevo programa no podrá aprovechar todo su potencial para establecer una diferencia en favor de los niños (May y Carr, 1997). Con un apoyo social y político, los educadores de la primera infancia tienen el potencial de aplicar programas social y culturalmente sensibles que fomenten un sentido de respeto, cuidado y comunidad.

REFERENCIAS BIBLIOGRÁFICAS

Apple, M., "Chair/discussant for the symposium", *Knowledge politics and multiculturalism discourse,* en la reunión anual de la American Educational Research Association, San Diego, abril de 1998.

Broadhead, P., "Promoting sociability and cooperation in nursery settings", *British Educational Research Journal, 23* (4), 1997, pp. 513-531.

Buck, P., *The coming of the Maori,* Wellington, Whitcombe and Tombs, 1958.

Carr, M. y H. May, "Choosing a model. Reflecting on the development process of Te Whäriki: National Early Childhood Curriculum Guidelines in New Zealand", *International Journal of Early Years Education,* 1 (3), 1993, pp. 7-21.

Derman-Sparks, L., *Anti-bias curriculum: Tools for empowering young children*, Washington, D. C., National Association for the Education of Young Children, 1989.

Dewey, J., *Democracy and education*, Nueva York, Free Press, 1966.

Fay, B., *Critical social science*, Oxford, Polity Press, 1987.

Forman, G., y F. Hill, *Constructive play: Applying Piaget in the preschool*, Monterey, Cal., Brooks/Cole, 1980.

Freire, P., y I. Shor, *A pedagogy for liberation: Dialogues on transforming education*, Londres, Macmillan, 1987.

Gardner, H., *Frames of mind: The theory of multiple intelligences*, Londres, Heinemann, 1984.

——, *Where to draw the line: The perils of new paradigms*, presentado en la reunión anual de la American Educational Research Association, San Diego, abril de 1998.

Gerber, M. (ed.), *The RIE manual: For parents an professionals*, Los Ángeles, Resources for Infant Educarers, 1979.

Giroux, H., "Series foreword", en J. Jipson, P. Munro, S. Victor, K. Jones y G. Freed-Rowland (eds.), *Repositioning feminism and education: Perspectives on educating for social change* (pp. ix-xi), Westport, Connecticut, Bergin y Garvey, 1995.

Giroux, H. A., y P. McLaren, "Writing from the margins: Geographies of identity, pedagogy, and power", *Journal of Education*, 174 (1), 1992, pp. 7-30.

Goffin, S., "Cooperative behaviors: They need our support", *Young Children*, 42 (3), 1992, pp. 75-81.

Greenberg, P., "Ideas that work with young children: How to institute some simple democratic practices pertaining to respect, rights, roots and responsibilities in any classroom", *Young Children*, 47 (5), 1992a, pp. 10-17.

——, "Why not academic preschool? (Part 2), Autocracy or democracy in the classroom", *Young Children*, 47 (3), 1992b, pp. 54-64.

Hill, S., "Cooperative communities in early childhood", *Australian Journal of Early Childhood*, 19 (4), 1994, pp. 44-48.

Jones, E., y G. Reynolds, *The play's the thing: Teachers' roles in children's play*, Nueva York, Teachers College Press, 1992.

Katz, L. G., "The professional early childhood teacher", *Young Children*, 39 (1), julio de 1984, pp. 3-10.

——, y D. E. McClellan, *The teacher's role in the social development of young children*, University of Illinois, ERIC, 1991.

Kingsolver, B., *Pigs in heaven*, Nueva York, Harper Perennial, 1993.

Leavitt, R. L., y M. B. Power, "Civilizing bodies: Children in day care", en J. Tobin (ed.), *Making a place for pleasure in early childhood education*, New Haven, Yale University Press, 1997, pp. 39-75.

Lindauer, S., "Montessori education for young children", en J. Roopnarine y J. Johnson (eds.), *Approaches to early childhood education*, Columbus, Ohio, Merrill, 1987, pp. 109-126.

Liu, K., y N. Greathouse, "Early experience of cooperative learning in preschool classrooms", *Contemporary Education*, 63 (3), 1992, pp. 195-200.

McLaren, P., *Life in schools: An introduction to critical pedagogy in the foundations of education*, Nueva York, Longman, 1989.

——, y Z. Leonardo, *Epistemologies of whiteness*, presentado en la reunión anual de la American Educational Research Association, San Diego, abril de 1998.

Mac Naughton, G., "Gender, power and racism: A case study of domestic play in early childhood", *Multicultural Teaching*, 11 (3), 1993, pp. 12-15.

——, "You can be dad: Gender and power in domestic discourses and fantasy play within early childhood", *Journal for Australian Research in Early Childhood Education*, 1, 1994, pp. 93-101.

——, "Who's got the power? Rethinking gender equity strategies in early childhood", *International Journal of Early Years Education*, 5 (1), 1997, pp. 57-66.

May, H., y M. Carr, "Making a difference for the under fives? The early implementation of Te Whāriki, the New Zealand National Early Childhood Curriculum", *International Journal of Early Years Education*, 5 (3), 1997, pp. 225-232.

Ministry of Education, *The New Zealand curriculum framework*, Wellington, Author, 1993.

——, *Te Whāriki: He Whāriki Mātauranga mö ngā Mokopuna o Aotea-*

roa: Early Childhood Curriculum, Wellington, Learning Media, 1996.

Noddings, N., *The challenge to care in schools: An alternative approach to education*, Nueva York, Teachers College Press, 1992.

Pihama, L., *Tungia te Ururua, Kia Tupu Whakaritorito te Tupu o te Harakeke: A critical analysis of parents as first teachers*, tesis de maestría inédita, Auckland University, 1993.

Polokow, V., *The erosion of childhood*, Chicago, University of Chicago Press, 1992.

Rogoff, B., *Apprenticeship in thinking*, Nueva York, Oxford University Press, 1990.

——, "The joint socialization of development by young children and adults", en M. Lewis y S. Feinman (eds.), *Social influences and socialization in infancy*, Nueva York, Plenum, 1991, pp. 253-280.

Shea, C., "Critical and constructive post-modernism: The transformative power of holistic education", *Holistic Education Review*, 9 (3), 1996, pp. 40-49.

Shipley, D., *Empowering children: Play-based curriculum for lifelong learning*, Scarborough, Ontario, Nelson Canada, 1993.

Smith, A., "Early childhood educare: Seeking a theoretical framework in Vygotsky's work", *International Journal of Early Years Education*, 1 (1), 1993, pp. 47-61.

Tangaere, A. R., *Te Kōhanga Reo: More than a language nest* (Early Childhood Folio 3-A Collection of Recent Research), Wellington, New Zealand Council for Educational Research, 1997.

Walkerdine, V., "Sex, power and pedagogy", *Schoolgirl fictions*, Londres, Verso, 1990.

Wichert, S., *Keeping the peace: Practicing cooperation and conflict resolution with preschoolers*, Filadelfia, New Society, 1989.

Youniss, J., "Vygotsky's fragile genius in time and place", *Human Development*, 37, 1994, pp. 119-124.

X. ESPEJOS RACIALES Y ÉTNICOS: REFLEXIONES DE UNA EDUCADORA ASIÁTICO-ESTADUNIDENSE SOBRE LA IDENTIDAD Y LA VOZ

Susan Matoba Adler

Como educadora y estudiosa japonesa-estadunidense yo examino la cultura étnica y la teoría crítica de la raza, intentando conectarlas con la identidad y la voz de una maestra asiática y estadunidense del Pacífico. Todas nos vemos en espejos raciales y étnicos, un reflejo de nuestras identidades autoconstruidas y apropiadas, y enseñamos a través de nuestras lentes culturales, que reflejan y dan voz a nuestros valores, creencias y cosmovisiones. Mi propia identidad fue profundamente afectada por mi participación en la conferencia sobre la reconceptualización de la educación temprana, celebrada en Honolulu, Hawai, en 1998. El proceso mismo de interactuar profesional y personalmente en la conferencia, y de compartir respuestas individuales a hechos significativos, creó un discurso para reconceptualizar la identidad y la voz de los maestros de la educación temprana.

Cada participante acudió a la conferencia con perspectivas sobre su propia investigación y suposiciones acerca de su importancia, y salió de allí con una comprensión más rica de cómo ese marco de referencia puede ser interpretado de diferentes maneras por otros estudiosos.

Yo fui a Honolulu con una perspectiva sobre la panetnicidad asiática, mi propio sentido de identidad racial y étnica y mis experiencias de educadora asiático-estadunidense en el Medio Oeste, predominantemente estadunidense-europeo. En

Hawai ingresé en un contexto sociocultural de dominio político blanco y japonés-estadunidense. Allí fue cuestionado mi concepto —hasta entonces invariable— sobre la opresión de los asiático-estadunidenses; allí, donde una dicotomía de la segregación de negros por blancos hace casi invisibles a los asiáticos. Las ricas conexiones culturales que establecí en la conferencia con hawaianos, japoneses-estadunidenses, chinos de Hong Kong, chinos-estadunidenses y vietnamitas-estadunidenses de la ciudad de Nueva York y maoríes de Nueva Zelanda me abrumaron con una sensación de panetnicidad asiática y de las Islas del Pacífico que se extendió mucho más allá de mis raíces en el Medio Oeste.

El viaje a Hawai: una experiencia de identidad étnica

Por medio de las interacciones que varios años antes tuve con Joe Tobin, de la Universidad de Hawai, yo estaba ya mentalmente preparada para la experiencia que viví ahí. Siendo estudiante de posgrado, compartí con Joe el tema de mi tesis sobre las opiniones y la identidad étnica de mujeres de origen japonés-estadunidense del Medio Oeste. Él me escuchó atentamente y luego me indicó que era tan sólo en el "continente" donde los asiáticos-estadunidenses se preocupaban por formar su identidad étnica. Los hawaianos estaban acostumbrados a toda una multitud de etnicidades asiáticas y habían sido aculturados a lo largo de generaciones. Los japoneses-estadunidenses, según Takaki (1989, 1993), tenían que soportar cierta discriminación en las plantaciones hawaianas, pero no habían sido internados, ni políticamente segregados, como las personas de herencia japonesa en la Costa Oeste durante la segunda Guerra Mundial. No había yo tomado en consideración la jerarquía del predominio japonés-estadunidense en las instituciones hawaianas, ni la situación de los originarios de Hawai en su propia patria. Cuando, más adelante, visité Hawai para asistir a la conferencia sobre reconceptualización, llevé conmigo un sentido de afinidad cultural que había aprendido gracias a los participantes en mi estudio, algunos de los cuales habían crecido en el Medio Oeste y emigrado a comunidades de California que tenían una extensa población asiático-estadunidense. Mientras estaba yo en las "islas" mi conciencia racial y étnica, que compartí con Gail Nomura, japonesa-estadunidense de Hawai y profesora asistente en la Universidad de Washington, ocurrieron muchas cosas en lo que a mi toma de conciencia étnica y racial se refiere. Su evaluación de la diferencia entre los asiático-estadunidenses del continente y los de Hawai se asemejó mucho a la de Joe Tobin.

Al llegar a Hawai, empecé a tomar notas mentalmente de mis experiencias. Un militar que iba en el asiento contiguo me habló de su esposa china y de sus hijos birraciales. Mientras caminaba yo por el aeropuerto, vi a muchos asiáticos ("orientales"). En el mostrador de la Universidad de Tokai servían arroz y teriyaki. En el Hotel Pacific Beach, de propiedad japonesa, había muchos turistas llegados del Japón. Algunos propietarios de las tiendas del hotel me hablaron en japonés, mientras que el personal polinesio y hawaiano del restaurante del hotel supuso que yo había llegado de Hawai. (Sabían que yo no era como los turistas del Japón, pero les sorprendió saber que yo llegaba del Medio Oeste.) Mientras caminaba entre el hotel y el centro de conferencias vi incontables tiendas y restaurantes japoneses y asiáticos. Y, como podía esperarse, la mayoría de los participantes en la conferencia eran europeo-estadunidenses, excepto un puñado de asiático-estadunidenses y los estudiantes hawaianos. Más adelante conocí a Charles Araki, decano interino del Colegio de Educación de la Universidad de Hawai en Manoa. Esto me sorprendió, ya que hay muy pocos Sansei, o japoneses-estadunidenses de tercera generación (como yo misma) en puestos administrativos importantes. Empecé a experimentar sensaciones de afiliación étnica y un nivel de tranquilidad al verme a mí misma, asiático-estadunidense, en medio de esta población. No era yo la minoría invisible que estaba acostumbrada a ser.

Comienzo del diálogo: la panetnicidad asiática

Llegué a la conferencia con la intención de compartir mi agenda de investigación sobre la socialización racial y étnica de niños asiáticos-estadunidenses y multirraciales. Mi enfoque sería sobre cómo se forman y son apropiadas estas identidades (Root, 1992; Thornton, 1992) y el dilema que rodea la creación de estereotipos y la utilización de una orientación ciega al color en la enseñanza de niños pequeños (Nieto, 1996; Paley, 1989). Quería yo comparar cómo las familias asiático-estadunidenses socializaban a sus hijos con respecto a la raza y la etnicidad, siguiendo la aproximación de la maestra/la escuela a la educación multicultural y antiprejuicios (Banks, 1994; Derman-Sparks, 1989; Sleeter y Grant, 1994). Deseaba yo dialogar con otras acerca de cómo la etnicidad y la cultura se pueden conservar, si así se desea; pero, lo que es de mayor importancia, cómo podemos ayudar a los niños a negociar con respecto a las desigualdades y discriminaciones a las que pueden enfrentarse, sin comprender la naturaleza de la segregación racial. Creo que los padres y los maestros necesitan examinar con ojo crítico las cuestiones políticas e históricas que rodean al movimiento panétnico para socializar a sus hijos de modo que se enfrenten al racismo, en lugar de pasarlo por alto. Deben enfrentarse directamente a la desigualdad racial y a nuestra condición de minorías invisibles, y defender a sus hijos por medio de activismo político o esfuerzos creadores, como escribir libros para niños con temas asiático-estadunidenses pertinentes.

La panetnicidad, tal como la describe Espiritu (1992), se refiere a "la generalización de la solidaridad entre subgrupos étnicos" (p. 6). Cada grupo étnico asiático posee un sistema cultural único, pero todos nos enfrentamos al hecho de ser catalogados o "acumulados" en un grupo, en una sociedad consciente de las razas como la estadunidense. El enfoque primordialista de las teorías de la etnicidad se basa en "comunidades de cultura" que nos ayudan a adquirir capacidades para negociar dentro de nuestro grupo cultural, y ayudan a otros a reconocer las diferencias culturales. El enfoque instrumentalista de la etnicidad, con su insistencia en las "comunidades de intereses", nos une para compartir preocupaciones comunes (Lee, 1996). A menudo recibimos un trato desigual, y estos enfoques podrían darnos elementos para desafiar estructuralmente la manera en que suele representarse a los asiático-estadunidenses y estadunidenses del Pacífico.

Para mi presentación en la conferencia compartí un diagrama que ilustraba las interrelaciones entre los lentes de los maestros (cómo los maestros percibían a los estudiantes asiático-estadunidenses), los lentes de los padres (cómo los padres comprenden y socializan a sus hijos), y los lentes y el espejo de la autoidentidad alumno/niño asiático-estadunidense. Cada lente representaba los extremos de un triángulo.

Analizamos cuestiones como la de maestros y padres que ven al niño asiático-estadunidense o estadunidense del Pacífico a través de sus propios lentes culturales, e intentan inculcar las creencias y los valores de su propia cultura. Cuando el maestro es una mujer con antecedentes europeo-estadunidenses de clase media, esto puede causar una separación entre ella y los alumnos asiático-estadunidenses de su aula. Por consiguiente, los maestros deben enterarse de la naturaleza de esta separación y esforzarse por obtener de los padres un conocimiento cultural.

En el proceso de formarse su propia identidad racial y étnica, el niño absorbe y luego refleja las normas y expectativas culturales de sus padres y su escuela. Maestros y padres intercambian ideas, percatándose de los lentes y las agendas que emplean para socializar al niño, con objeto de supervisar el progreso educativo y mantener una congruencia cultural. Desarrollan un respeto mutuo al establecer relaciones que impulsarán el éxito académico del niño. Si los padres y los maestros también se toman tiempo para reflexionar, descubrirán, asimismo, espejos de identidad racial y étnica. Los niños asiático-estadunidenses, que están luchando por procesar mensajes culturales divergentes o en conflicto que les llegan de sus padres y maestros, acaso tengan que elegir entre afirmarse como individuos en la escuela o adaptarse al grupo para mantener la armonía dentro de la familia. Esta confusión puede conducir a lo que Sue (1973) llamó el "hombre marginal".

Los maestros europeo-estadunidenses, particularmente en el Medio Oeste, pueden ver a sus alumnos asiático-estadunidenses a través de los lentes culturales formados por sus propias y limitadas experiencias con personas de color, estereotipos como la "minoría modelo" (Lee, 1996; Osajima, 1987; Suzuki, 1977), y una perspectiva ciega al color que pase por alto las diferencias raciales. Los padres asiático-estadunidenses y los padres de niños adoptados del Asia pueden suscribir una posición asimilacionista ciega al color, o pueden inculcar los valores culturales asiáticos del colectivismo y la reverencia por la familia y los ancianos, junto con los valores occidentales de independencia e individualismo (Kitano y Daniels, 1988; Suzuki, 1980). Sin embargo, en estos espejos y lentes hay niveles de expectativas de la conducta y las realizaciones del alumno/niño que son reforzados por las normas sociales blancas predominantes. En el concepto Tai (1998) de reciprocidad negativa, la naturaleza destructiva del apoyo de los blancos al mito de la minoría modelo sirve como instrumento normativo para perpetuar la ideología racial blanca. La socialización de los niños asiático-estadunidenses como individuos respetuosos, laboriosos y muy competentes, ¿podría, en realidad, reificar la dominación de los blancos? Mi paradigma ofrece un camino plausible rumbo a la comprensión intercultural, pero el mensaje también podría ser de asimilación, así como de pluralismo. La ceguera al color que yo deseo problematizar podría aún quedar reflejada en los espejos de la autodefinición.

Al avanzar la sesión de la conferencia, la intención original de examinar la formación de identidad étnica, la panetnicidad y la socialización de los niños empezó a cambiar cuando los participantes narraron sus historias de conciencia racial y étnica y de opresión. Empezaron a surgir cuestiones de "voz" de los grupos étnicos marginados, especial y poderosamente de las mujeres hawaianas y maoríes. Yo había conocido a algunas de las maoríes y escuchado sus ideas acerca de su cultura de colectivismo, sin considerar su condición de grupo minoritario. Yo vivía en mi propio y etnocéntrico estado de ser, mientras suponía que sería capaz de abarcar intelectualmente perspectivas múltiples sobre la raza y la etnicidad. Tuve que liberarme de la actitud cultural apacible, neutral y no conflictiva en que me habían socializado, y examinar seriamente cómo la teoría crítica de la raza interviene o entra en conflicto con teorías de etnicidad. ¿Cómo los mensajes apropiados acerca de la raza y de etnicidad imbuyen la formación personal de la identidad racial y étnica? Mientras los participantes empezaron a narrarse unos a otros sus historias, el hincapié de la sesión empezó a pasar de la socialización de los alumnos a la formación de la identidad y la búsqueda de una "voz" de los maestros asiáticoestadunidenses.

Voces que desafiaron mi etnocentrismo

Ladson-Billings y Tate (1995) sostienen que la realidad social es construida por la formación del intercambio de historias de personas de color, que sirven como estructuras interpretativas y ofrecen una "conservación psíquica de los grupos marginados" (p. 56). En la conferencia, cuando Kerri-Ann Hewitt preguntó: "¿Puedo ser yo misma, ser hawaiana y ser maestra?", y habló de sentirse marginada en una escuela de educación encabezada por una japonesa-estadunidense como yo, sentí una intensa tristeza al descubrir que mi grupo étnico podía representar a opresores. No estoy hablando de la persona (el decano Araki, en particular), sino del racismo institucional arraigado en las universidades y en la política pública. Empecé a comprender cómo se sentían algunos de mis alumnos de educación en el Medio Oeste cuando yo utilizaba la internación de japoneses-estadunidenses como ejemplo de racismo histórico, haciéndoles enfrentarse a la posibilidad de su propio privilegio blanco. Mi realidad había sido desafiada por la historia de la realidad de Kerri-Ann. Según dicen muchos, yo soy un ser humano competente y confiado, una japonesa-estadunidense profesionalmente bien preparada. Pero esta experiencia me hizo reflexionar sobre los costos personales y políticos que yo había tenido que pagar para llegar a ser lo que soy.

Más avanzada la presentación, cuando las educadoras maoríes Margaret Nicholls, Jenny Ritchie, Rita Walker y Amiria O'Malley se levantaron para cantar una respuesta de agradecimiento y empatía por las palabras de los presentadores hawaianos, se despertó mi propio sentido de la relación dicotómica entre víctima y opresora. Kerri-Ann Hewitt, Julie Thirugnanam, Donna Grace y Joe Tobin, miembros de la mesa directiva, compartieron con todos los presentes ese momento dinámico de condena a la opresión colonial. Tal vez el impacto fuese más notable para algunos de los miembros del público que éramos asiáticos-estadunidenses y estadunidenses del Pacífico, maoríes o hawaianos, pues de distintas maneras todos habíamos experimentado la opresión. Pero quienes se oponen a la desigualdad en nuestra sociedad y en instituciones públicas como las universidades y las escuelas pudieron comprender y compartir ese momento de intensa emoción.

Para mí, este acto de solidaridad fue *el* momento definidor de la conferencia porque me conectó con esa parte de mí misma que había estado reprimida por mi condición de japonesa-estadunidense criada en el Medio Oeste después de la segunda Guerra Mundial. En mi familia nunca reconocimos abiertamente nuestra raza, etnicidad o cultura. Nuestras identidades japonesas fueron siempre silenciadas en la escuela, en el hogar y en la pequeña comunidad japonesa-estadunidense en que los abuelos se unían para hablar japonés y para jugar al Hana, un juego de cartas japonés. Nuestros padres Nisei optaron por la asimilación dentro de la cultura europea-estadunidense dominante; de todo corazón internalizamos y nos apropiamos de esa identidad. Ser manifiestamente asiáticos ya era bastante problemático para socializar con los compañeros, por lo que no quisimos "actuar como japoneses" o llamar la atención hacia la cultura de nuestro hogar.

En esta sesión de la conferencia, en este tiempo y espacio dedicado a cobrar conciencia personal, también experimenté una profunda sensación de "apoyo familiar" gracias a dos jóvenes asiáticas-estadunidenses a quienes acababa de conocer. Regina Chiou, maestra de segundo grado de la ciudad de Nueva York, y Lamson Lam, estudiante de posgrado de la Universidad de Nueva York, me dieron apoyo emocional, compartiendo mi sentido de identidad asiática. Fue una experiencia tremenda oír las palabras de los representantes de Hawai, asimilar la respuesta maorí y luego, a través de mis abundantes lágrimas, escuchar a Regina y a Lamson hablar de su propia conciencia étnica y racial. Instintivamente, Regina me abrazó, como una hija que trata de consolar a una madre atribulada. Lamson, amablemente, nos llevó refrescos, frutas y bebidas, como lo haría mi hijo adolescente por su madre al verla necesitada de alimento. Después, ella compartió mi muy sentida respuesta a la investigación de Julie Thirugnanam sobre el efervescente "espíritu aloha", que tiene sus raíces en la opresión de los blancos. Recordó cómo lo habían socializado para proyectar la misma fachada, habiendo crecido como birracial caucásico y hawaiano vietnamita. Su mundo bicultural en conflicto, su privilegiada situación de persona blanca de clase alta, la pobreza de los niños del centro de las ciudades con quienes trabajó y su educación asiático-estadunidense en Hawai estaban creando una disonancia que él no había expresado antes. Me sentí emocionalmente agotada e intelectualmente enriquecida.

Las maestras y la conciencia racial/étnica

Volviendo a las interrelaciones de los lentes culturales del maestro, los padres y el niño, me gustaría hacer hincapié en la conciencia racial, étnica y cultural del maestro. Los maestros buscan información, tanto de los padres como de los niños que tienen en sus clases, acerca de sus vidas, creencias y experiencias, y luego las reflejan a cada uno a través de sus propios lentes culturales. Los lentes reflejan la conciencia cultural, raza, clase, género, etnicidad, religión y sistemas de creencias de los maestros. Los maestros asiático-estadunidenses, basándose en sus propios antecedentes culturales, pueden tener altas expectativas sobre sus alumnos en cuestión de conducta y esfuerzo (Adler, 1998; Stevenson, 1992). Para dar un ejemplo, a ojos de los maestros japoneses-estadunidenses las expectativas para sus alumnos serían que hagan lo mejor que puedan y mantengan una persistencia en sus tareas en todo momento, haciendo hincapié en el proceso de aprendizaje más que en un producto, como un título o una recompensa tangible (Adler, 1998).

Antes de que yo fuera a Hawai, mis lentes raciales, étnicos y culturales reflejaban mis experiencias de vida como minoría visible, con poco acceso a una comunidad étnica, en una sociedad europeo-estadunidense de clase media. Yo tenía una débil identidad étnica y racial y utilizaba mis propios antecedentes culturales tan sólo como un conocimiento suplementario para enseñar tanto en las escuelas públicas como a nivel universitario. Yo enseñaba temas sobre Japón y la cultura japonesa, informaba del internamiento de los japoneses-estadunidenses durante la segunda Guerra Mundial a los estudiantes en mis clases de educación multicultural, y apoyaba las iniciativas de estudio multicultural y étnico. Pero no veía mi tarea como un reflejo de mí como una mujer japonesa-estadunidense. ¿Por qué había yo de ser distinta de la mayoría de los estudiantes europeo-estadunidenses que compartían mis programas de enseñanza para maestros? Aprendí a aplicar la pedagogía y a seleccionar el programa de estudios sin considerar el contexto cultural de mis estudiantes o de mi propia vida. No me daba cuenta de cómo mi interpretación del programa y mi estilo pedagógico estaban imbuidos y forjados por mis lentes culturales asiático-estadunidenses.

Esta perspectiva se modificó después de mis experiencias en Hawai, porque cambió mi sentido de identidad racial y étnica. Me di cuenta de que mi filosofía de la educación estaba formada por mi sistema bicultural de valores, mi reticente estilo interactivo japonés-estadunidense y mi aproximación relativista a la dicotómica educación occidental. Desde luego, este cambio no se dio de la noche a la mañana. Mis experiencias en Hawai vinieron a solidificar lo que yo había estado procesando como educadora durante muchos años de trabajo en el aula, como estudiante de posgrado y como profesora.

Identidad y voz de la maestra asiático-estadunidense y del Pacífico

Como educadores, podemos volvernos el conducto hacia una sociedad multicultural más sensible y equitativa del futuro. Debemos invertir cuidadosamente nuestros esfuerzos en la población estudiantil culturalmente diversa de hoy, preparando a los estudiantes a reconocer y a apreciar los lentes culturales de los demás y alentarlos a compartir perspectivas, a unirse y hablar con una sola voz. La etnografía de estudiantes asiático-estadunidenses de *high school*, escrita por Stacey Lee (1996), describe varios grupos étnicos asiáticos, mostrando cómo pueden hacerse alianzas —que no siempre serán posibles— entre los grupos. Los educadores asiático-estadunidenses pueden verse a sí mismos como una fuerza catalizadora que estimule el desarrollo de la autoidentidad étnica y racial; que enseñe el propósito y las ventajas políticas de la panetnicidad y que dé alimento espiritual a las personas para expresarse de modo que sus voces no puedan ser acalladas. Necesitamos inculcar el valor del diálogo acerca de la raza y la etnicidad, mientras erradicamos el tan frecuentemente citado "miedo de ofender" que constituye una plaga para la comunicación interracial abierta, sincera e intercultural.

La integración racial en las escuelas públicas de los Estados Unidos, a pesar de su importancia histórica y política, juntó a personas de color poniéndolas en situaciones artificiales, reforzó la filosofía ciega al color y, por último, condujo a una re-segregación informal. La educación multicultural, pese a los drásticos esfuerzos por crear iguales oportunidades educativas y un entendimiento mutuo, condujo a una proliferación de diferencias, tensión entre los grupos y una superficial "unidad de diferencia" (Ladson-Billings y Tate, 1995). ¿Dónde, entonces, deben buscar los maestros asiático-estadunidenses y estadunidenses del Pacífico una guía filosófica? Tal vez la teoría crítica de la raza tal como se aplica a la educación, así como la panetnicidad como voz unificada, pudiesen darnos los fundamentos de una futura investigación. Explican Ladson-Billings y Tate (1995):

> El componente "voz" de la teoría crítica de la raza ofrece un modo de comunicar la experiencia y las realidades de los oprimidos, un primer paso en el camino a la justicia. Cuando intentamos establecer nexos entre la teoría crítica de la raza y la educación sostenemos que se necesita la voz de la gente de color para hacer un análisis completo del sistema educativo... Por ello, sin auténticas voces de la gente de color (como maestros, padres, administradores, estudiantes y miembros de la comunidad), es

dudoso que podamos decir o conocer algo útil acerca de la educación en sus comunidades (p. 58).

Para terminar, vuelvo a mis experiencias de Hawai; esta vez, a la escuela de inmersión hawaiana en Honolulu. Cuando entramos, unos niños hawaianos estaban enseñando a los otros visitantes un auténtico hula hawaiano, no la versión para turistas comúnmente ejecutada en la playa de Waikikí. Estaban representando su propia cultura con sus deliciosas voces y movimientos rítmicos. Las paredes del aula estaban cubiertas de símbolos de su lengua nativa, palabras desconocidas para nuestros oídos continentales. Sus competentes maestras bilingües estaban haciendo que el aprendizaje tuviese una pertinencia cultural, enseñando por medio de su lengua nativa y enriqueciendo sus propias interpretaciones culturales con nueva información. Mientras observábamos a través de nuestros propios lentes culturales no pude ocultar mi entusiasmo, sabiendo que esos padres, maestros y niños hawaianos estaban definiéndose a sí mismos en sus espejos, en lugar de apropiarse las identidades asignadas a ellos por otros. Esta escuela representaba un lugar seguro, en una institución pública, en donde estudiantes, padres y maestros tenían voz personal y política y en donde su cultura era afirmada y no acallada.

REFERENCIAS BIBLIOGRÁFICAS

Adler, S. M., *Mothering, education, and ethnicity: The transformation of Japanese American culture*, Nueva York, Garland, 1998.

Banks, J., *An introduction to multicultural education*, Boston, Allyn y Bacon, 1994.

Derman-Sparks, L., *Anti-bias curriculum: Tools for empowering young children*, Washington, D. C., National Association for the Education of Young Children, 1989.

Espiritu, Y. L., *Asian American panethnicity: Bridging institutions and identities*, Filadelfia, Temple University Press, 1992.

Kitano, H. L., y B. Daniels, *Asian Americans: Emerging minorities*, Englewood Cliffs, New Jersey, Prentice-Hall, 1988.

Ladson-Billings, G., y W. F. Tate, "Toward a critical race theory of education", *Teachers College Record*, 97, 1995, pp. 47-68.

Lee, S. J., *Unraveling the "model minority" stereotype: Listening to Asian American youth*, Nueva York, Teachers College Press, 1996.

Nieto, S., *Affirming diversity: The sociopolitical context of multicultural education* (2ª ed.), White Plains, Nueva York, Longman, 1996.

Osajima, K., "Asian Americans as the model minority: An analysis of the popular press image in the 1960's and 1980's", en G. Y. Okihiro (ed.), *Reflections on shattered windows: Promises and prospects for Asian American studies*, Pullman, Washington State University Press, 1987, pp. 165-174.

Paley, V., *White teacher*, Cambridge, Mass., Harvard University Press, 1989.

Root, M. P., "Loyalty, rootedness and belonging: The quest for defining Asian American identity", en L. C. Lee (ed.), *Asian Americans: Collages of identities*, Ithaca, Nueva York, Cornell University Press, 1992, pp. 175-183.

Sleeter, C., y C. Grant, *Making choices for multicultural education: Five approaches to race, class, and gender* (2ª ed.), Nueva York, Macmillan, 1994.

Stevenson, H. W., "Learning from Asian schools", *Scientific American*, diciembre de 1992, pp. 70-76.

Sue, S., "Ethnic identity: The impact of two cultures on the psychological development of Asian Americans", en S. Sue y N. Wagner (eds.), *Asian American Psychological perspectives*, Palo Alto, Cal., Science and Behavior Books, 1973, pp. 140-149.

Suzuki, B. H., "Education and socialization of Asian Americans: A revisionist analysis of the 'model minority' thesis", *Amerasia Journal*, 4, 1977, pp. 23-52.

——, "The Asian American family", en M. D. Fantini y R. Cárdenas (eds.), *Parenting in a multicultural society*, Nueva York, Longman, 1980, pp. 74-102.

Tai, R. H. "Review of The politics of racial identity: A pedagogy of invisibility, *Educational Researcher*, 27, 1998, pp. 36-40.

Takaki, R., *Strangers from a different shore: A history of Asian Americans*, Boston, Little, Brown, 1989.

——, *A different mirror: A history of multicultural America*, Boston, Little, Brown, 1993.

Thornton, M., "Finding a way home: Race, nation and sex in Asian American identity", en L. C. Lee (ed.), *Asian Americans: Collages of identities*, Ithaca, Nueva York, Cornell University Press, 1992, pp. 165-174.

XI. LA ETNOGRAFÍA POSCOLONIAL, LOS NIÑOS Y LA VOZ

Radhika Viruru
y Gaile S. Cannella

Como académicas, estamos conscientes al menos de dos interpretaciones del término *poscolonial*. Una de ellas fue expresada por Alma Ata Aidoo (1991): "Aplicado a África, la India y otras partes del mundo, el término 'poscolonial' no sólo es una ficción, sino una ficción perniciosa, una pantalla puesta sobre un periodo peligroso de las vidas de nuestros pueblos" (p. 152). Aidoo y otras se preocupan porque el uso del prefijo *post* implica el fin de un periodo colonial y niega las actuales desigualdades económicas, políticas y discursivas. La segunda interpretación dice que el prefijo *post* representa tanto el fin de los colonialismos, en que tierras y pueblos fueron físicamente confiscados, como los continuos efectos de la potencia colonizadora por medio de prácticas discursivas y la dominación filosófica. Esta perspectiva quisiera deconstruir el pensamiento europeo, criticando los sistemas de poder y de conocimiento (Mongia, 1996). El diálogo entre las dos concepciones revela la posibilidad de que, aun cuando la teoría poscolonial pueda iluminar las narrativas dominantes, el discurso también puede servir para reforzar las estructuras de poder (Coronil, 1992; Dirlik, 1994; Jacoby, 1995). Partiendo de este contexto, y reconociendo la posibilidad de que todas las interpretaciones generen múltiples sitios de poder, intentaremos criticar desde una perspectiva poscolonial el concepto de investigación, especialmente la investigación etnográfica, tal como se aplica a los niños.

¿Quiénes somos para hablar?

Empezaremos por explicar quiénes somos en el momento de nuestra crítica. ¿Qué nos da el derecho de hablar de poscolonialismo, de etnografía, de quiénes son más jóvenes? ¿Con qué voces hablamos? ¿Representamos al colonizador, al colonizado, a ambos, o a ninguno de ellos? Nos esforzamos por determinar la naturaleza de nuestras voces. ¿Hablamos como uno solo, o dialógicamente como dos, o es más compleja, tal vez ambigua, la comunicación humana? Por último, decidimos que ninguna de nosotras tiene una voz; ninguna está separada de la influencia de la otra, ni de las voces y discursos múltiples que nos rodean. Sencillamente —aunque no precisa ni fácilmente—, enumeramos algunos de los múltiples egos que hemos construido, y creemos que nuestro público reconocerá la naturaleza compleja, incierta y problemática de estos egos.

> Radhika: Mis voces serían consideradas poscoloniales. Nací en la India en 1964, por lo que la colonización no es algo por lo que yo haya pasado. Pero mi padre me habló, con ojos brillantes, de cómo la bandera británica fue arriada por primera vez en 200 años y la bandera india tricolor fue izada en nuestra "nueva" nación. Así pues, la colonización no estaba muy lejos. Mis propios encuentros con la colonización acaso hayan sido más poscoloniales: como mujer, como persona del llamado Tercer Mundo y como madre, he tratado de encontrar un espacio en los discursos occidentales abrumadoramente patriarcales.
>
> Gaile: Mis voces son típicamente estadunidenses, de clase media, bien educada y blanca. Siento que he aprendido a hablar como madre adoptiva de un niño de color (un niño de la India), como miembro de la familia y como trabajadora (en una sociedad que envía múltiples mensajes contradictorios a las mujeres acerca de sus propios roles). Yo comprendo esos discursos a los que se refiere Radhika, y a veces siento que tal vez esté yo perpetuándo-

los por causa de mi privilegiada situación de persona blanca de clase media.

Ambas somos educadoras de la primera infancia y tenemos como base la teoría del desarrollo que ha dominado este ámbito. En años recientes hemos enfocado la labor de las feministas de color, las teóricas críticas y varias posestructuralistas. El reciente trabajo de Radhika con niños y maestros en la India no sólo ha enriquecido nuestra fe en la deconstrucción y la crítica, sino que también ha reforzado nuestra preocupación por los jóvenes, por estar ilimitadamente (pero invisiblemente) colonizados.

Radhika: Sólo cuando estaba yo haciendo mis investigaciones del trasfondo para un extenso estudio etnográfico de la preprimaria en la India urbana, es decir, mi tesis doctoral, cobré conciencia del movimiento poscolonial. De pronto, me encontré clasificada como "etnógrafa poscolonial", y no estuve muy segura de qué hacer con esa etiqueta. A veces, muy inesperadamente, me parecía que me venía bien. Cuando retorné a casa, a la India, a proseguir con mi investigación, llevé conmigo a mis dos criaturas: mi hijo, entonces de cuatro años, y mi hija de sólo tres meses. Un día que estaba jugando con mi hija descubrí que uno de los nombres cariñosos que yo le daba era "la más azul". Mientras estuvimos en la India seguí llamándola así, pero nunca pude saber, en realidad, de dónde salió esa frase. Únicamente cuando regresé a Texas me di cuenta: procedía de una canción de música country llamada "Los ojos más azules de Texas". Me estremecí. Mi hija nunca tendrá los ojos más azules de Texas. Por otra parte, no parece muy diferente de la mitad de los otros niños de Texas; en realidad, como me han dicho muchos, bien podría pasar por latina. Nunca oiremos hablar de los ojos más oscuros de Texas. Me di cuenta de que la colonización no era algo que hubiera que ir a buscar a mi patria; la tenía yo ante mis ojos en el College Station, de Texas.

Este tipo de colonización me parece la más dolorosa; ya no se trata de una subyugación física (forma que, por muy violenta que resulte, es abierta y obvia), sino de todas las cosas que una no puede ser pero que, según el poderoso *otro*, una debería ser. El análisis poscolonial de la actualidad requiere que primero reconozcamos los modos en que grupos de personas, incluso de las que son más jóvenes, son colonizados por medio de mensajes ocultos acerca de sí mismos. Una forma dominante de colonización se encuentra en la interpretación científica de la niñez como una verdad universal predeterminada, perspectivas desde las cuales un grupo crea creencias y valores para el otro.

El niño universal: irrestrictamente colonizado

Ariès (1962) propuso que antes del periodo "moderno" en la Europa occidental no existían nociones de la niñez como un periodo distintivo del desarrollo humano. Después de la Ilustración, los seres humanos más jóvenes fueron vistos como separados de los adultos, como inocentes y necesitados de que alguien los protegiera del mundo, como seres incompetentes que necesitaban una guía para dominar sus tendencias "bárbaras". Hace 20 años, Kessen (1979) demostró cómo diferentes niños eran interpretados por diferentes teóricos: para Freud, eran seres creados por el deseo sexual; para Piaget, criaturas de adaptación, y para Skinner, "bebés en una caja" (p. 28). Otros estudiosos han extendido esta labor por medio de la deconstrucción y la genealogía. Se ha visto que el concepto del niño refleja claramente los discursos de la Ilustración/modernistas que perpetúan nociones de *1)* la verdad (como se revela en la existencia del niño cuya naturaleza universal se considera predeterminada); *2)* la ciencia positivista, la autoridad utilizada para la vigilancia y determinación de este niño universal; *3)* la dicotomía oposicional cartesiana (reflejada en las caracterizaciones del adulto/niño de quienes son inteligentes, fuertes, maduros, civilizados y dominantes, en comparación con quienes son inocentes, débiles, inmaduros, bárbaros e incontenibles), y *4)* la fe en el progreso humano (bien ilustrada en la interpretación psicológica del desarrollo humano), para nombrar sólo unos cuantos. Aunque fue creada en Europa y en los Estados Unidos por la Iglesia Cristiana para definir a quienes necesitan protección ante una sociedad corrompida, y por la ciencia positivista de la psicología, la noción de la verdad de la niñez ha sido y es impuesta a todos los seres humanos más jóvenes, a lo largo del mundo entero, no sólo a los llamados niños occidentales (Cahan, Mechling, Sutton-Smith y White, 1993; Cannella, 1997; Woodhead, 1990).

Al lado de los recientes desafíos deconstructivos a la interpretación científica de los seres humanos jóvenes como "niños universales", nuestras interpretaciones de la niñez pueden ser claramente analizadas desde perspectivas poscoloniales. Analizaremos brevemente dos de estas fuentes: *1)* el trabajo erudito en la teoría poscolonial, y *2)* las interpretaciones de la niñez por quienes han resistido la dominación colonial.

La teoría poscolonial

Al igual que los posestructuralistas (Foucault, 1980) y feministas (Gordon, 1988; Spivak, 1996), los estudiosos poscoloniales se preocupan por cuestiones de discurso, agencia, representación, identidad e historia. Aunque criticada por crear teorías que "descentran al sujeto", Bhabha (1996) enfoca la manera general en que se emplean discursos coloniales para interpretar al *otro* (p. 37). Estas condiciones del discurso colonial también pueden aplicarse al concepto del niño universal. La colonización produce "pueblos sometidos" (p. 37) al crear un conocimiento acerca del pueblo por medio de la vigilancia. Se crea autoridad sobre los pueblos sometidos mediante la interpretación de dos grupos estereotipados, como si estuviesen en mutua oposición. Un grupo se convierte en los oprimidos, y el otro en los opresores. Los pueblos sometidos y colonizados son descritos como carentes de muchas cosas, como degenerados, lo que constituye la justificación para el dominio y la creación de sistemas administrativos que rigen sobre ellos. La colonización de un grupo sobre otro es aceptada como realidad fija, como verdad necesaria y como señal de estabilidad y de normalidad.

El niño universal embona bien en esta descripción del *otro* colonizado. Se ha considerado a los niños como un grupo de personas que deben ser observadas y que contrastan claramente (al menos en capacidad intelectual, agencia y conducta) con los adultos. Los niños representan a un grupo que debe ser controlado y administrado hasta que su desarrollo progrese, hasta que maduren y puedan ser autodisciplinados. La verdad de la niñez es tan aceptada por los adultos que, excepto en la academia, no se le cuestiona. Los significantes de la estabilidad y la normalidad son que los adultos se encarguen de los niños, administrando y dominando sus vidas.

Como ya se dijo antes, múltiples preocupaciones y perspectivas son generadas y problematizadas por los teóricos poscoloniales. Por ejemplo, utilizando la obra de Foucault, Bhabha (1996) también descentra las relaciones de poder, centrándose en la noción de que el poder (especialmente el poder que no es directamente físico) no es dialéctico. Las relaciones de poder no son tan sencillas como una dicotomía entre yo/otro, opresor/oprimido, o adulto/niño. No es posible subvertir la colonización simplemente invirtiéndola. Los niños no son descolonizados simplemente al recibir poder de los adultos. Spivak (1996) expresa otra preocupación: que el Tercer Mundo esté siendo interpretado por la teoría poscolonial como un nuevo tema de investigación. Esta quietud también puede expresarse con respecto a los seres humanos más jóvenes. La teoría poscolonial una vez aplicada a los pueblos oprimidos, incluso a los niños, puede servir sencillamente para crear otra vía para la investigación académica, una nueva manera de legitimar la interpretación de seres humanos como objetos de nuestra investigación científica. Un último ejemplo es la inquietud por el uso cada vez mayor de la teoría poscolonial para definir a grupos marginales en el Primer Mundo (Mongia, 1996, p. 6), cuestión que enfocaría a diversos grupos de niños. Esta definición crea un concepto ahistórico de poder, reforzando la noción de la Ilustración/modernista de progreso al definir los periodos como precoloniales, coloniales y poscoloniales. Al aplicarse la teoría poscolonial a los seres humanos más jóvenes, es evidentemente necesaria una autocrítica continua para no reproducir inadvertidamente los mismos discursos coloniales que queremos cambiar.

Otras interpretaciones

Nuestro actual enfoque de la India nos ofrece un ejemplo de las vidas de seres humanos jóvenes no dominadas por una interpretación según la cual el niño está separado de aquellos que son mayores. Kumar (1993) cita un estudio de la niñez en la India efectuado por Lois Barclay Murphy en 1953. Parecía haber cierta "continuidad" entre los mundos de los adultos y de los niños, continuidad en el sentido de proximidad. Kumar (1993) considera que esto significa que "al niño se le ve como parte del espacio del adulto en la vida cotidiana" (p. 66). Durante la niñez, esta continuidad pareció expresarse por medio de un contacto físico directo con el niño, ya que a los niños muy a menudo los llevaban consigo los adultos mientras realizaban sus rutinas diarias. En años posteriores se siguió dando esta continuidad, ya que a menudo se encontraba a los niños en lugares en que los adultos estaban charlando o divirtiéndose. Esta falta de separación y de diferenciación pareció existir cualquiera que fuese la clase social. Murphy contrastó esta continuidad de la experiencia vital con las costumbres estadunidenses de criar a los niños, que están fundamentadas en una filosofía de llevar a cabo la crianza con un propósito: teniendo la autonomía y la independencia como metas. Se cita a uno de los informantes indios de Murphy (1953): "Ustedes crían a sus hijos; nosotros vivimos con los nuestros" (p. 66).

El tema de la continuidad adulto/niño también aparece descrito en un estudio sobre la niñez en la India, escrito por Anandalakshmy y Bajaj (1981). Trabajando con una comunidad de tejedoras de seda, conocida como la Momin Ansaris, en Varanasi, en la India septentrional, estos investigadores descubrieron que en términos generales los adultos y los niños habitaban los mismos espacios. Los niños, como los adultos, se enfrentaban simultáneamente a cierto número de cuestiones complejas. Los seres humanos no estaban rígidamente separados en adultos y niños.

Contradiciendo el concepto del niño universal, Misri (1986) ha sostenido que las nociones de la niñez que existen en la India parecen ser interpretadas sobre tres diferentes "ejes", compuestos por ideas completamente antitéticas. Primero, al niño se le ve simultáneamente como una creación de los padres y como un don de Dios, y por ello es el eje de lo humano divino. Los padres, desde esta perspectiva, son sencillamente instrumentos por medio de los cuales se realiza la voluntad divina. El segundo eje trae otro conjunto de ideas opuestas: el niño es, simultáneamente, un ser colectivo y un individuo único. Las creencias religiosas hindúes, como el concepto del karma, subrayan las acciones que debe emprender un individuo, mientras que las relaciones sociales con la familia y la comunidad subrayan la colectividad. El tercer eje intenta reconciliar la idea de que el niño no es como una hoja en blanco, sino que nace con ciertas características inalterables, con la idea igualmente poderosa de que puede ser transformado mediante ciertos rituales. Este paradigma, fincado en contradicciones, presenta un cuadro poscolonial complejo, alternativo, una perspectiva que desafía el énfasis positivista en que la naturaleza humana progresa hacia el razonamiento lógico.

La investigación poscolonial y los niños

Desde una perspectiva poscolonial, la investigación se reconoce como una práctica discursiva europeo-estadunidense que interpreta a la potencia colonizadora de un grupo sobre otro. De muchas maneras, la investigación está poniendo en práctica la creencia de la Ilustración de que la verdad, la razón y la ciencia son los caminos hacia la liberación, y de que el conocimiento es el salvador del mundo. La investigación se emplea para legitimar y justificar acciones sobre pueblos colonizados, ya sea que los pueblos sometidos sean de un lugar remoto, sean vecinos de color o se trate de personas más jóvenes que nosotros. La labor de Radhika en la India ilustra esta cuestión:

> Realicé mi estudio etnográfico en una pequeña guardería que atendía a unos 115 niños en el corazón mismo de la ciudad de Hyderabad, ciudad importante de la India meridional. Cuando fui allí por primera vez hace varios años, aunque la mayoría del personal de la escuela se mostró perfectamente hospitalario, su actitud general hacia mi investigación puede resumirse como un dudoso "¿Por qué?" Un día, mientras estaba sentada en el patio de juegos tomando notas, una de mis ayahs (ayudantes) quiso saber por qué tomaba yo notas sobre el juego de los niños; más asombrada aún, quiso saber quién me pagaba mi salario. "¿Quién podría pagarle a una por semejante cosa?" Una interpretación tradicional de este encuentro podría decir que la mujer era demasiado pobre y/o demasiado ignorante para comprender la importancia de investigar la conducta de los niños... y sí era pobre e ignorante. Sin embargo, cuando llegué a conocerla mejor, comprendí que estaba expresando su asombro de que se necesitara hacer cosas, como tomar notas, para comprender una conducta. Además, tuvo nuevas dificultades por su idea de que había que estudiar a los niños... como a una subespecie.

La etnografía

Considerada como el "trabajo de describir cultura" (Spradley, 1980, p. 3), la etnografía tal vez sea la forma más comúnmente empleada de investigación con personas que han sido históricamente colonizadas y/o tildadas de salvajes o considerados los "miserables de la tierra" (Fanon, 1963). Aunque la definición de etnografía haya generado controversias, en general se le acepta como una forma de investigación social que explora la naturaleza de ciertos fenómenos (en lugar de poner a prueba hipótesis), que utiliza datos no estructurados, que investiga ciertos casos en detalle y que interpreta el significado de la acción humana (Atkinson y Hammersley, 1994). Dado que el método parece desafiar el énfasis positivista en la predeterminación, el control experimental y la dominación del investigador, la etnografía ha sido adoptada en diversas disciplinas interesadas en las vidas cotidianas y en las prácticas reales de los seres humanos. Durante años, la etnografía ha dominado el campo de la antropología y, recientemente, ha sido aceptada como el método ideal para efectuar investigación educativa con niños en sus hogares, comunidades y escuelas.

Algunos estudiosos, especialmente feministas, teóricos críticos y posmodernistas han criticado desde hace algún tiempo la etnografía diciendo que encarna prácticas jerárquicas, antidemocráticas y colonizadoras. Se considera que el investigador mantiene todo el poder, decidiendo quién y qué estudiar, y cómo se deben registrar y representar las voces de otros (Gitlin, Siegel y Boru, 1989). Otra crítica, de especial importancia en los asuntos poscoloniales, es la naturaleza de la narrativa encontrada en las típicas etnografías antropológicas; en lugar de ser diversas formas de informar que pudieran brotar de la vasta serie de las sociedades humanas, las monografías etnográficas imponen una pauta textual común a todos los que son "estudiados" (Boon, 1993). A la etnografía se le ha tildado de "ficción", de ser un cuento formado por los autores y forjado por las prácticas convencionales de la investigación cualitativa y la producción narrativa (Clifford y Marcus, 1986). Clough (1992, 1993) ha llegado, incluso, a cuestionar la noción de experiencia, proponiendo que siempre se le construye por medio de discurso.

Los educadores de la etapa temprana de la niñez se han interesado en cuestiones similares, llamando nuestra atención hacia la naturaleza voyeurista de la observación-participante (Tobin y Davidson, 1990), la paradoja ética de la intervención cuando se participa en una investigación naturalista (Hatch, 1995), el uso de métodos positivistas fidedignos como la triangulación (Walkerdine, 1997), y lo que se percibe como el derecho del investigador a vigilar a otras personas (Walkerdine, 1984). El espacio concedido en la interpretación y surgimiento de la investigación cualitativa cubre las suposiciones subyacentes que son impuestas por los discursos de la investigación y la academia. Como ejemplo, Radhika escribe en sus notas de campo:

> Hubo momentos en que la necesidad de poner orden en mis datos me pareció apremiante para la preprimaria en que yo trabajaba. El orden, a veces, me parecía ser una idea muy colonial. (La necesidad de imponer orden en las masas indoctas fue uno de los argumentos más poderosos en favor del Imperio.) Cuando pregunté a la directora cómo planeaba su enseñanza, me dijo que sencillamente "entraban en ritmo y lo hacían". Posiblemente ésta habría sido la manera india de llevar adelante mi estudio. Posiblemente habría sido la manera en que mis interrogados relataban su historia... pero me reconocí incapaz de abandonar ideas como orden y categorías de datos. Llegué a cobrar conciencia de que las que podían ser categorías para mí no lo eran para mi pueblo.

Haciendo frente a estas críticas modernas y poscoloniales, antropólogas como Margery Wolf (1992) han respondido con la creencia de que aun cuando la etnografía contenga potencial para más colonización, la práctica ha revelado las voces de los olvidados y los acallados del mundo entero. Refiriéndose a su propia obra, dice: "Cuando empecé mi investigación, no había estudiosos taiwaneses que estuviesen mínimamente interesados en la vida de las mujeres. Acaso no haya yo comprendido siempre bien, pero las taiwanesas fueron tomadas en serio como agentes por mi investigación y mis escritos" (p. 14).

La voz

Algunas teóricas feministas y críticas están buscando maneras de llevar adelante la etnografía, al tiempo que critican sus propios proyectos etnográficos. Por ejemplo, las etnógrafas feministas se enfrentan a la cuestión de la voz, demostrando que los modos de investigación efectuados por medio de la ciencia social son a la vez jerárquicos y patriarcales y han puesto oídos sordos a las voces de las mujeres y las personas de color (Olesen, 1994). Nosotras añadiríamos las voces de los niños a esta lista de quienes han sido y siguen siendo desatendidos. No obstante, trabajos recientes exploran maneras antes inauditas de extender la noción de investigación a diversas voces. Como ejemplos, Ruth Behar (1993) ofrece un texto en doble voz, que representa simultáneamente las dos voces. La obra de Patti Lather (1997) ha incluido un continuado examen de las maneras en que las mujeres con VIH-sida pueden controlar y nombrar su propio rol en su actividad de investigación. Dado que en la historia reciente los adultos siempre han hablado por los niños, la cuestión de la voz es de gran interés para la investigación etnográfica en la educación temprana.

Aunque conceptos como "llegar a tener voz", "polivocalidad" y "escuchar las voces de otros" parecerían ser ideales en un proyecto poscolonial que deconstruyera sistemas de poder y de dominación, el concepto mismo de voz es una cuestión compleja y difícil. En *Disruptive voices*, Michelle Fine (1992) problematiza el concepto alegando que es epistemológicamente impreciso. En primer lugar, los investigadores escogen trozos de narraciones (como lo hemos hecho en este capítulo) que muestran sus propias creencias y sus agendas. En segundo lugar, las voces individuales son consideradas representaciones de la conducta de un grupo: cuestión claramente poscolonial. Por último, nosotras como investigadoras a menudo favorecemos voces contradictorias, subyugadas, y reproducimos su contenido como si estuviese al margen de las relaciones de poder. Como sostuvo Foucault (1980), "todas las voces contienen y negocian relaciones de poder. Los informantes oprimidos no están 'libres' de las perspectivas dominantes, ni incontaminados por ellas" (p. 219). Lo que se oye de otros a menudo son "textos de la clase dominante" (p. 216), y la expresión de la crítica y el desafío son actividades peligrosas cuando no se mantiene el poder.

Añadiremos otras preguntas sobre el concepto de voz como representación humana. ¿Es este concepto uno de los que en realidad perpetúan las visiones dominantes del mundo? Parece individualista y peligrosamente cercano a la expectativa, dominada por un género, de que hay que "subir por sí mismo". ¿Qué decir de las formas de comunicación que no coinciden con las interpretaciones europeo-estadunidenses de habla directa? Por ejemplo, etnógrafos posmodernos han señalado el género del entrevistador y del interrogado como un filtro de conocimiento (Denzin, 1989). Algunas feministas se han mostrado renuentes a entrevistar a otras mujeres, actividad que, según se supone, las crea como objetos, y han decidido desarrollar, en cambio, unas relaciones humanas (Fontana y Frey, 1994; Reinharz, 1992). Por último, ¿qué decir de la fuerza del silencio? Los discursos sobre la voz niegan las direcciones múltiples del silencio. Como ejemplos, pueden incluirse muchos mensajes en silencio; una forma de aprender puede ocurrir en medio del silencio; y silencio puede ser resistencia.

Consideremos otro ejemplo tomado de la labor de Radhika en la India:

> Un día, en el aula del jardín de niños superior, vi cómo la maestra mostraba a los niños los usos de los artículos *a* y *an*. Aunque les puso ejemplos de cómo se utilizaban, no les dijo que *an* debía emplearse si la letra siguiente era una vocal. La regla quedó implícita y fue ilustrada por los ejemplos, pero no en voz alta. Esto fue muy característico de un medio en que las cosas rara vez se expresaban directamente. Cuando las maestras les leían cuentos a los niños, incluso cuentos con mensajes morales explícitos acerca de la conducta, no eran discutidos abiertamente. Y sin embargo, se esperaba que los niños comprendieran esto por sí mismos. Las actividades me recuerdan la descripción que hace Trawick (1990) de las interacciones con una familia del sur de la India. Las ideas que eran importantes rara vez se expresaban en voz alta, pero se esperaba que fueran comprendidas. Esta costumbre de no decir las cosas en voz alta, de comunicarse por medio del silencio, era una parte importante de la atmósfera de la escuela. La actitud general parecía ser que los sentimientos sinceros quedaban rebajados si se expresaban abiertamente.

Las cuestiones anteriores con respecto a la voz son, sin duda, pertinentes en nuestra labor con los más jóvenes. ¿Existen modos de oír las voces de los niños, de considerarlos como seres humanos sin imponerles nuestras expectativas o nuestras agendas? ¿Tenemos el derecho de cuestionarlos, de observarlos y de interpretarlos? ¿Cómo interpretan nuestros métodos a quienes son más jóvenes como objetos de una potencia colonizadora? ¿Qué decir del silencio? ¿Hacemos un exagerado hincapié en la expresión oral y conductual? Aun cuando tengamos las mejores intenciones, ¿de qué modo sirven como colonización nuestros intentos de escuchar a los niños? ¿Hay maneras en que algunos de los que deseamos trabajar con otros seres humanos podamos aprender a conocernos unos a otros sin funcionar, inadvertidamente, como colonizadores?

Reconceptualización de la investigación: alternativas poscoloniales

Todo el que esté actuando desde una perspectiva posmodernista convendrá en que no tenemos ni podemos tener las respuestas correctas para la construcción de una investigación que no colonice a los niños. Ofreceremos aquí algunas posibilidades de reconceptualización. Una posibilidad es que la investigación se vea como un proceso de continua crítica consciente. La labor de críticos y de feministas que examina las fuerzas sociales y políticas que influyen sobre participantes, investigadores y métodos de investigación muestra esta actuación consciente. Las investigaciones de Richard Johnson (1997) y Mary Hauser (1995) nos ofrecen ejemplos.

Otra posibilidad relacionada consiste en cambiar radicalmente las preguntas de investigación que hacemos. En lugar de suponer que hay que investigar las vidas de otros, podríamos enfrentarnos a cuestiones que reflejen el contexto social, político y hasta educativo en que viven los niños. Unos ejemplos:

- "¿Cuáles son las maneras en que el programa para la educación temprana refleja suposiciones imperialistas sobre representaciones erróneas de los pueblos históricamente colonizados?" (Cannella y Bailey, 1999, p. 23)
- "¿Cómo los métodos para seleccionar, evaluar, poner a prueba y/o categorizar a los niños perpetúan la estratificación económica y social de los pueblos históricamente colonizados?" (Cannella y Bailey, 1999, p. 23)
- ¿Cómo se co-construye un nuevo tipo de investigación con niños que refleje sus perspectivas?

- Los niños pueden construir la investigación de maneras muy diferentes, en formas que no embonen con el tradicional discurso académico. ¿Dónde hay espacio para estas visiones "alternas"? ¿Por qué deben ser alternas?

Otra posibilidad consistiría en reconceptualizar toda la investigación, exponiendo todas las cuestiones de investigación (por ejemplo, definición de problemas, acopio de datos, interpretación) en la construcción de un trabajo comunitario abierto. Este tipo de investigación ha sido parcialmente mostrado por Jipson y Paley en *Daredevil research* (1997) y en la enseñanza alfabetizadora de Paulo Freire. Este tipo de investigación requiere una completa asociación con miembros de la comunidad, que en nuestro caso serían niños. Estos miembros de la comunidad tendrían igual y tal vez mayor acceso a la toma de decisiones con respecto a todo el proceso y las formas de representación. Otro ejemplo se encuentra en los intentos de Dyson (1997) por reconceptualizar sus maneras de hacer investigación. Dyson ha descrito como co-construyó un rol para sí misma con los niños, en su estudio de los niños "escribiendo superhéroes". Dyson descubrió que dependía ampliamente de la buena voluntad y de la legitimidad que le mostraban los niños, especialmente dos de ellos, que estaban demasiado absortos en su propio trabajo para dejar que ella interfiriera. Además, relata que sólo después de establecer una relación de intimidad y amistad con los niños pudo hacerles preguntas acerca de cuestiones tan complejas como la raza y el género. Haberlo hecho prematuramente habría resultado un tanto impertinente. Tales preguntas solamente pueden hacerse dentro de los límites de la amistad. Dyson reconoce, además, que si los niños hubiesen tenido un control sobre el producto final, probablemente éste no habría sido un libro.

Por último, un análisis poscolonial no estaría completo sin la recomendación de que se elimine de nuestras prácticas académicas y educativas toda investigación que interpreta a otros seres humanos como objetos. ¿Puede ser aceptable la investigación para aquellos que nunca han desempeñado un rol en su construcción y sólo un rol limitado al influir sobre sus resultados? Tal vez la labor de investigación se vuelva algo distinto de la imposición de nuestras prácticas sobre otros.

Aquellas mujeres que nos consideramos educadoras/investigadoras (especialmente educadoras de maestros) podemos utilizar las múltiples perspectivas generadas por las teorías poscoloniales para:

1. Examinar nuestros discursos dominantes, modos de actuar con otros (por ejemplo, niños, maestros en preservicio, maestros en servicio, y otros investigadores) y mensajes institucionalizados que siguen colonizando, al tratar a los seres humanos como si carecieran de agencia o de voz.
2. Reconocer que la investigación (incluso la investigación cualitativa, etnográfica) es una forma de colonización ilustrada/modernista que debe ser deconstruida, puesta de cabeza, tal vez rechazada y, al menos, reconceptualizada y reconstruida.

No podemos completar este capítulo sin una petición final con respecto a los niños. Dado que la dicotomía adulto/niño tal vez sea la mayor fuerza colonizadora en las vidas de seres humanos jóvenes, sugerimos que todos aquellos que compartimos nuestras vidas con ellos hagamos todos los esfuerzos por eliminar la dicotomía y el concepto del niño universal. Sólo cuando aceptemos a quienes son más jóvenes como seres humanos iguales a nosotros, con agencia y poder, podremos empezar a enfrentarnos a nuestras prácticas colonizadoras sobre ellos. Hay que hacer preguntas (como las presentadas en este capítulo) y responderlas continuamente, y entrar en acción. Y las acciones deben incluir los modos en que conceptualizamos los programas, el (los) conocimiento(s) que es (son) considerado(s) importante(s) para nosotros y para nuestros alumnos, y las decisiones tomadas para la investigación y las prácticas educativas con los niños.

REFERENCIAS BIBLIOGRÁFICAS

Aidoo, A. A., "That capacious topic: Gender politics", en P. Mariani (ed.), *Critical fictions: The politics of imaginative writing*, Seattle, Bay Press, 1991, pp. 151-154.

Anandalakshmy, S., y M. Bajaj, "Childhood in the weavers' community in Varanasi", en D. Sinha (ed.), *Socialization of the Indian child*, Nueva Delhi, Concept, 1981, pp. 31-38.

Ariès, P., *Centuries of childhood-A social history of family life*, Nueva York, Knopf, 1962.

Atkinson, P., y M. Hammersley, "Ethnography and participant observation", en N. K. Denzin y Y. Lincoln (eds.), *Handbook of qualitative research*, Thousand Oaks, Cal., Sage, 1994, pp. 248-261.

Behar, R., *Translated woman: Crossing the border with Esperanza's story*, Boston, Beacon, 1993.

Bhabha, H., "The other question", en P. Mongia (ed.), *Contemporary poscolonial theory: A reader*, Londres, Arnold, 1996, pp. 37-54.

Boon, J. A., "Functionalists write too: Frazer, Malinowski and the semiotics of the monograph", *Semiotica*, 46, 1993, pp. 131-149.

Cahan, E., J. Mechling, J. Sutton-Smith y S. H. White, "The elusive historical child: Ways of knowing the child of history and psychology", en G. H. Elder, Jr., J. Model y R. D. Parke (eds.), *Children in time and place: Developmental and historical insights*, Nueva York, Cambridge University Press, 1993, pp. 192-223.

Cannella, G. S., *Deconstructing early childhood education: Social justice and revolution*, Nueva York, Peter Lang, 1997.

——, y C. D. Bailey, "Postmodern research in early childhood education", en S. Reifel (ed.), *Advances in early education and day care*, vol. 10, Greenwich, Conn., JAI Press, 1999, pp. 3-39.

Clifford, J., y G. E. Marcus, *Writing culture: The poetics and politics of ethnography*, Berkeley, University of California Press, 1986.

Clough, P. T., *The end(s) of ethnography; From realism to social criticism*, Newbury Park, Cal., Sage, 1992.

——, "On the brink of deconstructing sociology: A critical reading of Dorothy Smith's standpoint epistemology", *Sociology Quarterly*, 34, 1993, pp. 169-182.

Coronil, F., "Can poscoloniality be decolonized? Imperial banality and poscolonial power", *Public Culture,* otoño de 1992, p. 51.

Denzin, N. K., *Interpretive interactionism*, Newbury Park, Cal., Sage, 1989.

Dirlik, A., "The poscolonial aura: Third world criticism in the age of global capitalism", *Critical Inquiry*, 20 (2), 1994, pp. 328-356.

Dyson, A., *Writing superheroes*, Nueva York, Teachers College Press, 1997.

Fanon, F., *The wretched of the earth*, Nueva York, Grove Press, 1963.

Fine, M., *Disruptive voices*, Ann Arbor, University of Michigan Press, 1992.

Fontana, A., y J. H. Frey, "Interviewing: The art of science", en N. Denzin y Y. Lincoln (eds.), *Handbook of qualitative research*, Thousand Oaks, Cal., Sage, 1994, pp. 361-376.

Foucault, M., *Power/knowledge: Selected interviews and other writings 1972-1977*, Nueva York, Pantheon, 1980.

Gitlin, A., M. Siegel y K. Boru, "The politics of method: From leftist ethnography to educative research", *Qualitative Studies in Education*, 2, 1989, pp. 237-253.

Gordon, D. (ed.), *Real and imagined women*, Londres, Routledge, 1988.

Hatch, J. A. "Ethical conflicts in classroom research: Examples from a study of peer stigmatization in kindergarten", en J. A. Hatch (ed.), *Qualitative research in early childhood settings*, Westport, Connecticut, Praeger, 1995, pp. 213-223.

Hauser, M., "Life history of a first grade teacher: A narrative of culturally sensitive practice", en J. A. Hatch (ed.), *Qualitative research in early childhood settings*, Westport, Connecticut, Praeger, 1995, pp. 63-78.

Jacoby, R., "Marginal returns: The trouble with poscolonial theory", *Lingua Franca*, septiembre-octubre de 1995, pp. 30-37.

Jipson, J., y N. Paley, *Daredevil research: Re-creating analytic practice*, Nueva York, Peter Lang, 1997.

Johnson, R., "The 'no tough' policy", en J. Tobin (ed.), *Making a place for pleasure in early childhood education*, New Haven, Yale University Press, 1997, pp. 101-118.

Kessen, W., "The American child and other cultural inventions", *American Psychologist*, 34 (10), 1979, pp. 26-39.

Kumar, K., "Study of childhood and family", en T. S. Saraswathi y B. Kaur (eds.), *Human development and family studies in India*, Nueva Delhi, Sage, 1993, pp. 67-76.

Lather, P. A., *Troubling the angels: Women living with HIV/AIDS*, Boulder, Col., Westview Press, 1997.

Misri, U., "Child and childhood: A conceptual construction", en V. Das (ed.), *The word and the world: Fantasy, symbol and record*, Nueva Delhi, Sage, 1986, pp. 115-132.

Mongia, P., "Introduction", en P. Mongia (ed.), *Contemporary postcolonial theory: A reader*, Londres, Arnold, 1996, pp. 1-19.

Murphy, L. B., "Roots of tolerance and tensions in Indian child development", en G. Murphy (ed.), *In the minds of men*, Nueva York, Basic Books, 1953, pp. 46-58.

Olesen, V., "Feminisms and models of qualitative research", en N. Denzin y Y. Lincoln (eds.), *Handbook of qualitative research*, Thousand Oaks, Cal., Sage, 1994, pp. 158-174.

Reinharz, S., *Feminist methods in social research*, Nueva York, Oxford University Press, 1992.

Spivak, G. C., "Poststructuralism, marginality, poscoloniality, and value", en P. Mongia (ed.), *Contemporary poscolonial theory: A reader*, Londres, Arnold, 1996, pp. 198-223.

Spradley, J. P., *Participant observation*, Fort Worth, Texas, Harcourt Brace Jovanovich, 1980.

Tobin, J., y D. Davidson, "The ethics of polyvocal ethnography: Empowering vrs. textualizing children and teachers", *International Journal of Qualitative Studies in Education*, 3, 1990, pp. 271-284.

Trawick, M., *Notes on love in a Tamil family*, Berkeley, University of California Press, 1990.

Walkerdine, V., "Developmental psychology and the child-centered pedagogy: The insertion of Piaget into early childhood education", en J. Henriques, W. Holloway, C. Urwin, C. Venn y V. Walkerdine (eds.), *Changing the subject: Psychology, social regulation and subjectivity*, Londres, Methuen, 1984, pp. 153-202.

——, *Daddy's girl*, Cambridge, Mass., Harvard University Press, 1997.

Wolf, M., *A thrice told tale: Feminism, postmodernism and ethnographic responsibility*, Stanford, Stanford University Press, 1992.

Woodhead, M., "Psychology and the cultural construction of children's needs", en A. James y A. Prout (eds.), *Constructing and reconstructing childhood*, Nueva York, Falmer, 1990, pp. 60-78.

CONCLUSIÓN:
IDENTIDADES Y POSIBILIDADES

GAILE S. CANNELLA
y SUSAN GRIESHABER

LAS TEORÍAS y/o perspectivas reconceptualistas y posmodernistas evitan toda información prescriptiva en las metodologías para el aula, lineamientos sobre cómo trabajar con cualquier grupo de personas o cualquier tipo de jerga sobre "lo que funciona" o sobre la "práctica efectiva", fórmulas tan comunes en nuestro discurso educativo. Las cosmovisiones del mundo que desafían las verdades universales o las narrativas grandiosas hacen cualquier intento por evitar tal "oficialización", así como por formar verdad(es) alternativa(s). Por ejemplo, términos como *práctica efectiva*, aunque parezcan objetivos y científicos, están preñados de prejuicios políticos, sociales, históricos, contextuales y hasta de género: ¿cuáles son los valores culturales dominantes de un contexto en que se considera importante el término *efectivo*? ¿Quién decide lo que significa *efectivo*? ¿Quién es el individuo cuyo conocimiento, capacidades y creencias quedan incluidas? ¿Las habilidades y fuerzas de quién quedan excluidas? ¿Privilegia este concepto ciertas maneras particulares de vivir en el mundo y aprender? ¿Crea la noción de *efectivo* un poder para un grupo sobre otro? ¿Ha cambiado con el tiempo este concepto? ¿Quién resulta beneficiado y quién resulta dañado por el discurso y la aplicación de una *práctica efectiva*?

Los educadores y demás personas que trataran de cuestionar las verdades predeterminadas, incluyendo nuestro derecho como seres humanos de imponer verdad(es) universalizada(s) a otros, deben mantenerse firmes criticando todos los discursos, incluso el suyo propio. Por esta razón, las cosmovisiones posmodernas, reconceptualistas o afines a lo posmoderno a menudo son rechazadas diciendo que no ofrecen alternativas, que son demasiado teóricas o idealistas (en el mejor de los casos) y como nihilistas, peligrosas, separatistas, nocivas y hasta elitistas en los peores casos (para emplear el lenguaje dualista modernista). Las ideas reconceptualistas no embonan en los modos modernistas de enfocar el mundo (por ejemplo, descubrir verdad[es]; pensar lógica, lineal y dicotómicamente; salvar a "otros", dignos de lástima, que no son tan inteligentes, hermosos o laboriosos como el resto de la sociedad). Nosotras, sin embargo, creemos que las orientaciones posmodernistas, reconceptualistas y que desafían la verdad ofrecen posibilidades ilimitadas. Como propone Richard Johnson en el capítulo II, "este movimiento reconceptualista se deleita con la noción de crear nuevas posibilidades".

La renuencia a imponer la verdad a otros y la apertura a la posibilidad provocó que muchos investigadores y eruditos reconceptualistas fuesen acusados de ignorar el auténtico mundo de los maestros y los niños en las aulas. Nosotras y nuestras colegas no estamos pasando por alto a los maestros ni a los niños con quienes trabajan cada día. Creemos, sin embargo, que dar cierto tipo de "modelo o metodología posmodernos" sería contrario a las preguntas mismas que hemos planteado. Algunas posibilidades generales que consideramos directamente aplicables a la práctica en el aula son similares a las planteadas por Rebecca Kantor y David E. Fernie en el capítulo II. Estas prácticas potenciales incluyen: *1)* el reconocimiento de las complejidades y las creencias tendenciosas en la sociedad y de que los maestros no pueden pasar por alto los modos en que el poder social se exhibe en las aulas; *2)* el empleo de una colaboración auténtica y equitativa que incluya a niños y a sus familias en la creación de prácticas de educación y cuidado, y *3)* las acciones emprendidas con base en valores construidos en colaboración que sean reconocidos como flexibles y con una tendencia determinada y que siempre se examinen, viendo a quién se escucha, a quién se descalifica, a quién se ayuda o a quién se perjudica. Estas prácticas de base amplia, en contextos particulares, nos llevarían a acciones más específicas. Las autoras de este libro han ofrecido muchos ejemplos específicos como puntos de partida para quienes deseen adoptar una actitud crítica posmodernista en su enseñanza, investigación y servicio a/para niños.

La reconceptualización y el aula

Las directivas para la práctica mostradas en este volumen son multidimensionales e incluyen a maestros, métodos y contenidos educativos, así como una reconceptualización de aquellos constructos que son dominantes en nuestra disciplina y que tradicionalmente han "imbuido" la práctica. Algunas posibilidades exigen a los maestros reconsiderar quiénes son, cómo la sociedad ha afectado lo que sienten sobre sí mismos y sobre los niños, y el contexto cultural de la escuela. El contenido y los métodos de enseñanza se agregan a la introducción de posibilidades que pueden emplearse en las aulas, sin exigir que el maestro reconceptualice a la vez todo lo que hay en el aula. Por último, se presentan posibilidades a largo plazo para replantear los principales constructos que dominan la educación.

Las identidades del maestro

Las identidades del maestro se exploran desde múltiples posiciones aventajadas (capítulos iii-v), en formas que amplían la comprensión de los contextos y las situaciones en que se encuentran los maestros como seres humanos. Como me dijo una maestra (Cannella): "Ahora que examino los roles en mi escuela comprendo que mi inconformidad no era por mi imperfección, sino por la atmósfera en que el director era nuestro padre y nosotras, como maestras, teníamos que hacer lo que él decía". El examen posmodernista de la enseñanza revela los deseos modernistas que brotan en los maestros (especialmente en las mujeres) para complacer a todos, excepto a todos los niños, y aprender exactamente las acciones y métodos adecuados.

En el capítulo III Sharon Ryan, Mindy Ochsner y Celia Genishi enfocan los límites colocados a la identidad del maestro cuando son interpretados dentro de los límites de lo que es apropiado/inapropiado para el desarrollo. Demuestran cómo el posestructuralismo crea caminos para interpretar y problematizar identidades dentro del contexto político e histórico de la educación, desde posiciones que revelan complejidad y multiplicidad.

Además, al contrastar las bibliografías sobre defensa de los niños y la educación temprana infantil, Sue Grieshaber muestra en el capítulo IV las contradicciones de identidad a las que se enfrentan los maestros y que por lo común se encuentran también en los mensajes de la sociedad a las mujeres en general. Su defensor debe tener espíritu crítico, no temer a los conflictos y estar dispuesto a negociar argumentos. El educador de la temprana niñez debe atender y dar alimento espiritual discretamente, facilitar pasivamente el desarrollo. Son obvias las posibilidades de unas identidades múltiples y contradictorias.

Como lo demuestra Janice Kroeger en el capítulo V, incluso una maestra que hace hincapié en la equidad y la justicia social aprendió que el contexto de la supervivencia niño/familia/comunidad en una situación particular requirió que ella cuestionara sus propias nociones de apertura y de justicia. Aun cuando sus múltiples experiencias vividas la unían indisolublemente al género (por ejemplo, diversidad, orientación y equidad) y pese a su íntegra dedicación al reconstruccionismo social, ella se cuestionó a sí misma como maestra al encontrarse con una contradicción: el conflicto entre la familia de Caleb y su propia percepción de la práctica transformacional en el aula. El profesor más preparado en lo histórico, en lo político y en lo contextual no está libre por completo de los restos de mensajes sociales determinados por el género, o de los mensajes modernistas que se encuentran por doquier en la educación y que se perpetúan en la educación superior (especialmente en la "preparación" de maestros). Una "voluntad de perfección" (determinada por la sociedad modernista) como maestra, y posiblemente como mujer, es buena.

El compromiso con las perspectivas posmodernista y reconceptualista ofrece a los maestros diversas maneras de comprenderse a sí mismos como seres social, histórica y políticamente determinados. En lugar de crear una voluntad de perfección que sólo puede dar por resultado sensaciones de inadecuación y de fracaso, se podrán develar las complejidades de las identidades y los modos en que estas identidades son inseparables de la sociedad, el poder y las circunstancias. Además, comprender las maneras en que la enseñanza puede ser contradictoria, ambigua y sumamente influida por el contexto en que se espera que sobrevivan maestros, niños y familias es algo que propone identidades temporalmente interrelacionadas y dependientes.

La atención posmoderna por los fundamentos históricos, políticos y sociales de personas y grupos puede dar a los maestros libertad para resistir los poderes disciplinarios y reguladores que los limitan a una visión del "maestro bueno", el "trabajador profesional" o la "mujer perfecta".

Creemos que todos los educadores de maestros, los maestros en servicio y los maestros en preservicio se beneficiarán del aprendizaje de las posiciones posmodernistas y reconceptualistas, y de considerarlas respetuosamente como algo unido a su vida cotidiana.

CONCLUSIÓN

Contenido y métodos reconceptualizados

Tanto el contenido educativo (los conocimientos) como los métodos de enseñanza son áreas fértiles para la reconceptualización (tal como se demostró en los capítulos VI-VIII), especialmente cuando los maestros empiezan a considerar en realidad las experiencias cotidianas vividas de los jóvenes a quienes enseñan. Los niños nacen en contextos históricos, políticos, sociales y culturales. En su mayor parte, viven en un mundo con otros seres humanos que son diferentes y complejos, y no pueden escapar ni evitar estas complejidades simplemente porque son jóvenes o asisten a la escuela. Los maestros que reconocen las complejidades de los niños como seres humanos que pertenecen a sociedades complicadas y heterogéneas pueden aprender a ver, a hablar y a ofrecer experiencias de aprendizaje que aumenten las posibilidades en lugar de limitar a los niños a discursos estrechos, al control y a identidades confinadas.

La introducción a las interpretaciones múltiples de la observación del niño, a cargo de Sheralyn Campbell y Kylie Smith (capítulo VI), es un ejemplo muy práctico de los métodos reconceptualizadores y de las identidades cambiantes. Cuando un maestro deja de creer que él sabe la verdad acerca de un niño (la "verdad" de la etapa de desarrollo, sus características o progresos), puede estar abierto a mayores posibilidades. En lugar de "ver" al niño como un manojo de características de desarrollo que madurará hasta ser adulto, podrá verlo como otro ser que es demasiado complejo para comprenderlo o catalogarlo de alguna manera específica (y, añadiríamos nosotras, ¿por qué ha de creer una persona que tiene el derecho de simplificar a otros, suponiendo que los comprende?). El niño, como cualquier otra persona, puede ser visto como otro ser humano con quien el maestro espera establecer conexiones. Asimismo, al reconocer que diversas concepciones filosóficas de la vida y experiencias sociales influyen sobre lo que se ve, el maestro puede invertir las perspectivas que dominan la observación, creando así nuevos útiles para la enseñanza. Por ejemplo, en lugar de hacer juicios acerca del nivel de desarrollo de los niños, un maestro puede valerse de la observación para 1) enfocar sus propias creencias tendenciosas para determinar a quién le faltan conocimientos, ideas y experiencia de la vida en el aula; y 2) animar a los niños a explorar múltiples maneras de ver lo que ocurre en sus interacciones mutuas.

Ejemplos del conocimiento que forma parte de la vida cotidiana de todos los niños pequeños son la sexualidad y la cultura popular, un conocimiento que puede ser revelado y reconocido como parte de la cultura y la práctica en el aula. Como lo muestran Rachel Theilheimer y Betsy Cahill en el capítulo VII, ciertos mensajes con respecto a nuestras expectativas sobre la sexualidad para nosotros y para otros se encuentran en el modo en que hablamos a los niños y hacemos suposiciones acerca de su conducta. Un lenguaje y unas conclusiones heteronormativas aprueban tan sólo una estrecha gama de identidades, descalificando a quienes no se ajustan a la norma, ocultando sentimientos complejos e incluso limitando a quienes sí se ajustan a la norma. Unos cambios insignificantes en el lenguaje pueden ensanchar la gama de aceptaciones y de posibilidades. Por ejemplo, aun si un maestro no se siente plenamente a sus anchas con un lenguaje más abierto, al modificar una frase como "Los niños que juegan con muñecas no serán gays" para decir, en cambio, "Tanto los niños como las niñas parecen divertirse realmente jugando con muñecas", modifica el mensaje. Otros ejemplos de conocimiento que puede ser notablemente influido por los mensajes supuestos en nuestro lenguaje son el género, el dar prominencia a la labor "intelectual" y el discurso que otorga el poder a la lectura, por encima de otras habilidades.

La cultura popular es una base de conocimiento en continuo cambio, y tal vez sea la más familiar para los niños del siglo XXI. Las reacciones de muchos de nosotros a esta cultura popular han sido, o bien que controla las vidas o bien que las personas pueden elegir lo que es bueno o malo entre las posibilidades, como quedó explicado en la respuesta a Barbie descrita por Patrick Hughes y Glenda Mac Naughton en el capítulo VIII. Asimismo, en el aula, muchos educadores hacen todo lo posible por prescindir de la cultura popular. Las perspectivas reconceptualista y postmodernista no borran el conocimiento, pero reconocen la complejidad de los roles y las identidades unidas a dicho conocimiento. Por otra parte, se considera a los niños como personas que pueden analizar y criticar los artefactos y productos de su(s) cultura(s), que pueden explorar con sus maestros los múltiples motivos, agendas y posibilidades que se encuentran en una forma particular de conocimiento.

La alteración de la identidad

Desafiar la existencia de una verdad predeterminada es algo que abre el camino a la reconceptualización de los constructos que dominan la educación, incluso la educación temprana. En los capítulos IX-XI, las autoras revelan asuntos relacionados con el programa, la etnicidad e incluso la fe general en la investigación. Jenny Ritchie, en el capítulo IX, refuta la identidad individualista del programa, proponiendo una reconceptualización más colectivista. Sin embargo, dentro de este mismo constructo, ella integra el contenido y los métodos que han surgido dentro de la institución modernista, prácticas como el juego de roles y el agrupamiento filosófico, que son consecuentes con el colectivismo.

Así como las perspectivas maoríes conducirían a una reconceptualización de los propósitos del programa escolar, del contenido y sus métodos, no hay límites en las maneras en que se puede (re)conceptualizar el programa. Por ejemplo, dado que se ha cuestionado el desarrollo del niño como base del conocimiento, una de las principales preguntas de los educadores de la etapa temprana de la niñez ha sido la siguiente: "Si no es sobre el desarrollo del niño, ¿acerca de qué aprendemos y enseñamos?" No hay límites a las posibilidades, como lo ha demostrado una trabajadora de la comunidad latina de San Antonio, Texas, quien recientemente dijo: "Nuestras abuelas comparten con nosotros todo tipo de ideas, información y experiencia. Así aprendemos mucho de nuestra propia cultura". Los estudiosos que están en favor de la teoría del programa ya nos han demostrado que el programa es autobiografía; son textos de género, raciales y religiosos; ciertamente, es cultural y puede no reconocer límites. Seríamos las primeras en reconocer las cuestiones políticas, de poder y de la cultura dominante asociadas con el programa (y en admitir que hay que enfocar estratégicamente tales cuestiones). Sin embargo, la reconceptualización de los propósitos, el contenido y los métodos del programa sólo quedan limitados por lo que estemos dispuestas a considerar.

La alteración de la identidad étnica, como lo ilustra Susan Matoba Adler en el capítulo x, ofrece a los maestros varios modos de abordar la raza, el género, la etnicidad y otros constructos dominantes de la identidad desde una perspectiva histórica y contextual. El conocimiento de las experiencias vitales de otros, tanto actual como históricamente, se vuelve un vehículo para la apertura de diversas identidades, de perspectivas cambiantes y para la creación de posibilidades.

El desafío poscolonial a la investigación como constructo orientado dogmáticamente a la verdad, presentado por Radhica Viruru y Gaile Cannella en el capítulo xi, demuestra que hasta nuestros modos de funcionar, incuestionados y que damos por sentados (modos que algunos creen que han sido y son buenos para todos), representan una visión del mundo y muy probablemente privilegian a quienes tienen mayor poder. Por ejemplo, la gente de color, las mujeres y las minorías en varios contextos han sido tildadas de deficientes, carentes de ciertas habilidades e irracionales. Además, los maestros que, como seres humanos, han establecido contacto con niños siempre han rechazado las pruebas y la investigación positivistas argumentando que éstas no se relacionan con la vida y las capacidades de los seres humanos a quienes ellos conocen y respetan. La investigación como constructo debe cuestionarse y, si es utilizada (tal vez por causa de contextos políticos o de circunstancias), al menos debe ser reconceptualizada para que incluya voces múltiples, flexibilidad y un continuo desafío a la imposición de la investigación sobre otros como una verdad.

Las perspectivas reconceptualista y posmoderna desean alterar las identidades del campo de la educación, así como el programa, la investigación, los métodos e incluso a la gente misma. En el contexto de esta alteración, ya no están limitadas las posibilidades. Una de tales posibilidades consiste en reconceptualizar la disciplina de la educación temprana para crear un campo móvil y abierto de los estudios de la niñez, que incluya la psicología del desarrollo pero que también invite y reciba estudios culturales, estudios neocoloniales, feministas y otros, y que abra las puertas a estudios jurídicos, de negocios, literarios y médicos no sólo como elementos que cumplen roles significativos en la vida de quienes son más jóvenes, sino también como visiones que construyen esa vida. Un ámbito de estudios de la niñez sin fronteras cuestionaría la separación del adulto y el niño, pero también seguiría fomentando el reconocimiento de que los menores han sido oprimidos, no han tenido ningún poder ni se les ha escuchado. Como a menudo se ha dicho acerca de los estudios de las mujeres (Butler, 1990), los más jóvenes merecen ser vistos en términos políticos y lingüísticos, tener legitimidad y representación. Los participantes en este ámbito reconceptualizado podrían dedicarse a todas las formas de activismo crítico y político. Y, lo de mayor importancia, un ámbito reconceptualizado podría enfocar la colaboración con los más jóvenes, con sus familias y sus comunidades, aprendiendo a conectarse como seres humanos sin tener expectativas psicológicas o de género ya predeterminadas.

Reconceptualizar el ámbito de los estudios posmodernistas de la niñez es simplemente una de tantas posibilidades. Desafiamos al lector a generar muchas otras.

IDENTIDADES MODIFICADAS

Pese a que los maestros no rechazan el modernismo, no renuncian a la PAD, no amplían nuestras opiniones sobre los más jóvenes ni reconceptualizan las prácticas del aula, les sugerimos que el hecho de reflexionar en una profunda y justa consideración de las perspectivas reconceptualista y posmodernista podrá ampliar los pensamientos y los sentimientos de una persona acerca de la sociedad, acerca de su propia vida y acerca de las vidas de los demás. La consideración así sea de sólo una de las siguientes fórmulas puede abrir las puertas a la reconstrucción de identidades y a posibilidades múltiples:

- La verdad como imposición inequitativa sobre otros
- Cuestiones sociales de raza, género, economía y poder siempre presentes, incluso en las aulas
- Cuestionamientos a lo que se daba por sentado
- Múltiples maneras de vivir y de ser en el mundo
- La vida como una lucha (no interpretada como negativa) con otros seres
- Una colaboración que construya valores pero que no deje de practicar una crítica continua

Por último, planteamos la pregunta modernista: "¿Cómo los discursos y acciones reconceptualista y posmodernista dan por resultado un cambio positivo para los niños, sus familias y/o sus maestros?" Respondemos llamando la atención hacia la complejidad que hay en nuestras vidas y la diversidad que constituye nuestras identidades. En último término, no podemos saber si nuestras creencias, ideas y prácticas tienen un impacto positivo. Acciones en masa como la formación de Head Start pueden haber "salvado" literalmente a algunas personas, y sin embargo pueden haber perpetuado perspectivas deficitarias en formas que hayan dañado permanentemente a otras. El feminismo posmodernista puede enseñarse durante años a los maestros en servicio sin que al parecer surta efecto alguno en el aula, y sin embargo una persona en una de esas aulas podrá utilizar las conversaciones cinco años después para apoyar sus acciones al abandonar a un marido abusivo. No podemos predecir los resultados o determinar sus posibilidades. Sólo podemos trabajar en conjunto para actuar continuamente sobre nuestros valores, mientras sometemos esos valores a una crítica perpetua.

Las visiones reconceptualista y posmodernista del mundo no son prescriptivas, ni pretenden ser deterministas. Para la educación temprana, las perspectivas pueden estar y están unidas a la diversidad, la flexibilidad y la crítica: a la construcción de identidades cambiantes y reinventadas que estén dispuestas a poner de cabeza sus propios mundos para reinventar y aumentar las posibilidades con/para los más jóvenes. No entablamos una batalla por el modo "correcto" de conceptualizar el entendimiento. Deseamos participar en una lucha de toda la vida en que puedan develarse posibilidades hoy ni siquiera imaginadas para todos nosotros.

REFERENCIA BIBLIOGRÁFICA

Butler, J., *Gender trouble: Feminism and the subversion of identity*, Londres, Routledge, 1990.

ACERCA DE LAS COORDINADORAS Y LOS COLABORADORES

Susan Grieshaber es investigadora y directora del Centre for Applied Studies in Early Chilhood, y conferencista en la School of Early Childhood, Queensland University of Technology, Brisbane, Australia. Posee amplia experiencia como maestra de educación temprana en comunidades urbanas y rurales, y ha trabajado con niños y familias en una gran diversidad de contextos, incluyendo a niños aborígenes, niños de familias que no hablaban inglés, niños con discapacidades y niños y familias de todos los niveles socioeconómicos. Los intereses de investigación de la doctora Grieshaber incluyen el programa para la etapa temprana de la niñez, las familias y el género. También ha escrito acerca de las políticas en la educación temprana.

Gaile S. Cannella es profesora asociada en el Departamento de Psicología Educativa de la Texas A&M University. Ha sido maestra de primaria y de educación temprana; obtuvo la maestría en la Universidad Tecnológica de Tennesse y el doctorado en la Universidad de Georgia. La doctora Cannella ha trabajado como profesora en la Universidad del Estado de Louisiana, la Universidad de Northern Iowa y la Universidad St. John en Nueva York. Es autora de *Deconstructing early childhood education: Social justice and revolution*, y actualmente está editando (con Joe Kincheloe) el libro *Kidworld: Childhood studies, global perspectives, and education;* también es autora (con Radhika Viruru) de *Childhood and (post)colonization: Power, education, and contemporary practice.* Sus principales intereses están en la formación de un campo, ampliamente fundamentado, de "estudios sobre la niñez" que incluya la defensa crítica, las perspectivas posestructural y feminista y el reconocimiento de contextos políticos, históricos, culturales y lingüísticos. La doctora Cannella también ha trabajado (con Rafael Lara-Alecio) en el programa de concesiones de estudios para la niñez BIL-ESL, de la Texas A&M University, que se dedica a contratar a maestros de toda una variedad de antecedentes y circunstancias de vida que están abogando por la diversidad lingüístico-cultural y el apoyo a la educación, en defensa del niño, la familia y la comunidad.

Susan Matoba Adler es profesora ayudante de educación temprana en el Departamento de Programa e Instrucción de la Universidad de Illinois en Urbana-Champaign. Se doctoró en la Universidad de Wisconsin-Madison en 1995, y en 1998 publicó su libro *Mothering, ethnicity and education: The transformation of japanese american culture*. Antes fue miembro del cuerpo docente de la Universidad de Michigan-Ann Arbor y Flint, dando cursos sobre educación temprana a niveles de licenciatura y posgrado. Su investigación apunta al desarrollo de la identidad racial y étnica de niños asiático-estadunidenses, así como a las relaciones entre el hogar y la escuela en familias asiático-estadunidenses.

Betsy Cahill es profesora y coordinadora de la educación para maestros de educación temprana en la Universidad del Estado de Nuevo México. Antes de recibir su doctorado en la Universidad Estatal de Kent, fue maestra de niños pequeños durante 14 años. Su interés fundamental es la intersección del género y el desarrollo de la identidad sexual en los niños, y su enfoque particular son las expectativas heteronormativas. Rachel Theilheimer y Betsy Cahill han colaborado con numerosos artículos y capítulos de libros sobre el tema.

ACERCA DE LAS COORDINADORAS

SHERALYN CAMPBELL estudia el doctorado y es conferencista en el Departamento de Enseñanza y Desarrollo Educativo de la Universidad de Melbourne. Ha prestado diversos servicios para la etapa temprana de la niñez en el marco australiano y ha dado clases a estudiantes de la carrera de maestro de la educación temprana. En la actualidad forma parte de un equipo de investigación de la acción, y trabaja en el Centro para Niños de la Calle de Swanston en la Universidad de Melbourne. Sus intereses como investigadora se centran en cuestiones acerca de cómo la teoría y la práctica de la etapa temprana de la niñez pueden reconceptualizarse en formas que mejoren las maneras en que la justicia social y la equidad operan para el personal, los alumnos, las familias y los niños en servicios de guardería.

DAVID E. FERNIE es profesor de educación temprana en el Colegio de Educación de la Universidad Estatal de Ohio. Obtuvo su licenciatura en filosofía y letras (*cum laude*) en el Colegio de Harvard y su diploma en educación en la Universidad de Massachusetts en Amherst. Sus intereses incluyen los múltiples significados del juego de niños, la comprensión y usos de los medios informativos y la tecnología por los niños, y el estudio etnográfico de los primeros ambientes y procesos educativos. Ocupó la presidencia del Grupo de Interés Especial en la Educación Temprana y el Desarrollo Infantil de AERA, y ahora es codirector investigador de la Región Vb Head Start Qnet, organización de preparación y ayuda técnica que atiende a becados de Head Start en Indiana, Illinois y Ohio.

CELIA GENISHI es profesora de educación en el Departamento de Programa y Enseñanza en el Teachers College, de la Universidad de Columbia. Fue profesora de español a nivel secundaria y a nivel preescolar; hoy da cursos relacionados con la educación temprana y los métodos de investigación cualitativa. Completó su trabajo doctoral en la Universidad de California, en Berkeley (1976), y fue miembro de las facultades de la Universidad de Texas en Austin y en la Universidad Estatal de Ohio. Es autora —con Anne Haas Dyson— de *Language assessment in the early years*, editora de *Ways of assessing children and curriculum* y editora —con Anne Haas Dyson— de *The need for story: Cultural diversity in classroom and community*. Recibió el premio al Maestro Distinguido (1996) de la American Educational Research Association y un reconocimiento como Defensora de la Justicia, de la American Association of Colleges for Teacher Education (1998). Sus intereses como investigadora incluyen la investigación en colaboración con maestros sobre evaluación alternativa, bilingüismo infantil y discurso en el aula.

J. Amos Hatch es profesor de educación temprana integral en la Universidad de Tennessee. Ha trabajado en educación temprana desde hace casi 30 años y tiene títulos de la Universidad de Utah, la Universidad de North Florida y la Universidad de Florida. El doctor Hatch ha publicado numerosos artículos y capítulos en áreas de interés para los profesionales de la educación temprana. También ha sido editor de *Qualitative Studies in Education* y de dos libros relacionados con la investigación cualitativa sobre la etapa temprana de la niñez. En Australia trabajó con algunos colegas en un estudio sobre la labor de los maestros de educación temprana, y completó un libro sobre métodos de investigación cualitativa, que salió a la luz en 2001.

Patrick Hughes es conferencista sobre comunicaciones en la Universidad Deakin, en Australia. Antes dio clases sobre medios informativos y culturales en la Universidad de Londres y en la Universidad Abierta, en el Reino Unido; ha sido asesor de comunicaciones de organizaciones públicas y privadas en Australia y en el Reino Unido. Tiene un título B. Tech *(Honors)* por la Universidad Brunel, y un doctorado por la Universidad de Londres. Su principal interés como investigador es la industrialización y el consumismo en el área de la comunicación y la cultura, con un énfasis particular en la comunicación profesional y la representación y la mercadotecnia de la ciencia. Su obra se ha publicado en libros y artículos en Australia, el Reino Unido y los Estados Unidos, e incluido en *Media Internacional Australia Incorporating Culture and Policy* y *The politics of early childhood education* (editado por Lourdes Díaz Soto). En coautoría con Glenda Mac Naughton ha publicado *Communication in early childhood services: A practical guide*.

JANICE A. JIPSON es profesora de educación en la National Louis University. Recibió su doctorado en programa escolar e instrucción por la Universidad de Wisconsin. Es editora (con Joe Kincheloe) de la serie de libros académicos Rethinking Childhood, para la casa Peter Lang. Sus obras recientes incluyen *Resistance and representation: Rethinking childhood* (con Richard Johnson). *Questions of You and the struggle of collaborative life* (con Nicholas Paley); *Intersections: Feminisms/early childhoods* (con Mary Hauser); *Daredevil Research: Re-creating analytic practice* (con Nicholas Paley), y *Repositioning feminism and education: Perspectives on educating for social change* (con Petra Munro).

RICHARD JOHNSON fue profesor de nivel preescolar; recibió su diploma en educación del George Peabody College, de la Universidad Vanderbilt, y se especializó en educación temprana. Después de trabajar varios años en la Universidad de Houston, actualmente es profesor en el Departamento de Educación para Maestros y Estudios del Programa de la Universidad de Hawai, en Manoa. Su investigación más reciente aborda las implicaciones de riesgo en la educacion temprana, específicamente en las políticas de "no tocar" en la atención a niños pequeños, un libro que apareció como *Hands off! The disappearance of touch in the care of children*. Además, acaba de aparecer, coeditado por él, el libro *Resistance and representation: Rethinking early childhood*.

REBECCA KANTOR es profesora de Educación Temprana en el Colegio de Educación en la Universidad Estatal de Ohio. Antes de ocupar un lugar entre el profesorado del Colegio de Educación, fue miembro de la facultad en el Colegio de Ecología Humana en OSU, donde también ocupó la dirección de la Escuela A. Sophie Rogers Lab por 14 años. Recibió su licenciatura en la Universidad de Rochester, y su maestría en educación temprana y su diploma de educación en lenguaje y cognición en la Universidad de Boston. Sus intereses como investigadora giran en torno a los procesos sociales en el ambiente de la etapa temprana de la niñez, incluyendo lenguaje, alfabetización y amistad de los niños y cultura de sus compañeros. Es codirectora e investigadora de la Region Vb Head Start Qnet, organización de preparación y ayuda técnica que atiende a becados de Head Start en Indiana, Illinois y Ohio.

JANICE KROEGER es, en la actualidad, candidata al doctorado en programa e instrucción en la Universidad de Wisconsin-Madison. Su experiencia anterior incluye defensa/atención/educación de niños en escuelas-laboratorios y programas de compensación. Sus actuales intereses como investigadora se basan en teorizar acerca de la comprensión integral de la diversidad y de la identidad en el aula de educación temprana. Se interesa en procesos de cambio cultural para la equidad social y educativa, en procesos bidireccionales de relaciones entre familias y escuelas, y en metodologías cualitativas. Su tesis doctoral examina las experiencias de familias y educadores en los primeros grados de primaria, en lo que toca a las relaciones en el hogar y la escuela.

GLENDA MAC NAUGHTON obtuvo su doctorado en la Universidad Deakin y trabaja en el campo de la educación temprana desde hace casi 28 años. En la actualidad es profesora asociada en la Facultad de Educación de la Universidad de Melbourne. En sus años de trabajo en el área de educación temprana actuó como practicante, administradora y asesora *senior* del gobierno en el Reino Unido y en Australia. Actualmente participa en una gran revisión del programa de la etapa temprana de la niñez en Tasmania, y en un proyecto de enseñanza crítica para el Departamento de Educación en Australia Meridional. La doctora Mac Naughton siente un particular interés por las cuestiones de justicia social y de equidad en la primera infancia y ha publicado extensamente sobre esas materias, tanto a nivel nacional como internacional. Sus dos libros recientemente publicados se utilizan por toda Australia y tratan de aproximaciones a la enseñanza temprana y comunicaciones en servicios a la temprana niñez.

MINDY OCHSNER obtuvo su diploma en educación en el Teachers College de la Universidad de Columbia, en Nueva York. Como profesora asistente, da cursos de licenciatura y posgrado sobre educación temprana en el Colegio de Rhode Island. Sus intereses de investigación incluyen explorar el género desde las perspectivas feminista y posestructuralista. En la actualidad es la principal investigadora de un proyecto en colaboración, hecho posible en parte por la Spencer Foundation y el Fondo de Investigación de la Facultad del Colegio de Rhode Island, intitulado "Locating, Sustaining and Disrupting Gender Discourses: A Feminist Poststructuralist Study of Gender in Three Kindergarten Classrooms".

JENNY RITCHIE es conferencista *senior* en el Departamento de Estudios de la Etapa Temprana de la Niñez en la Universidad de Waikato, Hamilton, Aotearoa/Nueva Zelanda. Trabaja en el cuidado y la educación temprana desde fines de los años setenta, como cuidadora, maestra de kínder, figura materna en el Playcentre y miembro de *Köhanga Reo whänau*. Ella y su compañera están criando a seis niños bilingües en inglés y maorí. Obtuvo sus diplomas en el Hamilton Teachers College y la Universidad de Waikato. Su actual investigación pretende desarrollar una mayor comprensión de los modos en que un programa de educación para maestros en Nueva Zelanda, adscrito a la corriente dominante, prepara a los maestros para enseñar un programa bicultural para la etapa temprana de la niñez.

Sharon Ryan es profesora asistente de Educación Temprana en la Escuela para Graduados en Educación de la Universidad Rutgers. Antes de mudarse a los Estados Unidos para emprender estudios de posgrado en el Teachers College, de la Universidad de Columbia, la doctora Ryan era maestra a nivel preescolar, asesora en educación especial, consultora de la educación temprana y conferenciante en la Australia Meridional. Sus intereses principales incluyen investigar las teorías de los maestros en el aula, unos enfoques equitativos para educar a los jóvenes y el potencial de teorías alternativas para reconceptualizar la educación temprana en teoría, investigación y práctica. Como parte de esta labor, recientemente ha empezado a trabajar en un estudio cualitativo de cómo un grupo de maestros y sus alumnos aplican y experimentan una política preescolar en todo el estado. Algunas de sus publicaciones incluyen "Traditional practices, new possibilities: Transforming dominant images of early childhood teachers", en coautoría con Mindy Ochsner, y "Does theory lead practice? Teachers' constructs about teaching: top-down perspectives", en coautoría con Fran Schoonmaker.

Kylie Smith es, actualmente, directora del Centro para niños de la calle Swanston en la Universidad de Melbourne, y tiene experiencia en toda una variedad de servicios para la etapa temprana de la niñez en Australia. También se prepara para obtener su doctorado en la Universidad de Melbourne, en el Departamento de Desarrollo Educativo y de Aprendizaje. Como investigadora, pretende saber cómo la teoría y la práctica pueden cuestionar y modificar el modo en que la equidad opera en el aula de educación temprana.

ACERCA DE LAS COORDINADORAS

Rachel Theilheimer es profesora asociada de educación temprana en el Borough of Manhattan Community College, de la City University de Nueva York. Recibió su maestría del Bank Street College of Education y un diploma en educación del Teachers College de la Universidad de Columbia. Ha trabajado como maestra y directora con niños de seis meses a nueve años de edad. Sus intereses se centran en la educación para maestros de educación temprana, con interés específico en cuestiones relacionadas con la justicia social. Ha escrito varios artículos y capítulos de libros, con Betsy Cahill, sobre la relación entre las identidades sexuales nacientes en los niños, el programa escolar para la etapa temprana de la niñez y la educación del maestro.

Radhika Viruru otuvo el doctorado en educación en la Texas A&M University, donde ofrece conferencias sobre educación temprana. Su libro *Decolonizing early childhood education: An indian perspective* está en prensa. Además, la doctora Viruru es editora (con Gaile Cannella) de la sección "Childhood and Cultural Studies", publicada en el *Journal of Curriculum Theorizing*. Sus intereses como investigadora y sus publicaciones abordan cuestiones de teoría poscolonial y su relación con la educación temprana. Actualmente escribe, con Gaile Cannella, *Childhood and (post) colonization: Power, education, and contemporary practice*.

ÍNDICE ANALÍTICO

activismo; *véase* defensa
Adam, D.: 22
Adams, M.: 119, 134
Adams, P.: 178
Adler, Susan Matoba: 38, 224-238, 269
Aidoo, Alma Ata: 239
Allard, Harry: 77
Allen, F.: 178, 180
Alloway, N.: 151, 187
Almy, M.: 142, 143
American Educational Research Association (AERA): 52, 68, 205
amor hace a la familia", "El, exposición: 170
amor y sexualidad: 163-165, 170
Anandalakshmy, S.: 246
Anderson, L.: 80
antiprejuicios, programa: 119-122, 127, 166, 209, 227
Anyon, J.: 86, 87
Aotearoa (Nueva Zelanda), colectivismo en: 203-223
Apple, Michael: 52, 58, 205
aprendizaje: 20, 21, 80, 177, 181, 183, 219, 233
Araki, Charles: 226, 231
Arcoiris, programa: 119, 170
Ariès, P.: 141, 242
Arnett, J.: 83
Arthur, L.: 142
asiático-estadunidenses del Pacífico, identidad y voz de: 39, 224-238
Atkinson, P.: 248
aula, familia lésbica en el: 118-137, 265; reconceptualización en el: 262, 263-271; sexualidad en el: 161, 162, 163

Bailey, C. D.: 25, 39, 253
Bajaj, M.: 246
Balaban, N.: 142, 143
Ballenger, C.: 95
Balster-Liontos, L.: 121
Banks, C. A.: 123
Banks, J.: 123, 227
Barbie, muñecas, consumismo y: 180, 183-187, 193, 194; formación de la identidad y: 179, 181, 182, 187, 190, 198; hechos y cifras acerca de: 178-179; humanismo y: 191; identidad de libre mercado y: 178, 179, 182, 183, 191; identidades contradictorias y: 189-192; identidades múltiples y: 189-192; modelo de "esponja" y: 179-183, 187, 188, 191; modernismo y: 179; nuevos modelos para la formación de la identidad: 196-198; poder y: 37, 190; posestructuralismo y: 37; posestructuralismo feminista y: 179, 187-196; posmodernismo y: 268; preferencias y: 187; preguntas acerca de: 188-189; reconceptualización y: 37, 268; repertorio social de discursos y: 192-196
Beaty, J.: 143
Beck, R.: 100, 102
Beecher, B.: 142
Behar, Ruth: 250
Bell, L.: 119, 134
Bergen D.: 142
Best, S.: 16, 22, 23, 25, 26, 30, 107
Beto y Enrique (títeres): 165-167
Bhabha, H.: 243, 244
Billy Boy: 184, 194
Biltereyst, D.: 184

biografías: 85, 86, 96, 269
bisexualidad: 35, 118, 127, 162, 163, 166, 168, 169, 170, 171
Blanton, L.: 81, 82, 85
Blanton, W. E.: 81, 82, 85
Bloch, M. N.: 21
Bobbie (madre lesbiana): 119, 123, 124, 125, 126, 127, 128, 129, 130, 131, 133, 134
Boon, J. A.: 248
Bredekamp, S.: 32, 53, 78, 100, 104, 105, 132, 142, 143, 162
Brennan, M.: 18, 26, 70
Bretherton, D.: 142, 143
Britzman, D. P.: 86, 92
Broadhead, P.: 214
Brophy, J.: 80
Brown, S.: 178, 179
Brown McCracken, J.: 120
Buck, Peter: 216
"buenos maestros": 32-33, 92-96; *véase también* práctica apropiada para el desarrollo
Burman, E.: 21, 26, 28, 86, 150
Bushnell, M. M.: 143
Butler, J.: 162, 270

Cahan, E.: 243
Cahill, Betsy: 36, 161-176, 267
Caldwell, B.: 101
Caleb (hijo de madres lesbianas): 118, 119, 122, 123-125, 126, 127, 128, 130, 131, 132, 133, 134, 265
"cálido exigente": 106, 108, 114, 115
Campbell, Sheralyn: 141-160, 266
Cannella, Gaile S., capítulo i por: 15-43; capítulo ii por: 44-73; capítulo xi por: 239-259; conclusión por: 261-272; referencias a: 16, 25, 26, 29, 39, 52, 163, 243, 253, 263, 269
Carafella, J.: 178, 182
Carlsson-Paige, N.: 180
Carr, M.: 208, 213, 220
Casper, V.: 121, 122, 167, 171
ciencia: 15, 18, 20, 21, 22, 26, 50, 80, 242, 243, 247

Clandinin, J.: 95
Clausen, J.: 169
Clay, J.: 121, 167
Cleverly, J.: 141
Clifford, J.: 249
Clough, P. T.: 249
Clyde, M.: 142, 143
Coates, L.: 121
Cohen, D.: 142, 143
colaboración, colectivismo y: 208, 213, 215, 217, 218, 219; historias personales y: 47-51, 65, 71, 72; reconceptualización y: 262, 270
colectivismo, en Aotearoa/Nueva Zelanda: 203-223; colaboración y: 208, 213, 215, 217, 218, 219; desarrollismo y: 212; etnicidad y: 230; fomento del: 216-219; identidades colonizadas y: 38, 203-223; individualismo y: 216; individualismo de la Nueva Derecha y: 138, 203-206, 211, 213, 220; modernismo y: 268; poscolonialismo y: 246; poder y: 219; preguntas acerca de: 219; privilegios y: 219; programa escolar y: 209, 215; reconceptualización y: 262, 268, 269, 270, 271; rol de los maestros y: 209, 219
competencia: 184, 211
comunidades Head Start de alumnos: Una nueva agenda de investigación y práctica", "Las (Cantor y Fernie): 62-68
conductismo: 44, 48, 52
conocimiento: 19-23, 25, 93, 144, 154, 239, 247, 267, 268
construcción, observación en el sitio de: 145-148
construcción social: 63, 64, 88, 109, 265
consumismo, y muñecas Barbie: 180, 183, 193, 194
Copple, C.: 32, 78, 100, 104, 105, 132, 142, 162
coqueteo y sexualidad: 163-165
Corbett, S.: 167

ÍNDICE ANALÍTICO

Cordeiro, P.: 120
Coronil, F.: 239
Corsaro, Bill: 66
Craik, J.: 194
crítica: 70, 95, 241, 248, 249, 250, 251
"Cuestionando ciertas suposiciones" (Hatch): 47-51
Cuffaro, H. K.: 121, 167
cultura popular: 36, 78, 95, 171, 179, 184, 267, 268; *véase también* muñecas Barbie

Chambers, I.: 71
Chauchard-Stuart, S.: 178, 179
Cherniavsky, E.: 32
cherokees, indios: 203
Cherryholmes, C.: 22
Children's Television Workshop (CTW): 165, 166
Chiou, Regina (maestra): 232

Dahlberg, G.: 141
Daniels, B.: 229
Davies, Bronwyn: 28, 87, 150, 151, 187, 188, 189, 190
Deacon, D.: 184
Death, E.: 142
deconstrucción, conceptos de la niñez y: 242; historias personales y: 66; investigación y: 94, 95, 255; poscolonialismo y: 94, 241, 242, 243, 250, 255; de la psicología del desarrollo: 26; reconceptualización y: 47; y la verdad: 26
defensa, ambigüedad y: 35, 101; cálidos exigente y: 106, 108, 114, 115; características necesarias para la: 105-106; complejidad y: 35; costos personales y profesionales de: 113, 114, 115; definición de: 100, 101; discurso y: 106; educación de los maestros y: 113-114, 115; familia lésbica en el aula de educación temprana y: 123, 134; historias personales y: 68; humanismo y: 107, 108; identidad y conflictos culturales y: 100-116; identidades modificadas posmodernas y: 33-34; identidades contradictorias y: 264; identidades de los maestros y: 264; identidades múltiples y: 101, 114, 264; metas de: 102; y PAD: 35, 100, 103, 109, 110, 115; y los padres: 102; posestructuralismo feminista y: 34, 101, 107, 108-114; psicología del desarrollo y: 101, 103, 106; reconceptualización y: 264; subjetividad contradictoria y: 108, 109-110, 113, 114, 115; visión general de: 101-103
democracia: 55, 218
Denzin, N. K.: 251
Departamento de Educación de EUA, fondos procedentes del: 62, 63
Derman-Sparks, L.: 119, 166, 180, 209, 227
Derrida, Jacques: 26
desarrollo, colectivismo y: 212; desconstrucción del: 26; estructuralismo y: 21; historias personales y: 45, 49, 57, 63, 64, 65, 71; identidades modificadas posmodernas y: 31, 32, 33; investigación y: 34, 91; limitación del: 65; lucha entre conductismo y: 44; modernismo y: 20; observación y: 36, 142-150; poscolonialismo y: 241; posestructuralismo y: 28; reconceptualización y: 36, 44, 45, 46; *véase también* niño universal
desarrollo tradicional, observación del: 142-150, 151, 152, 153
Dewey, John: 55, 206, 218
Dimidkian, J.: 100, 102
Dirlik, A. (1994): 239
discurso, accesibilidad e influencia del: 193; definición de: 16-17, 86; propósito del: 86, 87; repertorio social del: 192-196
Dixon, B.: 180
Dockett, S.: 142
Dubetz, N.: 94
Ducille, A.: 180

Duffy, G. G.: 92
Duveen, G.: 187, 188
Dyson, A.: 254

educación, construcciones que la limitan: 33-35; modernismo y: 20, 21, 22
educación para maestros, conciencia racial-étnica y: 233-234; defensa y: 113-114, 115; y la investigación: 78, 79, 94, 95, 96; en Italia: 66, 67; programa antiprejuicios y: 122, 209; reconceptualizar la: 79, 93, 96, 265; y la sexualidad: 28, 36-37, 121, 161-172, 265
educación temprana (ET), estudio reconceptualista y: 27-30; genealogía y: 26; identidad y: 17, 191; identidades del campo de la: 18; e imágenes de maestros: 34, 79, 84-85, 93, 94, 105; investigación proceso-proceso en la: 83-84, 85; modernismo como perspectiva dominante en la: 18-19; posmodernismo y: 19, 25; reconceptualización de la: 36, 38, 60, 62, 66, 224; reconceptualización de modos de pensar acerca de: 16; *véase también* maestro; temas específicos
ego, y muñecas Barbie: 37, 177-200
empresas, y muñecas Barbie: 36, 183-187, 193, 194; poder de las: 183-184
enfoque primordialista de las teorías de la etnicidad: 228
enseñanza, como acto político: 89; como algo transformacional: 131, 134; como esfuerzo colectivo: 203-210; investigación proceso-producto en la: 79-86; propósitos de la: 105
Epstein, J. L.: 121
Espiritu, Y. L.: 227
"esponja", modelo de, y formación de la identidad: 179-183, 187, 188, 191
estadunidenses del Pacífico, *véase* asiático-estadunidenses del pacífico
estandarización: 15

estereotipos: 164, 180, 227, 229, 243
estructuralismo: 21-22, 28
estudios de la niñez: 270
etnicidad: 16, 18, 189, 224, 225-230, 232, 268, 269
etnografía: 65, 66, 234, 239, 240, 248-250
Evertson, C.: 80
Eyer, D. E.: 32

Fanon, F.: 248
Farangher, J.: 142, 143
Farmer, S.: 142
Fay, B.: 206
feminismo: 27, 28, 29, 47, 241, 243, 250, 251; *véase también* posestructuralismo feminista
Fennick, J.: 186, 194
Fennimore, B. S.: 100, 101, 102, 103
Fernie, David E.: 62-68, 71, 72, 262
Fieldhouse, D. K.: 29
Fine, Michelle (1992): 251
Focarino, C.: 94
Fontana, A.: 251
Forman, George: 217
Foucault, Michel: 15, 21, 31, 108, 144, 243, 244, 251
Freire, Paulo: 209, 254
Freud, Sigmund: 242
freudiano: 21, 168
Frey, J. H.: 251
Fuller, M.: 121

Gallas, K.: 95
Gardner, Howard: 105, 209
genealogía: 26, 242
género, etnografía y: 66, 250; historias personales y: 66, 68; investigación y: 88, 89; lenguaje y: 36, 152; observación y: 36, 151, 152, 154; padres y: 177; posestructuralismo feminista y: 28, 66, 108, 112, 187-196; reconceptualización y: 36, 254; *véase también* Barbie, muñecas; lesbianas; posestructuralismo feminista; teoría de la desviación; sexualidad

ÍNDICE ANALÍTICO

Genishi, Celia: 34, 77-99, 141, 142, 143, 264
Georgette (maestra defensora): 110-112, 114
Gerber, M.: 207
Gherardi, S.: 187
Giroux, Henry: 49, 204, 207
Gitlin, A.: 248
Gleeson, K.: 186
Gnezda, M. T.: 102
Goffin, S. G.: 83, 100, 101, 102, 106, 218, 219
Golding, P.: 184
Goodman, J. M.: 169
Gordon, D.: 243
Grace, Donna: 231
Grace, W.: 144
Grant, C.: 120, 227
Graue, M. E.: 118, 121
Greathouse, N.: 210, 218, 219
Green, Judith: 66
Greenberg, P.: 207, 208, 218
Greene, Maxine: 116, 141
Grieshaber, Susan: 34; capítulo I por: 15-43; capítulo II por: 44-73; capítulo IV por: 100-117; conclusión por: 261-272
Griffin, P.: 119, 134

Hammersley, M.: 248
Handler, Ruth: 194
Harlow, Harry: 52
Harvey, D.: 20, 24
Hatch, J. Amos: 31, 47-51, 71, 249
Hauser, Mary: 253
Hawai, conferencias sobre reconceptualización en: 38, 224-238
hawaianos: 225, 230, 231, 236
Hawkes, T.: 21
Head Start: 48, 51, 56, 58, 59, 60, 62-68, 211, 272
Heidegger, Martin: 15
Hekman, S.: 182, 187
Henriques, J.: 22, 150
Herek, Gregory (1990): 163

heteronormatividad: 37, 130, 133, 162, 164, 165, 172, 267
Hewitt, Kerry-Ann: 230, 231
Hicks, D.: 86
Hill, Fleet: 217
Hill, S.: 210
historias personales, colonialismo e: 70; conductismo e: 44; construccionismo e: 53, 60; deconstrucción e: 66; defensa e: 68; desarrollismo e: 44, 45, 46, 49, 57, 63, 64, 65, 71; feminismo e: 47, 66; de Hatch: 47-51; influencia sobre la práctica de: 61; investigación e: ; de Jipson: 52-62; de Johnson: 69-73; de Kantor y Fernie: 62-68; y PAD: 32, 49, 52, 71; poder e: 49, 66, 72; posestructuralismo e: 45, 47; posmodernismo e: 45, 47, 66; propósito de las: 47; psicología del desarrollo e: 44, 45, 48, 50; reconceptualización e: 45, 46, 47, 51, 66, 69, 71, 72; sexualidad e: 69, 171; visión general de: 44-47
Holloway, W.: 150
homofobia: 37, 119, 126, 133, 163, 165, 166, 167
homosexual-lésbico-bisexual y transgénero (GLBT): 35, 120
homosexualismo: 29, 35, 161-172; *véase también* lesbianas
Horvatt, M.: 121
Howes, C.: 83, 84, 85
Hughes, Patrick: 37, 177-200, 268
Hulsebosch, P.: 121
humanismo: 48, 107, 108, 191

identidad, alteración de la: 268-271; del campo de la educación temprana: 18, 29, 30; como cuestión política: 187, 190, 197, 198; deseo en la creación de: 190; individual: 22-23, 31, 101, 191, 268; interpretaciones que limitan la educación e: 33-35; modificada: 30-35, 266, 271-272; como múltiple, contradictoria y dinámica: 189-192; nuevos modelos

de formación de: 196-198; posibilidades y: 261-272; *véase también* temas específicos
identidades colonizadas, colectivismo e: 38, 203-223; desafíos a: 37-39, 203-272; historias personales e: 70; individualismo de la Nueva Derecha e: 38, 203-206, 211, 213, 220; el niño universal e: 39, 242-246; raza-etnicidad e: 224-230, 232, 233-236; reconceptualización e: 37-39, 224, 226; *véase también* poscolonialismo
identidades contradictorias: 23, 33-35, 189-192, 245, 246, 264; y conceptos que limitan la educación: 33-35
identidades múltiples: 33, 35-36, 108, 114
incomodidad, intercambio de: 127-129
India, colonialismo-poscolonialismo en: 29, 39, 239, 240, 245, 246
individualismo, colectivismo e: 38, 216; modernismo e: 20; de la Nueva Derecha: 38, 203-206, 211, 220; raza-etnicidad y: 229
instrumentalista, enfoque: 228
inteligencias inter e intrapersonales: 209
investigación, actividades concretas para: 95; en/sobre el clóset: 36, 168-169; conocimiento e: 80, 88; construcción social e: 88; críticos e: 39, 253; deconstrucción e: 94, 95, 255; desarrollismo e: 34, 91; educación del maestro e: 68; feminismo e: 241; género e: 88, 89; historias personales e: 49, 50, 61, 63, 64, 68, 79; imágenes de los maestros e: 77-80; investigadores como grupo de apoyo e: 63, 64; limitaciones de los enfoques dominantes sobre la educación temprana: 34; métodos para: 79, 80, 86, 87, 88, 95; modernismo e: 255; opciones e: 105; participación de los niños en: 38, 245; poder e: 86-90; poscolonialismo e: 29, 38, 239, 247-253, 269; posestructuralismo e: 34, 79, 86-92, 93; posestructuralismo feminista e: 87, 88; posmodernismo y: 34, 92, 93, 253, 254; preguntas planteadas al hacer la: 253-254; proceso-producto: 79-86, 92, 93; propósito de la: 87; reconceptualización e: 39, 93, 253-256, 270; de la sexualidad: 169, 170; visión general de: 34
Irwin, D. M.: 143
Italia, preparación del maestro en: 66, 67

Jacoby, R.: 239
James A.: 15, 141
japoneses-estadunidenses, identidad y voz de los: 38, 224-238
Jarvis, B.: 71
Jenks, C.: 15, 141
Jipson, Janice A.: 52-62, 71, 72, 254
Joan (madre lesbiana): 119, 123, 124, 126, 127, 128, 129-130, 131, 133, 134
Johnson, Richard: 52, 69-73, 253, 262
Jonathan (hijo de madres lesbianas): 123, 125, 127, 129, 130, 131
Jones, E.: 207
Jones M.: 178
juego, metas de los maestros para el: 215, 217; sociodramático: 219; *véase también* Barbie, muñecas; observación, en el sitio de construcción
justicia: 141-160

Kantor, Rebecca: 62-68, 71, 72, 262
Katz, L.: 142, 143, 217, 219
Kellner, D.: 16, 22, 23, 25, 26, 30, 107
Kessen, W.: 242
Kessler, Shirley: 15, 52
Kilpatrick, William: 55
King, J. R.: 170, 171
Kingsolver, Barbara: 203
Kitano, H. L. 229
Koerner, M.: 121
Kōhanga Reo, movimiento: 204, 212, 213, 216

Kroeger, Janice: 35, 118-137, 264
Kuhn, T. S.: 15
Kumar, K.: 245

Ladson-Billings, G.: 230, 235
Lam, Lamson (estudiante de posgrado): 232
Lambert, B.: 142, 143
Lareau, A.: 121
Lather, Patti: 25, 88, 250
Leavitt, Robin Lynn: 16, 27, 207, 208
Lee, Stacey: 228, 229, 234
lenguaje: 19, 36, 46, 60, 109, 142, 149, 151, 152, 267
Leonardo, Zeuss: 205
lesbianas, desconocimiento, prejuicios y silencios acerca de las: 132, 162, 163; familia lésbica en el aula y: 35, 118-137; identidades modificadas posmodernas y: 35
Levin, N.: 180
Lewis, M.: 71, 168
"libre mercado", modelo: 179, 182, 183, 191
Lindamood, J. B.: 102
Lindauer, S.: 214
Liu, K.: 210, 218, 219
Lively, E.: 168
Lively, V.: 168
Lombardi, J.: 100, 101, 102, 106
Lone, Richard de: 49
Lord, M.: 182
Lorde, Audre (1983): 167
Lubeck, S.: 15, 80
Lynd, Chuck: 62
Lyotard, J.: 20, 24
Lloyd, F.: 187, 188

Mac Naughton, Glenda, capítulo v por: 177-200; referencias a: 37, 87, 109, 142, 143, 150, 151, 219, 268
maestros, asiático-estadunidenses del Pacífico: 38, 224-238; "buenos" y "malos": 32-33, 92-96; colectivismo y: 209, 215, 217; conciencia racial-étnica de: 233-234; construcciones que limitan la educación y: 33-35; identidades contrarias: 33-35, 264; identidades modificadas posmodernas y: 31; imágenes de los: 34, 77-96; y muñecas Barbie: 181-182, 196-198; los padres como primeros: 211, 212; reconceptualización y: 265, 266; como técnicos: 85; *véase también* defensa; educación para maestros; enseñanza; maestros específicos; observación
Mallory, B. L.: 15, 104
maorí, colectivismo entre los: 38, 203-216, 268; individualismo de la Nueva Derecha y: 38, 39, 203-206, 211; raza-etnicidad y: 225, 231, 232
Marcus, G. E.: 249
marginación: 15, 39, 229, 230, 245, 250
Marshall, H.: 31, 32, 186
Marshall, James: 77
Martin, S.: 142
Martínez, L.: 120
maternidad: 31, 32
Mattel Corporation: 178, 179, 182, 183, 184, 185, 189, 193, 194, 195
May, H.: 208, 213, 220
McClellan, D. E.: 142, 217
McHoul, A.: 144
McLaren, Peter: 205, 207, 209
Medinnus, G. R.: 143
Michalet, C. A.: 184
Millam, R.: 180, 187
Miller, J.: 110, 111, 112, 114
Miller-Lachmann, L.: 119, 123
Ministerio de Educación (Nueva Zelanda): 204, 211, 213, 215, 216
"minoría modelo": 229
Misri, Y.: 246
Miss Nelson Is Missing! (Allard y Marshall): 77-99
Missouri, proyecto: 211
Mitchell, C.: 195
modernismo, características del: 19-20, 262; ciencia y: 18, 20, 21, 22; colectivismo y: 268; conceptos de

niñez y: 242; conocimiento y: 19-23; definición de: 20; desafíos posmodernos al: 24-26; estructuralismo y: 21-22; identidades individuales y: 23; individualismo y: 20; investigación y: 255; muñecas Barbie y: 179; objetivo del: 20; como perspectiva dominante en la educación temprana: 18-19; poscolonialismo y: 242, 245; progreso y: 20, 21, 22, 23, 25; psicología del desarrollo y: 21; racionalidad y: 20, 21, 22; reconceptualización y: 265, 270, 271
Mondimore, F. M.: 169
Mongia, P.: 239, 245
Montessori, María: 214
Morris, D.: 81, 82, 85
Morris, P.: 134
Morss, H. R.: 150
Moss, P.: 141
multiculturalismo: 17, 120, 227, 234, 235
Murphy, Lois Barclay: 245, 246

National Association for the Education of Young Children (NAEYC): 25, 44, 50, 104, 166, 167, 169
National Council for the Accreditation of Teacher Education: 169
National Education Association for Supervisión and Currículo Development: 169
neocolonialismo: 27, 29; *véase también* identidades colonizadas; poscolonialismo
Neuman, L.: 123
New, R. S.: 15, 104
Nicholls, Margaret: 231
Nieto, S.: 227
Nietzsche, F.: 15
niñez, conceptos de: 15-16, 31, 242-243, 246; definición de: 31; genealogía y: 26-27; identidades modificadas posmodernas y: 31
"niño histórico"; *véase* Caleb

niño universal: 15, 39, 44, 45, 144, 242-246, 255
Noddings, Nel: 38, 209
Nomura, Gail: 226
normalidad: 35, 37, 154
Nowacek, J.: 81, 82, 85
Nueva Derecha, individualismo de la: 38, 203-206, 211, 220
Nueva York, programa en sus escuelas públicas: 170
Nueva Zelanda, colectivismo en: 38, 203-223; *véase también* maorí
"Nuevos panoramas de la etapa temprana de la niñez" (R. Johnson): 69-73

observación, definición de: 144; del desarrollo tradicional: 142-150, 151, 152, 153; discursos en competencia acerca de la: 141, 156; funciones de: 143, 267; género y: 36, 151, 152, 154; interpretación de la: 141, 148-157; nuevos modelos para la formación de identidad y: 197-198; poder y: 144, 150, 151, 152, 153, 154; poscolonialismo y: 244; posestructuralismo feminista y: 36, 148, 150-153, 155; preguntas acerca de la: 155-156; propuestas concernientes a la: 155; reconceptualización y: 36, 267; silencio y: 145; en el sitio de construcción: 145-152; subjetividades y: 155, 156; como vigilancia: 144, 154, 245; *véase también* etnografía
Ochsner, Mindy: 34, 77-99, 141, 264
Olesen, V.: 250
Olson, G.: 121
O'Malley, Armiria: 231
opciones: 90, 105
organizaciones profesionales: 25, 169; *véase* organizaciones específicas
Osajima, K.: 229
otro, el: 25, 36, 242, 243, 244

padres: 31, 32, 67, 102, 118, 133, 143, 171, 177, 182, 204, 228, 229, 233,

236; como Primeros Maestros (PAFT): 211, 212; *véase también* lesbianas
Pagano, J. A.: 111
Pākehā, maestros: 215, 216
Paley, N.: 254
Paley, V.: 227, 254
panetnicidad: 224, 225, 227-230, 235
Pence, A.: 141
Perney, J.: 81, 82, 85
pertinencia e historia personales: 56-58
Phillips, D.: 141
Piaget, Jean: 22, 50, 71, 113, 212, 242; *véase también* desarrollismo; psicología piagetiana
Pihama, L.: 211
Pinar, W. F.: 107
Piscitelli, B.: 142, 143
poder, en la academia: 114, 262; colectivismo y: 219; de las empresas: 183-184; genealogía y: 11; historias personales y: 49, 66, 72; identidades de los maestros y: 264, 265; investigación y: 86-90; muñecas Barbie y: 37, 189; observación y: 144, 150, 151, 152, 153, 154; de las organizaciones profesionales: 25; poscolonialismo y: 239, 244, 245; posestructuralismo y: 86, 87, 88, 90; posestructuralismo feminista y: 28, 66, 108, 114; posmodernismo y: 26, 27, 271; reconceptualización y: 17, 27, 36, 46, 264, 265, 269, 270, 271
"poder de moralizar", enfoque del: 207
Pogrebin, L. C.: 166
Polokow, V.: 214
Popkewitz, T.: 18, 26, 70, 80
positivismo: 27, 242, 243, 246, 249, 270
poscolonialismo, colectivismo y: 38, 246; conocimiento y: 239; deconstrucción y: 94, 241, 242, 243, 250, 255; desarrollismo y: 241; etnografía y: 239, 248-250; investigación y:
29, 38, 239, 247-253, 269; métodos científicos y: 244, 245; modernismo y: 242, 245; niño universal y: 39, 242-246, 255; oradores acerca del: 240-242; y el otro: 242, 243, 244; poder y: 239, 244, 245; posmodernismo y: 249, 250; reconceptualización y: 37, 253-256, 268, 269; teoría del: 94, 243-245; visión general de: 27; voz en: 250-253; *véase también* identidades colonizadas
posestructuralismo, definición de: 86; desarrollo del niño y: 28; discurso y: 86, 87, 88, 89, 90, 91; estructuras cognitivas y: 28; historias personales y: 45, 47; identidad de los maestros y: 264; identidades modificadas posmodernas y: 34; investigación y: 34, 79, 86-92, 93; opciones y: 90; poder y: 86, 87, 88, 90, 239; preocupaciones del: 243, 244; teoría de la desviación y: 27, 28, 29; visión general del: 28; *véase también* posestructuralismo feminista
posestructuralismo feminista, defensa y: 101, 107, 108-114; identidad de géneros y: 187-196; identidades modificadas posmodernas y: 30-35; identidades múltiples y: 36; investigación y: 87, 88; lenguaje y: 36; muñecas Barbie y: 179, 187-196; nacimiento del: 45; observación y: 36, 148, 150-153, 155; poder y: 28, 66, 108, 114; racionalidad y: 149, 150, 151; subjetividad contradictoria y: 109-110; visión general de: 28
posmodernismo, características del: 25; ciencia y: 26; conocimiento y: 25; críticas al: 26, 261, 262; desafíos al modernismo y: 24-26; educación temprana y: 25; empirismo y: 25; etnografía y: 248, 251; feminismo y: 271; en el futuro: 261-271; historias personales y: 45, 47, 66; identida-

des modificadas y: 30-35; identidades de los maestros y: 33, 34, 263-265; impacto del: 270, 271; individualismo de la Nueva Derecha y: 205; interpretaciones que limitan la educación y: 33-35; investigación y: 34, 92, 93, 253, 254; lenguaje y: 19; y muñecas Barbie: 268; nacimiento del: 24, 45; organizaciones profesionales y: 25; y el otro: 25; poder y: 26, 27, 271; poscolonialismo y: 249, 250; racionalismo y: 25; razón y: 25; reconceptualización y: 26, 271; *véase también* deconstrucción; genealogía

Power, M. B.: 207, 208

práctica apropiada para el desarrollo (PAD), como campo dominante de la educación temprana: 18, 32, 104; características de: 132; colectivismo y: 212; conocimiento y: 104; defensa y: 100, 102, 103, 109, 110, 115; ejemplos de: 105; familia lésbica en el aula de la etapa temprana y: 132; historias personales y: 32, 49, 52, 71; identidad y: 18, 78; identidades modificadas posmodernas y: 32, 33, 271; identidades del maestro y: 264; investigación y: 34, 78; opciones y: 105; reconceptualización y: 263, 264, 271; uso de: 44

práctica efectiva: 261

"práctica mejor": 106

praxis, influencia de experiencias personales sobre la: 61, 68, 71

prejuicios: 119, 133, 161, 163, 165, 166, 261

privilegios: 16, 18, 53, 55-56, 219

proceso-proceso, investigación de: 83-84, 85

proceso-producto, investigación de: 79-86, 92, 93

programa, antiprejuicios: 119-122, 127, 166, 209, 227; Arcoíris: 119, 170; como autobiografía: 269; colectivismo y: 203-220; enfoque aditivo o de contribuciones a: 123; Montessori: 214; muñecas Barbie y: 181; observación tradicional del desarrollo y: 144; oculto: 58, 209; reconceptualización y: 253; *Te Whāriki*: 38, 213-216, 220

Prout, A.: 15, 141

psicología: 22, 23, 30, 31, 243; del desarrollo: 18, 21, 26, 28, 31, 32, 44, 45, 48, 51, 71, 101, 103, 106, 270; piagetiana: 21, 44, 49, 113, 212, 215, 217

racionalidad: 19, 20, 22, 23, 25, 31, 149, 150, 152, 154

Rand, E.: 184, 185, 195, 196

raza: 68, 145, 181, 182, 183, 188, 189, 190, 191, 224-238, 254, 269, 271

Reagan, T.: 120

reconceptualización, en el aula: 263-271; conceptos asociados con la: 19, 45; conferencia en Hawai acerca de: 38, 224, 225-227, 232, 234, 236; crítica a la: 261, 262; y deconstrucción: 47; desarrollismo comparado con: 36, 44, 45, 46; estudios contemporáneos y: 27-30; como expansión de las representaciones culturales: 35-39; en el futuro: 261-272; identidades modificadas y: 266; modernismo y: 265, 270, 271; nacimiento de la: 45; normas y: 36; PAD y: 263, 264, 271; posibilidades de: 261-272; posmodernismo y: 26, 271; razones para volverse reconceptualista y: 49-62; *véase también* posestructuralismo; posestructuralismo feminista; poscolonialismo; temas específicos

Reconceptualización de la Educación Temprana, movimiento de: 52, 64

Reeves, K.: 142, 143

Reggio Emilia (Italia): 66, 67

Reglin, G.: 121

regreso a un programa más básico: 58

Reid-Walsh, J.: 195

Reinharz, S.: 251

repertorio social de discursos: 192-196
Reynolds, G.: 207
Reynolds, W. M.: 107
Richardson, V.: 95
Ritchie, Jenny: 38, 203-223, 231, 268
Rodd, J.: 102, 106
Rogoff, B.: 212
Root, M. P.: 227
Roscoe, J.: 186
Rose, N.: 22
Rubin, G.: 163
Ryan, Sharon, capítulo III por: 77-99; referencias a: 34, 113, 114, 141, 264

Salfield, A.: 22
Salinas, K. C.: 121
Sanders, M. G.: 121
Sandra (profesora de observación): 145, 147-148, 149, 151, 152, 153
Savin-Williams, R. C.: 162, 165, 168
Schultz, S.: 121, 122, 167, 171
Schweinhart, L. J.: 78
Scott, James: 62
Sears, J. T.: 121, 163, 165, 169, 170
Sedgwick, E. K.: 161, 162, 171
sexualidad, amor y: 163-165; coqueteo y: 163-165; desconocimiento, prejuicios y silencios y: 132, 161-169; educación para maestros y: 28, 36-37, 121, 161-172, 265; familia lésbica en el aula de educación temprana y: 118-137, 173, 265; heteronormatividad y: 37, 130, 162, 164, 165, 172; historias personales y: 69, 171; investigación sobre: 36-37, 161, 168-169, 170; y los padres: 171; prejuicios y: 133, 161, 163, 165, 166; reconceptualización y: 36, 37, 267; romper el silencio acerca de la: 70, 169-172; *véase también* lesbianas; teoría de la desviación
Shea, C.: 205
Shipley, D.: 219
Shor, I.: 209
Shulman, L.: 79

silencio, aprendizaje y: 251; etnografía y: 251; sexualidad y: 70, 132, 161-172
Silin, J. G.: 15, 22, 121, 141, 163, 167
Simon, B.: 121
Simons, J.: 101, 102
Skinner, B. F.: 242
Slattery, P.: 107
Sleeter, C.: 120, 227
Small Futures (De Leone): 49
Smith, A.: 212
Smith, Kylie: 141-160, 266
Southern Poverty Law Center (SPLC): 119, 120
Spivak, G. C.: 243, 244
Spradley, J. P.: 248
Stern, V.: 142, 143
Stevenson, H. W.: 233
Stires, S.: 95
Storper, M.: 184
Strickland, B. R.: 168
subjetividad, contradictoria: 108, 109-110, 113, 114, 115; observación y: 155, 156
Sue, S.: 229
Suzuki, B. H.: 229
Swap, S.: 121
Sykes, Dennis: 62

Tai, R. H.: 229
Takaki, R.: 225
Tangaere, A. R.: 205, 216
Tate, W. F.: 230, 235
Taubman, P. M.: 107
Taylor, C.: 119, 123
técnicos, maestros como: 85
tecnología e historias personales: 62-68
teoría, e historias personales: 49, 53, 60, 61, 65
teoría de la desviación: 27, 28, 29, 94
Te Whāriki, programa: 38, 213-216, 220
Theilheimer, Rachel: 36, 161-176, 267
Thirugnanam, Julie: 231, 232
Thornton, M.: 227
Tierney, W. G.: 171

Tobin, Joe: 21, 28, 161, 163, 225, 226, 231, 249
"Todos los niños del mundo: por qué me volví reconceptualista" (Jipson): 52-62, 71
Toulmin, S.: 20
Toys R Us: 178, 183, 185
Trawick, M.: 252

UNICEF: 180
Urwin, C.: 150

Veale, A.: 142, 143
Venn, C.: 22, 150
vigilancia, observación como: 144, 154, 245
Viruru, Radhika: 29, 39, 239-259, 269
Vygotsky, L. S.: 38, 209, 212

Walker, Rita: 231

Walkerdine, Valerie: 15, 22, 28, 31, 150, 151, 219, 249
Walsh, D.: 118
Warner, C.: 121
Waters, J.: 143
Webb, Rodman: 49, 50
Weedon, C.: 30, 107, 108, 109, 110, 150, 151
Weikhart, D. P.: 78
Welter, B.: 32
Wexler, P.: 87
Wichert, S.: 218
Wickens, E.: 121, 167
Williams, W. L.: 171
Wolf, Margery: 249
Wolfe, A.: 166
Woodhead, M.: 243

Yarnall, M. M.: 79, 141
Youniss, J.: , 212

Las identidades en la educación temprana se terminó de imprimir y encuadernar en agosto de 2005 en Impresora y Encuadernadora Progreso, S. A. de C. V. (IEPSA), Calz. de San Lorenzo, 244; 09830 México, D. F. En su composición, parada en el Departamento de Integración Digital del FCE, se usaron tipos Palatino de 9:13, 10:13 y 12:14 puntos. La edición consta de 2 000 ejemplares.

Tipografía: *Angelina Peña Urquieta*
Cuidado editorial: *Amador Guillén Peña*